Das Buch

Auf seine Interviews bereitet er sich sehr genau vor. Wenn es aber so weit ist, hat er kaum mehr als eine beschriebene Karteikarte dabei. Zurück kommt er mit den erstaunlichsten Bekenntnissen: Giovanni di Lorenzo hat in den vergangenen 33 Jahren Gespräche mit Zeitgenossen geführt, die sich an Wendepunkten ihres Lebens befinden oder endlich auf die größten Einschnitte zurückblicken können. Er hinterfragt das Medienbild, mit dem viele Prominente leben – immer auf der Lauer nach einem Moment der Authentizität: Mal entlockt er seinen Gesprächspartnern komische Offenbarungen, mal ganz und gar tragische. Und es überrascht, wie nah sie uns dabei kommen. In vielen dieser Gespräche erweist sich: Aufstieg und Niederlage liegen oft sehr, sehr nah beieinander.

Der Autor

Giovanni di Lorenzo, 1959 in Stockholm geboren, arbeitete nach Abschluss des Studiums in München zunächst als politischer Reporter und Leiter des Reportageressorts Die Seite Drei bei der *Süddeutschen Zeitung*. Seit 1989 moderiert er die Fernsehtalkshow 3 nach 9 von Radio Bremen. 1999 wurde er zum Chefredakteur der Berliner Tageszeitung *Der Tagesspiegel* berufen, der er bis heute als Herausgeber verbunden ist. Seit 2004 ist er Chefredakteur der Wochenzeitung *Die Zeit*. 2010 veröffentlichte er zusammen mit Axel Hacke bei KiWi das Buch »Wofür stehst du?«, 2009 und 2012 zusammen mit dem Altbundeskanzler die Gesprächsbände »Auf eine Zigarette mit Helmut Schmidt« und »Verstehen Sie das, Herr Schmidt?«.

Giovanni di Lorenzo

Vom Aufstieg und anderen Niederlagen

Gespräche

Kiepenheuer & Witsch

Verlag Kiepenheuer & Witsch, FSC® N001512

3. Auflage 2016

© 2014, Verlag Kiepenheuer & Witsch, Köln
Alle Rechte vorbehalten. Kein Teil des Werkes darf in irgendeiner
Form (durch Fotografie, Mikrofilm oder ein anderes Verfahren)
ohne schriftliche Genehmigung des Verlages reproduziert oder unter
Verwendung elektronischer Systeme verarbeitet, vervielfältigt oder
verbreitet werden.
Umschlaggestaltung: Rudolf Linn, Köln
Umschlagmotiv: © Thomas Müller
Redaktionelle Mitarbeit: Caroline von Bar
Gesetzt aus der URW Garamond und URW Bodoni
Satz: Buch-Werkstatt GmbH, Bad Aibling
Druck und Bindung: CPI books GmbH, Leck
ISBN 978-3-462-04913-8

Inhalt

Vorwort 7

»Auschwitz erlaubt keine Rührung«
Renate Lasker-Harpprecht 13

»Ich wollte einfach fliegen«
Armin Mueller-Stahl 37

»Krebs – das hat mir gerade noch gefehlt«
Helmut Dietl 51

»Meine Seele hat Narben«
Joachim Gauck 72

»Es war kein Betrug«
Karl-Theodor zu Guttenberg 87

»Ich wollte mich nicht länger verstecken«
Monica Lierhaus 111

»Reiß dich zusammen, Margot!«
Margot Käßmann 134

»... doch, ich bin ein schwieriger Mensch«
Anne-Sophie Mutter 147

»Ich mag Nietzsche«
Halil Andic 167

»Ich bin in Schuld verstrickt«
Helmut Schmidt 174

»Per Du mit dem Kanzler, das passt nicht«
Boris Becker 197

»Na selbstverständlich grüße ich Helmut Kohl noch«
Angela Merkel 208

»Es tut mir wirklich leid«
Giovanni Trapattoni.. 221

»Zum König habe ich nur die Stimme, nicht die Statur«
Rudolf Augstein 234

»Es ist alles Sisyphusarbeit, was wir machen«
Petra Kelly 255

»Ich hatte keine Zeit für Tränen«
Hans-Jürgen Wischnewski 263

»Reden dürfen wir noch«
Eberhard und Helga von Brauchitsch 281

»An unserem Know-how kommt in Europa niemand vorbei«
Silvio Berlusconi... 301

»Gespräch im Untergrund«
Toni Negri 315

»Der Gedanke, dass unsere Filme nur einen winzigen Teil dessen provoziert haben, was dann die Gewalt in der Welt wurde, lässt mich erzittern«
Sergio Corbucci... 340

Vorwort

Der ewigen Frage, wann ein Interview gelungen ist, kann man mit langen Abhandlungen begegnen, vielleicht aber auch mit einer wahren Geschichte: Es ist für einen der beiden Protagonisten eine besonders peinliche. Dieser eine bin ich. Als ich Mitte 20 war, moderierte ich eine Jugendsendung des Bayerischen Fernsehens. Sie hieß »Live aus dem Alabama«, war als kritisch bekannt geworden, und wir Moderatoren fühlten uns diesem Ruf verpflichtet. Eines Montags also war eine Popsängerin namens Sandra mein Gast. Sie hatte damals einen Titel in den europäischen Charts, »Maria Magdalena«. Ich hatte mich, soweit das Material etwas hergab, auf sie vorbereitet und dabei wohl den Eindruck gewonnen, dass sie aufreizende Outfits trug. Daraufhin war eine meiner ersten Fragen an Sandra, sinngemäß: Wie fühlt man sich als singende Onanievorlage?

Ich sah, wie Sandra mit den Tränen kämpfte, und in dem darauf folgenden Wortwechsel gab sie so gut wie nichts mehr von sich preis. Sie versuchte nur noch, das rettende Ende zu erreichen. Was ich noch erinnere: Für einige Kollegen war ich - ob der ungemein kritischen Frage - ein paar Tage lang ein Held. Die überwiegende Reaktion aber entsprach dem, was da stattgefunden hatte: ein für den Moderator beschämender Auftritt.

Er hat wenigstens im Nachhinein einen Lerneffekt ausgelöst. In meinen ersten Berufsjahren bewegte mich vor allem eine Sorge: Wie kommen meine Fragen rüber, sind sie scharf genug? Und viele Jahre habe ich mich bei der Vorbereitung auf Interviews besonders darauf konzentriert, welche Achillesferse, welche Schwachstelle mein Gesprächspartner bis dahin offenbart hatte - um ihn genau an dieser Stelle zu treffen. Als ob es irgendeinen Menschen gäbe, der ohne Bruch, ohne Niederlage, ohne Fehler durchs Leben kommen würde.

Einmal traktierte ich den wunderbaren Sänger Lucio Dalla mit Fragen über Fragen nach den Gründen, aus denen er sich als bekennender Linker nicht stärker politisch engagierte, bis er völlig entnervt den Tisch verließ, an dem wir Platz genommen hatten. Durch solche Erlebnisse erst merkte ich, dass das, was in einem Interview wirklich zählt, etwas völlig anderes ist: einen Gesprächsfaden zu finden, eine Stimmung, von mir aus auch eine Strategie, die dazu führt, dass sich das Gegenüber in die Karten schauen lässt, am Ende vielleicht sogar eine Art Porträt in eigenen Worten ermöglicht.

Natürlich, es gibt unzählige Interviews, die diese Funktion überhaupt nicht haben oder haben dürfen: Fachgespräche, schnelle aktuelle Befragungen, eine Konfrontation in der Sache. Auch in meiner journalistischen Laufbahn waren solche Formen eher die Regel als die Ausnahme, und das ist auch völlig in Ordnung. Aber das, was mir immer besondere Freude gemacht hat, war eben etwas anderes: in einem Gespräch eine Spannung aufzubauen, einen Moment der Authentizität einzufangen, im besten Falle auch eine Überraschung, im Guten wie im Schlechten.

Dies zu schaffen ist für Printjournalisten leichter als für die meisten Fernsehjournalisten und Talkmaster: Sie haben nur wenige Minuten, um eine Person zu öffnen, deren Professionalität meist darin besteht, nicht aus der Rolle zu fallen. Aus diesem Grund wird die Arbeit von TV-Journalisten von uns Printkollegen gelegentlich unterschätzt. Fernsehleute haben auch nicht die Möglichkeit, eine gelegentlich gestammelte oder sich endlos hinziehende Frage noch einigermaßen ehrenhaft umzuformulieren, ohne dass es an Fälschung grenzt. In gedruckten Medien geht das.

Das Fernsehinterview hat dafür einen anderen Vorteil. Es kann dem Zuschauer eine bessere Antwort auf die Frage geben: Wie ist der? Der persönliche Eindruck von der Person auf dem Bildschirm ist so meistens wichtiger als die Aussagen selbst. Und das Gesagte kann vom Interviewten auch nicht im Nachhinein, bei der Autorisierung, bis zur Unkenntlichkeit entstellt werden; bei gedruckten Gesprächen passiert das häufig.

Aber wir von den Printmedien können in einem Gespräch oft stundenlang lauern. Wir können (und müssen) durch Kürzungen eine dramaturgische Stringenz schaffen, die ansonsten oft nicht da gewesen wäre. Und der Interviewte ist schon alleine deswegen meistens entspannter, weil er weiß, dass er den einen oder anderen Satz im Nachhinein auch noch verändern kann.

Ich muss gestehen, dass ich Interviews, die mir besonders am Herzen liegen, meistens lieber alleine führe (von dieser Regel gibt es in diesem Buch vier Ausnahmen): weil ich eine Grundstimmung brauche, die alleine meistens besser herzustellen ist als mit einer noch so geschätzten Kollegin oder einem Kollegen. Oft reicht ein falscher Satz oder das Überhören einer wichtigen Aussage, und das ganze Gespräch kippt. Was mir immer hilft, ist eine möglichst umfassende Vorbereitung. Manchmal beschäftige ich mich Monate vor der Verabredung schon mit dem Gesprächspartner. Das macht mich sicher, vor allem aber vermittelt es gerade den Persönlichkeiten, die als schwierig gelten, ein Gefühl von Respekt. Wenn es dann richtig losgeht, habe ich allerdings kaum mehr als eine beschriebene Karteikarte dabei. Nie formuliere ich vorher schon Fragen aus.

Ich danke meinem Verleger Helge Malchow, dass er mir dieses mich sehr bewegende Angebot gemacht hat, auf 33 Jahre Interviews zurückschauen zu dürfen. Die 20 Gespräche, die wir ausgesucht haben, sind hier in umgekehrt chronologischer Reihenfolge abgedruckt: angefangen mit jenen Gesprächen, die ich in den vergangenen Jahren für die ZEIT geführt habe, bis hin zu zwei ganz frühen Interviews aus den Achtzigerjahren, inklusive einer Jugendsünde. Bei dem einen oder anderen Gespräch haben wir Kürzungen vorgenommen, vor allem an jenen Stellen, die sich aus der damaligen Aktualität speisten und im Nachhinein zu vieler Erklärungen bedürften.

Es hat sich erst beim Sammeln und Nachlesen herausgestellt, dass die meisten meiner Gesprächspartner – vom Fußballtrainer über den Politiker bis zur Bischöfin und zum Filmregisseur – etwas verbunden hat, und sind sie noch so unterschiedlich: eine empfindliche Niederlage, ein Schicksalsschlag, eine Entscheidung, die ihr Leben veränderte, zumindest aber die Angst vor dem Absturz. Manchmal haben sich Erfolg und Krise auf groteske Weise verschränkt. Daher auch der Titel des Buches: »Vom Aufstieg und anderen Niederlagen«.

Was in den neueren Interviews ebenfalls auffallend oft zur Sprache kommt: das Wissen um oder die Erfahrung von großer Gnadenlosigkeit der Öffentlichkeit im Umgang mit Gestrauchelten oder Gefallenen. Ein falscher Auftritt, ein falscher Satz, und es kann das Ende einer Karriere bedeuten. In einer der freiesten Gesellschaften, die es je gegeben hat, macht das Menschen immer vorsichtiger. Das ist schade, nicht nur für uns Journalisten.

Es gibt ein Gespräch, von dem ich viele Jahre geträumt habe und das auch heute noch zum Spannendsten zählt, was ich mir vorstellen kann: ein Interview mit Fidel Castro. Nach vielfältigen und sehr aufwendigen Bemühungen gab es plötzlich auch einen Termin. Und ausgerechnet in dieser Zeit hatte ich eine so schwere Grippe, dass ich buchstäblich nicht transportfähig war. Nie zuvor war mir so etwas passiert. Mit Sicherheit hätte Fidel Castro im Gespräch sein Programm über den siegreichen Kommunismus auf Kuba abgespult. Aber ich hätte so gerne versucht, aus diesem widersprüchlichen, sündenbeladenen und charismatischen alten Haudegen herauszubekommen, was in seinem Leben Aufstieg und Niederlage war und was davon bleiben wird.

Den Plan, Fidel Castro zu interviewen, habe ich aufgegeben. Aber ein paar Anfragen in dieser Liga sind noch nicht endgültig abgeschmettert worden. Ich halte Sie auf dem Laufenden.

Giovanni di Lorenzo, im Juni 2014

Ich danke meinen früheren und heutigen Mitarbeitern Sabine Gülerman, Marcus Krämer, Jan Patjens und Caroline von Bar für die engagierte Hilfe bei den Interviews – aber wirklich nicht nur dafür. Und für seine große Geduld und Umsicht dem Cheflektor von Kiepenheuer & Witsch, Lutz Dursthoff.

Für Elea

Renate Lasker-Harpprecht, 1924 in Breslau geboren, lebt heute mit ihrem Mann, dem Publizisten Klaus Harpprecht, in Südfrankreich.

»Auschwitz erlaubt keine Rührung«

Renate Lasker-Harpprecht

Dieses Gespräch liegt mir besonders am Herzen, auch wenn es sich von den anderen Interviews in diesem Buch deutlich abhebt. Es geht hier nicht um Aufstieg oder Niederlage eines Menschen. Diese Kategorien verbieten sich in diesem Fall sogar. Es ist ein Blick in die schlimmsten Abgründe der Menschheit. Und ich muss gestehen: In der Zeit der Vorbereitung auf die Begegnung mit Renate Lasker-Harpprecht, die Auschwitz und Bergen-Belsen überlebt hat, kam mir nicht nur einmal der Gedanke, dass ich über den Holocaust doch schon so viel weiß. Da ging es mir nicht anders als vermutlich vielen zweifelnden Lesern vor der Lektüre des Interviews: Will ich das alles wirklich noch mal hören?

Ich musste also einen beträchtlichen inneren Widerstand überwinden, um dann umso verstörter und auch beschämter von der Begegnung zurückzukommen. Gar nichts hatte ich mir vorher richtig vorstellen können! Wie nah das alles plötzlich war – und wie unfassbar es bleibt, was den Juden von den Deutschen angetan worden ist.

Auf das Gespräch brachte mich Klaus Harpprecht, der große Publizist, der bis heute auch immer wieder für die *ZEIT* schreibt. Er hatte mir öfter von seiner Frau erzählt und davon, wie schwer es ihr falle, das Erlebte mit anderen zu teilen, sogar mit ihm. Bei einem seiner Besuche in Hamburg erwähnte er eines Tages einen Satz seiner Frau, der für sie offenbar die größte Form der Liebesbezeugung war und mir dennoch einen kalten Schauer über den Rücken jagte. Renate Lasker-Harpprecht hatte zu ihrem Mann gesagt: »Ich weiß, dass du mitgegangen wärst.« Gemeint war: ins Lager, vielleicht auch in den Tod. Man merkte Klaus Harpprecht seine Verlegenheit an. Ich fragte, ob es vielleicht denkbar wäre, dass sie mit der *ZEIT* sprechen würde.

Wir trafen uns in einem Dorf in Südfrankreich, wo die beiden seit den Achtzigerjahren leben. Zwei Dinge fielen mir an Renate Lasker-Harpprecht besonders auf: Sie konnte ihre Erinnerungen viel nüchterner und linearer ordnen als viele andere Opfer, deren Aussagen ich bis dahin kannte. Zum anderen war sie in der Lage, ihre Erlebnisse auch mit 70 Jahren Abstand noch aus der Perspektive einer Heranwachsenden zu schildern, was sie zu einer außergewöhnlichen Zeugin macht.

Das lange Gespräch in der *ZEIT* hat zu vielen spontanen und sehr mitfühlenden Reaktionen geführt, von Leserinnen und Lesern, aber auch von Weggenossen, deren Spuren sie schon lange verloren hatte. Die Zeitung *La Repubblica* hat es in großen Teilen und auf vier Seiten nachgedruckt, verbunden mit einem Aufruf, den ich mir nach dem Gespräch so sehr gewünscht hatte: ein Versuch, die Identität jenes kleinen, blonden Mädchens aus Italien herauszufinden, dessen Schicksal Renate Lasker-Harpprecht bis heute mehr als vieles andere bewegt.

Ihr Mann hat mir gesagt, dass Sie so gut wie nie über Ihre Zeit im Konzentrationslager reden, auch mit ihm nicht.
Wir reden nicht so schrecklich viel darüber.

Fällt es Ihnen mit 90 Jahren denn etwas leichter als früher, davon zu erzählen, was Ihnen in Auschwitz und in Bergen-Belsen widerfahren ist?
Ja, aber nur mit bestimmten Personen. Und nicht unbedingt mit Klaus: Bei dem habe ich das Gefühl, dass er sowieso alles weiß. Ich habe auch Angst, die Leute zu langweilen.

Müssten Sie nicht eher Angst haben, dass Ihnen das Erzählen zu sehr wehtut? Dass die Menschen unsensibel oder grob reagieren?
Ich würde niemals mit Menschen reden, die grob reagieren könnten. Aber ich werde oft gefragt, warum ich nicht mit Bekannten oder

Freunden gesprochen habe. Und sehr viele Menschen wundern sich über meine Antwort: Man hat uns nicht gefragt.

Die Leute wollten gar nicht so viel wissen?
Die Deutschen wollten es nicht wissen.

Wie erklären Sie sich das?
Einerseits schämen sie sich alle irgendwie, weil es ja um Deutschland geht. Aber sie tun auch etwas, das mir sehr auf die Nerven geht: Sie fangen sofort an, von ihrem eigenen schrecklichen Schicksal im Krieg zu erzählen. Wie sie ausgebombt wurden. Dann breche ich das Gespräch ab. Der verstorbene Schriftsteller Hans Sahl hat einen Satz geprägt, den ich immer benutze, wenn es nützlich ist: »Wir sind die Letzten. Fragt uns aus!«

Sie sind in Breslau aufgewachsen. Wann haben Sie die Feindseligkeit gegenüber den Juden zum ersten Mal bemerkt?
Im Gegensatz zu meiner Schwester Anita habe ich keine persönliche Anfeindung erlebt. Was in dieser Zeit sehr wichtig war: Ich sehe nicht, wie man so schön sagt, besonders jüdisch aus. Ich habe keine krumme Nase, ich habe keine kohlschwarzen Haare. *(lacht)* Meine Schwester dagegen ist im Grunde genommen ein sephardischer Typ, sie hatte blauschwarze Haare und einen Zinken. Das war ganz schlecht.

Und Ihre Mitschüler, waren die bösartig?
Nein, das kann ich nicht sagen. Aber da waren diese fabelhaften Eltern, die ihre Kinder sofort in die Hitlerjugend stecken wollten. Ich hatte damals eine Freundin, die einen großen Namen trug: Hella Menzel, eine Nachfahrin von Adolph von Menzel.

Dem berühmten Maler?
Ja, mit der war ich sehr gut befreundet. Sie hat oft bei uns übernachtet, ich war auch öfter bei ihr. Dann kam der Nazi-Umschwung, und ich war wieder mit ihr verabredet. Als ich sie abholen wollte, machte das Dienstmädchen die Tür auf und sagte: »Die gnädige Frau möchte

nicht mehr, dass Sie unsere Wohnung betreten.« Da war ich erst ein bisschen vor den Kopf gestoßen, aber ...

Sie haben Hella Menzel nie wieder gesehen?
Doch, ich habe sie heimlich noch ein paarmal getroffen. Aber dann habe ich gesagt: »Ich mache das jetzt nicht mehr mit, sonst kriegst du Ärger mit deinen Eltern!« Ich nehme an, sie hat sich ein bisschen geschämt. Denn sie war wirklich nett.

Ich weiß, dass so viel Schlimmeres kam. Dennoch muss diese Abweisung an der Haustür für Sie als Mädchen doch sehr kränkend gewesen sein.
Natürlich. Aber man entwickelt, nachdem das ja alles verhältnismäßig schnell ging, eine dicke Haut. Sonst geht's überhaupt nicht.

Wie hat denn Ihr Vater reagiert, als die Ausgrenzung der Juden begann?
Es kam ja schlagartig. Wer hätte einen denn vor 1933 auf der Straße ein Judenschwein genannt? Mein Vater hat sich mit Deutschland identifiziert. Er sagte: »Man wird doch diesem Wahnsinnigen sehr bald zeigen, dass wir das nicht gewollt haben!« Deshalb hat er sich auch nicht genug um die Emigration gekümmert. Er ist noch mit dem Schiff nach Israel gereist, damals Palästina, um sich das anzugucken. Aber er ist wieder zurückgekommen.

Er wollte da nicht leben?
Ja, wissen Sie, wenn man ein sehr prominenter und außerordentlich guter Anwalt ist und in ein völlig anderes Land geht, was macht man da?

Hat denn auch die Reichspogromnacht 1938 Ihren Eltern nicht das Gefühl vermittelt: »Nichts wie weg«?
Doch, schon. Man sah immer weniger Juden auf den Straßen. Aber es war überhaupt nicht einfach, das Land zu verlassen. Die anderen Länder wollten nicht unbedingt jüdische Emigranten haben. Mein Vater hat versucht, uns nach Italien zu bringen. Er war ja ein großer Freund der italienischen Kultur. Und es hätte beinahe geklappt!

Wir hatten sogar schon unsere Möbel mit einem riesigen Container losgeschickt. Die sind nie wieder aufgetaucht. Wir hatten keine Möbel mehr, wir mussten aus der Wohnung raus, und wir haben dann zusammengepfercht bei Verwandten gelebt, mit denen wir eigentlich nicht schrecklich viel am Hut hatten. Anita und ich wurden zur Zwangsarbeit eingezogen.

Ihre Räume wurden buchstäblich immer enger. Hatten Sie da schon große Angst? Oder haben Sie das verdrängt?
Uns hat sicher beim Überleben geholfen, dass wir im Grunde genommen sehr sorglos waren. Wir haben immer nur von einem Tag auf den anderen gelebt.

Weil Sie so jung waren?
Wir waren so jung. Und wir mussten den Alltag meistern. Als der Krieg ausgebrochen war, mussten wir ja furchtbar schuften. Anita und ich haben in einer Papierfabrik gearbeitet und Klopapier fabriziert. Vorher war ich bei der Müllabfuhr, das war noch schlimmer. Da mussten wir Metallteile aus dem Müll suchen, zwischen Ratten und toten Katzen.

Am 9. April 1942 wurden Ihre Eltern deportiert. Wussten Sie vorher, dass sie jetzt abgeholt werden?
Nein, die wurden nicht abgeholt, und es trommelte keiner an der Tür. Meine Eltern hatten eine Mitteilung bekommen: »Am nächsten Morgen um soundso viel Uhr kommen Sie zum Sammellager ...« Und man ging halt da hin. Man hat gehorcht. Eigentlich hätten viel mehr Leute abhauen sollen.

Man ist selbst zur Schlachtbank gegangen?
Ja, man ist zur Schlachtbank gegangen. Am Abend vorher haben meine Eltern gepackt, man durfte 20 Pfund Kleidung mitnehmen oder so. Und da haben wir uns verabschiedet. Mein Vater hat meiner Schwester noch eine Art Testament diktiert. Ich bin irgendwann schlafen gegangen. Ich schäme mich dafür immer, aber ich konnte nicht mehr. Meine Mutter saß im Nebenzimmer und weinte. Das

hörte ich noch. Sie wusste, dass sie ihre Kinder nicht wiedersehen würde.

Haben Ihre Eltern geahnt, wie furchtbar es im Lager werden würde?
Ich könnte mir vorstellen, dass meine Eltern beim Transport genug gehört haben. Wir haben erst später erfahren, dass sie in ein Lager in der Nähe von Lublin gebracht worden waren. Ich denke, eines Tages wurde dann eine Gruppe von Leuten vor ein Grab gestellt. Die mussten sich nackt ausziehen, dann hat man ihnen ins Genick geschossen, und sie sind in den Graben gefallen. So sind meine Eltern vermutlich umgebracht worden. Ich weiß nicht, ob irgendwann mal die Gerippe rausgeholt und in ein Massengrab gelegt wurden.

Aus dem Buch Ihrer Schwester, zu dem auch Sie einige Erinnerungen beigetragen haben, weiß ich: Sie selbst erfuhren schon vor Ihrer Einlieferung in Auschwitz, dass die furchtbaren Gerüchte über das Lager stimmten.
Ja, das war im Zuchthaus. Meine Schwester und ich hatten ja einen Prozess gehabt ...

... weil Sie für französische Kriegsgefangene Reisepapiere gefälscht und selbst zu fliehen versucht hatten. Sie wurden verurteilt, von Anita getrennt und kamen ins Zuchthaus ...
... und da saß ich Gott sei Dank in einer Einzelzelle. Ich war im Zuchthaus die einzige Jüdin und sollte die anderen nicht »anstecken«. Das war ein Segen. Vor dem Prozess hatten wir in einer Zelle mehr oder weniger übereinander geschlafen. Ich kann Menschenmassen bis heute nicht ertragen. Eines Nachts kriegte ich furchtbare Zahnschmerzen und wurde zum Gefängnisarzt gebracht. Im Wartezimmer saß ein Mädchen neben mir: Ich habe sie ganz leise gefragt, wo sie herkommt. Da antwortete sie: »Aus Auschwitz.« Ich konnte ihr das eigentlich gar nicht glauben.

Auschwitz war Ihnen ein Begriff?
Ja, ja, Auschwitz war die Endstation. Ich habe gedacht: Wie ist die da wieder rausgekommen? Ist die vielleicht ein Spitzel? Und ich habe

sie gefragt, ob das denn alles stimmt, was die Leute über Auschwitz erzählen, ob das wirklich so schrecklich ist. Und das Mädchen sagte: »Es ist noch viel schlimmer.« Da wusste ich, was auf mich wartet.

Sie kamen 1943 nach Auschwitz.
Man hörte im Zuchthaus aus den Lautsprechern: »RENATE SARAH LASKER MIT ALLEN SACHEN!« Das bedeutete, dass man mit seinem Blechnapf und seinen Holzpantinen runterkommen musste. Da stand dann ein Gestapo-Mann, und der sagte ganz sachlich: »Also, du kommst jetzt nach Auschwitz, und bitte unterschreib, dass du da freiwillig hinkommst.« Und das habe ich halt unterschrieben. In dieser Nacht bekam ich Angst.

Gab es in dieser Not wenigstens eine gedankliche Zuflucht?
Ich hatte einen gewissen Glauben, der mir sehr geholfen hat. Darüber habe ich selbst mit meiner Schwester nie gesprochen. Ich habe also gebetet: »Lieber Gott ...« Am nächsten Morgen wurden wir zum Hauptbahnhof gebracht, in einen Gefangenenwagen. Da saß ich wieder alleine, weil sie wahrscheinlich nicht wollten, dass ein jüdisches Mädchen neben den anderen sitzt. Und dann kamen wir in Auschwitz an.

Was war Ihr erstes Bild von Auschwitz?
Das ganze Lager war taghell erleuchtet, weil sich die Deutschen damals sagten, die Alliierten werden das nicht bombardieren – was ja stimmte. Ich sah SS-Leute, Kapos und Hunde. Dann wurden wir in einen großen Saal getrieben, wo ich mich sehr erschrocken habe, weil lauter Duschköpfe an der Decke waren. Ich hatte gehört, dass die ganzen Vergasungsanlagen so gebaut waren, dass hier die Leute zusammengepfercht wurden, dass aus diesen Duschen das Gas ...

Das hatte sich auch schon herumgesprochen?
Ja. Inzwischen war Nacht, alles war dunkel, und ein großer Tross splitternackter Frauen kam rein. Da habe ich mich wieder furchtbar erschrocken, weil ich dachte, wenn die hier nackt reinkommen ... Das war nicht nur wegen der Duschen ... Es war auch wegen der Häftlinge,

die da reinkamen. Sie sahen so schrecklich aus, dass ich mich fragte: Werde ich jemals so aussehen?

Wie sahen diese Häftlinge aus?
Die hatten keine Haare auf dem Kopf und waren Haut und Knochen. Sie wurden geduscht und wieder rausgetrieben. Und am nächsten Morgen fing der Arbeitstag an. Ich musste mich nackt ausziehen und auf einen Stuhl setzen. Und dann wurden mir die Haare abrasiert.

Von einem anderen Häftling?
Das haben alles die Häftlinge gemacht. Sie tätowierten mir auch eine Nummer auf den Arm: 70195. Anita war eine Woche vorher gekommen, sie hat die 69388. Komischerweise ist ihre Nummer noch ganz klar zu sehen, während meine verblichen ist. Als ich auf diesem Stuhl saß und mir die Haare abrasiert wurden, sah ich auf der Erde neben mir ein Paar schwarze Schuhe stehen. Die hatten vorne Lederklappen und rote Schnürsenkel. Und da dachte ich mir, diese Schuhe kenne ich doch! Also fragte ich das Mädchen, das mir den Kopf rasierte: »Hast du eine Ahnung, mit welchem Transport die gekommen ist?« – »Ja«, sagt sie, »das weiß ich wohl, das Mädchen ist jetzt im Orchester.«

Sie meinte das Mädchenorchester von Auschwitz, in dem Ihre Schwester Cello spielte.
Dieses Mädchen war dann selbst so aufgeregt, dass es rübergerannt ist zu der etwas besseren Baracke, in der das Orchester wohnte. Sie hat die Anita gesucht und zu ihr gesagt: »Ich glaube, deine Schwester ist da!« Sie kamen dann zusammen zurück, und wir fielen uns in die Arme. So habe ich meine Schwester wiedergefunden, unter Hunderttausenden.

Was machte Ihre Schwester für einen Eindruck?
Ich sah sie zum ersten Mal mit rasiertem Kopf. Sie sah blendend aus, weil sie diesen kahlen dunklen Haaransatz hatte, mit diesen Intellektuellen-Ecken links und rechts, wie mein Vater. Sie sah aus wie ein junger Seminarist, ganz eigenartig. Dann ging meine Schwester wieder, denn die Kapelle musste zweimal am Tag Marschmusik spie-

len. Dieses Orchester bestand eigentlich nur aus Dilettanten. Deshalb wurde die Anita mit Begeisterung aufgenommen. Sie war noch kein Profi, aber sie war sehr gut.

Die Kapelle musste täglich den Ein- und Ausmarsch der Häftlinge, die außerhalb des Lagers schufteten, musikalisch begleiten, aber auch regelmäßig für das SS-Personal spielen. Ihre Schwester soll sogar ein Solo für den furchtbaren Lagerarzt Josef Mengele gegeben haben.
Ja, die »Träumerei« von Schumann. Sie hat das sicher wunderbar gemacht. Der Mengele hat mir persönlich nichts getan, aber das war ja ein schrecklicher Kerl. Das ist das Unbegreifliche an den Nazi-Deutschen, wenn man in Klischees sprechen will: diese Mischung aus absolutem Fanatismus, indoktriniert von einem Verrückten, und diesem Sinn fürs Romantische.

Nachdem Sie Anita wiedergefunden hatten: Was passierte mit Ihnen?
Ich kriegte schreckliche Kleider, Fetzen – es war Dezember, eiskalt. Und ich kam in die sogenannte Quarantäne, wo alle neuen Häftlinge hinmussten.

Warum mussten die dahin?
Entweder die SS-Leute hofften, dass die Häftlinge sterben, bevor man sie vergasen musste, oder weil sie Angst hatten, dass die irgendwelche Seuchen mitbrachten. Man schlief auf diesen Holzpritschen, mit drei Etagen. Die Schwächsten lagen immer in der untersten Etage, weil man da am leichtesten rauskam. Aber ich hatte noch ein paar Muskeln in den Beinen und bin ganz nach oben gestiegen. Da gab es nur eine zerfetzte Decke und ein bisschen Stroh. Ich war auch nicht alleine, wir lagen da zu viert oder so. Und in der Baracke stand ein Riesentrog. Alle hatten Durchfall, es war eine einzige stinkende Sauerei. Man kann es nicht anders bezeichnen. Und ich merkte sehr schnell, dass die Häftlinge sich gegenseitig bestahlen.

Was gab es denn zum Stehlen?
Die Klamotten, die man hatte, oder ein Stück Brot. Ich habe mir auch nachts nie die Schuhe ausgezogen, weil ich befürchtete, dass ich dann aufwache und überhaupt nichts mehr habe. Viele, die dazu Gelegenheit hatten, haben ihr Essen auch gegen Zigaretten eingetauscht. Denn im Lager gab es ja alles.

Alles?
Es gab alles. Na ja, dann kam die Weihnachtszeit, und die SS-Deutschen, sentimental wie fast alle Deutschen, haben natürlich auch in Auschwitz Weihnachten gefeiert. Jedenfalls stand da ein großer Weihnachtsbaum im Zentrum des Lagers.

Auf so einem Appellplatz?
Ja, ein Riesentannenbaum. Ich hatte als junges Mädchen eine sehr hübsche Stimme, und ich war auserwählt, auch durch die Beziehungen meiner Schwester, das Weihnachtslied unter diesem Baum zu singen.

Welches?
»Leise rieselt der Schnee«. Dazu ist es aber nie gekommen. Ich fiel beim Zählappell eines Tages einfach um. Und als ich meine Augen wieder aufmachte, war ich im Krankenlager. Ich dachte, das wird jetzt nichts mehr. In meinem Bett lag noch eine andere Frau. Aber die war inzwischen gestorben, die lag tot neben mir. *(schweigt)*

Sie sagen, wenn es nicht mehr geht ...
... ja, ich war wirklich sehr krank, ich hatte wahnsinniges Fieber und Durchfall. Es war Flecktyphus. Daran sind die meisten, die man nicht umgebracht hat, gestorben. Eines Tages kamen SS-Frauen und -Männer, wir mussten aus den Betten raus. Die haben selektiert, wer von diesen ganzen abgemagerten Leuten nach links kommt und wer nach rechts. Links bedeutete Vergasung. Mich haben die sofort nach links geschickt. Da habe ich gut reagiert und mich etwas zurückgebeugt zu einem SS-Mann, der nicht besonders grimmig aussah: »Ich bin die Schwester der Cellistin.« Da hat er mir einen Tritt in den Hintern ge-

geben und mich auf die andere Seite bugsiert. Insofern verdanke ich meiner Schwester mein Leben.

Die Ihnen aber, so widersinnig das klingt, in diesen Tagen den Tod gewünscht hat – so hat es Ihre Schwester in ihren Erinnerungen aufgeschrieben.
Das stimmt. Man fiel ja vom Fleisch. Man bekam nichts zu essen und hatte blutigen Durchfall. Als meine Schwester mich in diesem elendigen Zustand sah, da wollte sie eigentlich, dass ich einschlafe ... und fertig.

Aber Ihre Schwester ist dann doch zu Maria Mandl gegangen, der Oberaufseherin des Frauenlagers. Sie hat all ihren Mut zusammengenommen und gefragt, ob man Sie als Läuferin einsetzen könne.
Und das wurde ich auch: Ich habe dann Botschaften übermittelt zwischen den SS-Leuten. Die Mandl mochte meine Schwester, weil sie eine der wenigen war, die noch richtig Deutsch sprachen. Und es war ganz wichtig, keine Angst zu zeigen. Ich hab sie auch nie gezeigt.

War diese Maria Mandl eine primitive Frau?
Nein, überhaupt nicht. Das war eine gut aussehende Person. Man hat die wenig gesehen, aber sie war dabei, als dieses jüdische Mädchen mit seinem polnischen Freund hingerichtet wurde, dessen Job als Dolmetscherin ich dann bekam.

Sie meinen die Belgierin Mala Zimetbaum? Würden Sie ihre Geschichte erzählen?
Wir mussten uns zweimal am Tag in Fünferreihen vor der Baracke aufstellen, und dann wurden wir abgezählt – von einem Kapo und einer SS-Frau, die einen Block in der Hand hatte. Das dauerte immer sehr lange, denn es musste ja gerechnet werden: »Wer ist tot, wen gibt es noch?« Eines Abends standen wir stundenlang da, und es passierte nichts. Dann stellte sich heraus, dass im Männerlager und im Frauenlager zwei Personen fehlten.

Jeweils eine?
Ja, bei uns fehlte Mala. Und im Männerlager war es dieser Edek.

Edek Galinski, Malas Geliebter, dieser Fall ist dokumentiert.
Dann gingen die Sirenen los. Die beiden waren abgehauen. Wir haben in unseren Baracken Freudentänze aufgeführt, weil wir diese Mala alle gernhatten. Und wir haben nur gebetet, dass sie es schaffen. Aber ein paar Tage später, als ich zum Dienst antrat, sah ich die Mala am Lagertor stehen. Ich glaube, sie war gefesselt.

Die Flucht war gescheitert.
Es war furchtbar heiß in diesem Sommer in Auschwitz. Als ich an ihr vorbeigegangen bin – ich habe es erst gar nicht richtig mitbekommen –, da hat sie mir zugezischt, ob ich ihr nicht eine Rasierklinge verschaffen kann. Ich habe es versucht, ohne Erfolg. Aber offensichtlich hat ihr jemand anderes eine besorgt. Einige Tage später gab's einen Riesenappell, wieder mit Sirenen. Auf dem zentralen Platz im Lager hatten sie einen Galgen aufgebaut. Wir sollten alle sehen, wie dieses Exempel statuiert wird: dass kein Mensch eine Chance hat, aus dem Lager wegzurennen. Ein SS-Mann hat die Mala zu diesem Galgen geführt. Und da hat sie ganz weit ausgeholt, hat sich die Pulsadern aufgeschnitten und diesem SS-Mann ins Gesicht geschlagen. Der war von oben bis unten mit Blut besudelt. Aber dann, *Germany being Germany,* oder sagen wir: *KZ being KZ,* wollte man ihr den Tod von eigener Hand nicht gönnen.

Das letzte bisschen Selbstbestimmung?
Ja. Man hat ihre Wunden verbunden, hat sie in den Hof des Krematoriums gebracht und da erschossen. Es wurden dann alle Häftlinge ausgetauscht, die im Lager kleinere und größere Funktionen hatten. Die mussten jetzt Steine klopfen gehen. Ich hatte in diesem Fall wieder Glück, weil die Aufseher wussten, dass meine Schwester im Orchester war. Die dachten sich: Wenn die eine noch da ist, wird die andere nicht weglaufen. Also habe ich den Job von der Mala bekommen.

Hat Ihnen allen Malas rebellische Geste imponiert?
Ja, ungeheuer. Aber es war eben auch total unrealistisch, sich vorzustellen, dass jemandem die Flucht gelingen kann.

Gab es denn unter den Häftlingen eine Art Zusammenhalt? Oder war sich in Auschwitz jeder selbst der Nächste?
Jeder war sich selbst der Nächste, keine Frage. Aber in der Baracke, in der meine Schwester war, da gab es ein paar Mädchen, die sich zusammengetan haben. Das hat mir immer sehr imponiert. Abgesehen von meiner Schwester waren es alles Französinnen. Elaine hieß eine, die ich nie vergessen werde, die hat sich auch im kältesten Winter mit Schnee gewaschen. Wir haben uns nicht mehr gewaschen, weil das zu sehr gejuckt hat. Aber die hat sich von oben bis unten mit Schnee abgerieben, jeden Tag. Das hat die am Leben gehalten. Und sie war außerdem eine gute Geigerin, das hat auch geholfen.

Haben denn die Jüdinnen in Ihrer Baracke ein bisschen zusammengehalten?
Nur wenn sich zwei angefreundet haben. Es geht auch nicht darum, wer zusammenhält, sondern wer sich am wenigsten oder am meisten hasst. Das ist ein großer Unterschied. Natürlich kann man nicht sagen: »Alle Polen haben uns gehasst oder alle Russen.« Aber nach dem Krieg habe ich in einer Gesprächsrunde eine Bemerkung gemacht, die viel Ärger auslöste. Ich habe ein selbst erlebtes Beispiel aus Auschwitz erwähnt: Als ich erst ein oder zwei Tage dort war, standen zwei polnische Mädchen neben mir. Und ich fragte: »Was stinkt denn hier so schrecklich?« Das war der Schornstein vom Krematorium. Da kam ein fetter, schwarzer Rauch raus. Und die sagten: »Das sind deine Eltern, die gerade durch den Schornstein gehen.« Wenn man so etwas erlebt hat, verallgemeinert man schnell. Klaus, mein Mann, sagte dann immer, mit ein bisschen Ironie, ich sei rassistisch, weil ich's mit den Polen habe. Ich habe mir das jetzt auch abgewöhnt.

Ihre Erfahrung war, dass die polnischen Häftlinge besonders gehässig waren?
Nein, am schlimmsten waren die Russen. Das waren die Kräftigsten.

Sie meinen die Russinnen?
Ja, mit den Männern hatten wir nichts zu tun. Die Russinnen haben uns einfach auf den Kopf gehauen und uns das Brot aus den Händen gerissen. Solche Sachen vergisst man nicht. Die will ich auch nicht vergessen.

Haben Sie bei Ihren Bewachern jemals eine menschliche Regung erlebt?
Ja, bei einem SS-Mann, der auf den schönen Namen Kasernitzky hörte. Das war später, in Belsen. Der stand Wache, als ich heimlich Wasser holen wollte, und er hat sich weggedreht. Wasser war ungeheuer kostbar. Und dann war da ein Polizist, als ich in Belsen im Büro arbeitete, der hat mir ein großes Stück Brot in die Schublade gelegt. Jeden Tag.

Wissen Sie, warum er das getan hat?
Das weiß ich nicht. Jedenfalls hat er mich nach dem Krieg um einen Persilschein gebeten. Und den habe ich ihm auch mit dem größten Vergnügen ausgestellt. Der hat sich wirklich anständig benommen. Als sich bis zum Lagerpersonal in Belsen herumgesprochen hatte, dass der Krieg für die Deutschen nicht so gut lief, wurden die natürlich alle sehr viel freundlicher. Die jagten keine Hunde mehr auf uns und versuchten, so ein bisschen gut Wetter zu machen. Das hat uns nicht sehr beeindruckt, aber so war das halt.

Wie erklären Sie sich, dass fast alle Aufseherinnen und Aufseher das Elend komplett ausblenden konnten?
Das möchte ich auch sehr gerne wissen. Ich schweife jetzt kurz ab, aber einmal kam ein großer italienischer Transport an in Auschwitz. Aus irgendeinem Grund hat sich da ein kleines Mädchen weggestohlen, ein süßes Mädchen, ganz blond. Die ist sicher nicht alleine gekommen, aber auf einmal war die bei mir, in meiner Nähe. Und ich habe mich sehr um das Mädchen gekümmert, das kann ich wirklich sagen, ich fand die entzückend. Die hatte so viel Vertrauen zu mir. Ich habe der Essen gegeben, ich konnte Sachen organisieren für die, weil ich ein paar Freiheiten innerhalb des Lagers hatte. Ich habe auch

gesehen, dass die SS-Frauen nett waren zu diesem Kind. Aber irgendwann habe ich die Kleine aus den Augen verloren, weil ich noch mal krank wurde. Nichts Ernstes, doch als ich zurückkam, hatten sie das Mädchen auch umgebracht. Um auf Ihre Frage zurückzukommen: Wie kann man? Das muss auch ein bisschen mit der Mentalität der diversen Nationalitäten zusammenhängen. Ich glaube nicht, dass sie in Italien, wo es ja auch schlimm war zum Schluss, so furchtbare Sachen mit den Kindern gemacht haben.

Von den etwa sechs Millionen Juden, die im Holocaust ermordet worden sind, war jedes vierte Opfer ein Kind. Sie meinen, dass so eine Grausamkeit auch in der Mentalität eines Volkes begründet ist?
Auch, ja. Jedenfalls bei gewissen Generationen und bei gewissen Schichten.

Wissen Sie noch, wie dieses italienische Mädchen hieß?
Mit M fing der Name an. Marta oder so ähnlich. Es war ein jüdisches Kind.

Sie haben vorhin gesagt, dass man sich im Lager alles organisieren konnte. Wie muss man sich das vorstellen?
Es gab im Lager Namen für die Orte, an denen man arbeitete. Die Baracke, in der man sich wirklich alles beschaffen konnte, hieß »Kanada«. Da gab es absolut alles. Offensichtlich war man der Ansicht, dass Kanada ein Schlaraffenland ist. Man hat den Menschen, die ins Lager kamen, ja ihre Sachen abgenommen. Und viele Häftlinge, vor allen Dingen aus Polen und Griechenland, hatten sich Goldmünzen und solche Sachen in ihre Kleidersäume eingenäht. Und in Kanada lagerte das alles. Die Kapos, die es ohnehin unter den Häftlingen noch am besten hatten, haben sich dann die ganzen Sachen organisiert, die die verschiedenen Kommandos aus Kanada, vom Steineklopfen oder vom Feld mitbrachten. Das war einer der Gründe, warum wir die nicht leiden konnten.

Die Kapos haben alles eingesteckt?
Natürlich, natürlich.

Was konnten die denn mit diesem Reichtum anstellen?
Bestechen.

Das heißt: eine Scheibe Brot mehr?
Na ja, das ging über hundert Kanäle. Ich konnte das leider nie betreiben. Ich habe nur eine einzige Sache regelmäßig gestohlen: frisches Gemüse. Die Häftlinge, die auf dem Feld arbeiteten, steckten sich natürlich furchtbar viele Zwiebeln und Knoblauch ein. Das war sehr wichtig im Lager, denn wir hatten totalen Vitaminmangel. Ich hatte auf einmal Löcher in den Beinen.

Wunden vom Vitaminmangel?
Ja, ich habe immer noch Narben davon. Immer wenn diese Kommandos vom Feld zurückkamen, wurden die durchsucht, und die frischen Sachen kamen auf einen Haufen. Und wenn die Häftlinge in die Baracke gingen, haben wir Dolmetscher und Läufer uns bedient. Das hat sich gelohnt. Ich habe da aber niemals ein Stück Gold gesehen.

Mir ist bewusst, dass diese Frage geradezu pervers anmutet: Aber haben Sie in der Zeit im Lager irgendetwas gemacht, wofür Sie sich schämen?
Ja, Sie werden das als eine Lappalie betrachten, aber ich schäme mich heute noch dafür. Eines Tages hat mir jemand – ich weiß nicht mehr, wer das war – eine halbe Tafel Schokolade geschenkt. Ich habe mich wahnsinnig gefreut, ich hatte so etwas seit Jahren nicht gesehen. Und ich habe mir gesagt: Jetzt gehe ich zu Anita, und wir teilen uns diese Schokolade. Auf dem Weg zu Anita habe ich aber die ganze Schokolade aufgegessen. Das ist das Einzige, wofür ich mich schäme.

So eine Kleinigkeit!
Aber es zeigt einen Mangel an Charakter und Disziplin. Das geht nicht.

Konnte man die SS-Leute bestechen?
Ja, damit sie nicht gleich anfingen, zu schreien und die Menschen niederzuschlagen, wenn nicht schnell genug geschaufelt wurde. Es

herrschte ja eine solche Brutalität, davon macht man sich keine Vorstellung. Anita und ich haben das dann im Kleinstformat gesehen auf dem Transport von Auschwitz nach Belsen. Wir sind erst in Viehwagen transportiert worden, aber die letzte Strecke mussten wir laufen.

Kilometer um Kilometer ...
... bis wir das Camp erreicht hatten. Und wer auf dem Weg hingefallen ist und nicht mehr aufstehen konnte, den haben sie einfach abgeknallt ... *(hält inne)* Ich habe manchmal Hemmungen, dass ich jetzt Sachen sage, die irgendwie verletzen könnten.

Wie meinen Sie das?
Ich weiß es auch nicht. Weil man doch die Tendenz hat, zu verallgemeinern – wie vorhin, als ich davon sprach, dass die Deutschen so musikliebend sind. Aber es ist natürlich Quatsch: Entweder man redet, oder man redet nicht.

Ich glaube, Sie müssen nun wirklich keine Rücksicht nehmen. Der Marsch nach Belsen war 1944 – von einer Hölle in die nächste.
In Belsen hat man die Leute zwar nicht mehr vergast, aber sie sind ...

... an Krankheit und Entkräftung ...
... ja, und an dem Ekel an sich selbst gestorben. Man war ja derart verdreckt. Wir waren total verlaust, und man hatte ständig Durchfall. Die Mädchen und die Frauen, die in einem Alter waren, wo sie noch ihre Periode hatten, die hatten nichts, um sich in irgendeiner Weise ... Dafür gab's aber was in die Suppe, was das gestoppt hat. Das hat man auch den Soldaten an der Front gegeben. Keine Salzsäure, aber so ein ekelhaftes salziges Zeug. Wir wollten einfach nicht mehr, und wir konnten einfach nicht mehr, weil man sich selber so angewidert hat. Das ist auch das, was ich nie vergessen werde: dieser Ekel vor sich selbst und die entsetzliche humiliation ... wie sagt man?

Erniedrigung.
... und die Erniedrigung, die man uns angetan hat. Das habe ich nie vergessen, und das will ich auch nicht vergessen. Die Engländer ha-

ben nach der Befreiung von Belsen etwas sehr Gutes gemacht: Sie haben die Leute aus dem nächsten Ort ins Lager gekarrt. Da hat mich ein schottischer Offizier gefragt: »Soll ich dir ein paar Leute raussuchen? Mit denen könnt ihr machen, was ihr wollt.« Ich habe nur geantwortet: »Vielen Dank, das interessiert mich überhaupt nicht.« Ich habe mir die Leute angeschaut wie im Kino.

Wie haben sich denn diese Deutschen verhalten, als sie im Lager ankamen?
Die Deutschen haben weggeguckt, die Frauen sowieso und auch die Männer, wenn man sie an den Massengräbern vorbeigeführt hat. Belsen hat derart gestunken nach verwesten Leichen, das haben wir überhaupt nicht mehr gerochen. Wir hatten die Leichen selbst in diese Gruben schleppen müssen. Man hatte uns sehr dicke Schnüre gegeben, mit denen wir die Handgelenke der Toten zusammenbinden sollten. Und dann haben wir die Leichen an diesen Schnüren quer durch das Lager gezogen. Aber wir konnten nicht mehr. Wir haben nur 50 Leichen am Tag geschafft. Am Schluss wurden die Toten mit Bulldozern zusammengeschoben. Es musste ja ordentlich sein.

Und als die Deutschen aus dem Nachbarort diese Leichenhaufen und die Gräber sahen: Wie haben die reagiert?
Die konnten das gar nicht begreifen. Die haben ein paar Kilometer weit weg gewohnt ...

... und haben es nicht gewusst?
Natürlich haben die das gewusst! Aber die Leute hatten Angst, was zu sagen. Das ist die Misere in allen Diktaturen. Die durften von einem gewissen Punkt an keinen Fuß mehr in die Lüneburger Heide setzen. Von wegen Heideromantik! Ich hasse die Lüneburger Heide und will die niemals wieder sehen. Wir sind ja kilometerweit marschiert bis zum Lager. Auch durch Ortschaften. Da werden Sie mir doch nicht sagen, dass die Deutschen nicht wussten, dass da ein KZ ist.

Stimmt es, dass Sie nach der Befreiung durch die Engländer noch ein Jahr lang in Belsen leben mussten?
Ja, aber das war gar nicht so schlimm, weil wir nicht mehr in einer dieser Baracken gelebt haben. Dank der Engländer wohnten wir in einem richtigen Haus. Das hatten die beschlagnahmt. Es war für heutige Begriffe sehr primitiv, aber es war ein richtiges Haus mit Küche. Anita und ich sahen wieder ordentlich aus. Wir hatten beide wieder Haare, wir hatten was Ordentliches zum Anziehen. Und wir waren unentwegt unterwegs. Meine Schwester hat auch beim ersten Kriegsverbrechertribunal in Lüneburg ausgesagt.

Sie haben nach dem Krieg zunächst in Großbritannien gelebt, wo Sie beim deutschen Dienst der BBC einen Job fanden, erst als Sekretärin und dann als Moderatorin. Den deutschen Pass haben Sie später nur mit viel Mühe zurückbekommen.
Man hatte ja keine Papiere mehr, gar nichts. Kurz vor der Befreiung in Belsen haben die SS-Leute versucht, alles zu verbrennen. Da kamen die Rauchschwaden nicht aus dem Krematorium, sondern aus der Schreibstube. Überall flogen verbrannte Papierfetzen herum. Als ich die Lagerstraße entlangging, flog mir eine größere Ladung vor die Füße. Ich hob die auf – und da war meine deutsche Kennkarte.

Wenn man das in einem Film sähe, würde man sagen ...
... das kann gar nicht sein. Aber ich habe diese Papiere nicht aufbewahrt. Ich war damals nicht so sentimental, wie ich es heute vielleicht wäre. Als Klaus und ich später nach Köln gezogen sind und ich meinen deutschen Pass zurückhaben wollte, aus Prinzip, weil ich ein Recht auf den Pass hatte, da musste ich Formulare ausfüllen – davon macht man sich keine Vorstellung. Ich war ja vorbestraft, wegen der gefälschten Pässe, die mich ins Zuchthaus gebracht hatten. Ein Gericht musste das Urteil aufheben – ein Witz. Es hat sehr lange gedauert.

Haben Sie da nicht innerlich gebebt vor Zorn?
Nein. Das ist wahrscheinlich auch einer der Gründe, warum ich immer noch einigermaßen bei Trost bin: Ich konnte mich über solche Sachen eigentlich nicht mehr aufregen.

Ist es Ihnen schwergefallen, nach Deutschland zurückzukehren?
Nein. Schon bald nach der Befreiung habe ich mir vorgenommen, dass ich mir nicht den Rest meines Lebens von Hitler diktieren lasse. Darum hatte ich keine Probleme mit den jungen Deutschen, die ich beim Auslandsdienst der BBC in London kennenlernte. Und darum kam ich dann auch mit den meisten Leuten beim WDR in Köln gut aus. Ich hatte allerdings ein Problem mit dem Höfer.

Mit dem Fernsehjournalisten Werner Höfer? Damals wusste man sicher noch nicht, dass er 1943 die Hinrichtung eines jungen Pianisten gutgeheißen hatte.
Nein, damals wusste ich das noch gar nicht. Er war Gast bei unserer Hochzeitsfeier in Köln. Er hat furchtbar viel gesoffen, und er ist mir auf die Pelle gerückt. Er guckte mir ganz tief in die Augen und sagte: »Sie schöne Jüdin, Sie.« Da kann man doch eigentlich nur kotzen. Aber ansonsten hatte ich, wie gesagt, eigentlich keine Schwierigkeiten. Das ist auch einer der wenigen Vorteile des Alters, dass ich mir nichts mehr gefallen lasse. Letztens bin ich hier in ein Café gegangen, was ich im Gegensatz zum Klaus häufig tue, um Freunde zu treffen.

Sie sind hier in La Croix-Valmer sehr bekannt ...
... wie ein bunter Hund, ja. In diesem Café saßen an einem Nebentisch zwei nette Leute, die ich kannte, und ein dritter Mann, ein alter Knacker. Die sprachen über die Wirtschaftskrise. Da horchte ich etwas genauer hin, ich habe für mein Alter noch ein recht gutes Gehör. Und da sagte dieser Dritte: »Das ist alles die Schuld der Juden!« Daraufhin habe ich tief Luft geholt, bin aufgestanden und habe diesen Kerl gefragt: »Können Sie das wiederholen?« Er hat dann noch etwas gemurmelt und ist gegangen. Ich fahre solchen Leuten sofort über den Mund: »Ich habe keine krumme Nase, ich stinke nicht nach Knoblauch, was willst du noch?«

Reichen Worte eigentlich aus, um das Grauen zu beschreiben, das Sie und so viele andere in Auschwitz erlitten haben? Manche, auch Überlebende, sagen, dass Sprache dazu nicht in der Lage sei.
Das stimmt.

Aber Sie können doch mit Ihren Erzählungen aufleben lassen, was in Auschwitz und in Belsen passiert ist!
Finden Sie? Es hängt auch vom Zuhörer ab. Ich wurde kürzlich gebeten, vor einer französischen Schulklasse zu reden. Da habe ich die Direktorin gefragt: »Wie soll ich zehnjährigen Kindern erklären, was der Holocaust ist?«

Haben Sie es trotzdem versucht?
Ich hab's gemacht, ja. Die Lehrerin hat mich beruhigt: »Diese Kinder sehen so schreckliche Sachen, im Fernsehen oder im Internet, die werden nicht anfangen zu schreien.«

Und wie haben die Kinder reagiert?
Gestern habe ich auf dem Markt zwei Mädchen aus dieser Klasse getroffen, ganz niedlich, mit langen Haaren. Die Ältere sagte: »Das war sehr beeindruckend, was Sie uns erzählt haben.« Ich wollte hauptsächlich, dass die Kinder sich nicht langweilen. Das ist ja wichtig, dass man zehnjährigen Kindern Geschichten erzählt, in denen *a little action* ist. *(lacht)* Deshalb hab ich dieser Klasse erst mal erzählt, wie ich meine Schwester wiedergefunden habe – die Geschichte mit den Schuhen. Das hat ihnen sehr gut gefallen. Und dann habe ich erzählt, wie meine Eltern umgekommen sind: »Ich will euch jetzt keinen Schrecken einjagen, euch wird niemals so etwas passieren. Aber stell dir mal vor, deine Mutter und dein Vater ...« Totenstille. Diese Stille hat mich sehr beeindruckt, weil ich wusste: Die Kinder hören wirklich zu.

In den wenigen Interviews, die Sie gegeben haben, haben Sie sich mehrmals über ehemalige KZ-Häftlinge mokiert, die sich die Haare raufen und weinen, wenn sie von Auschwitz berichten.
Ja, das macht mich wirklich verrückt.

Haben die denn kein Anrecht darauf?
Nein.

Warum nicht?
(Stöhnt) Ich weiß es nicht, ich schäme mich für sie, wenn ich das sehe. Auschwitz erlaubt keine Altmänner-, keine Altweiber-Rührung. Das ist meine Meinung, aber ich bin vielleicht sehr ungerecht.

Werden Sie da mit einem Gefühl konfrontiert, das auch in Ihnen brodelt?
Nee. Bei mir brodelt es, wenn ich im Fernsehen *emotional stories* sehe, die mich nicht persönlich betreffen. Kürzlich gab es eine Themenwoche über Krebs, da lief ein Film über ein Kinderkrankenhaus. Ich musste bitterlich weinen, als ich das gesehen habe. Vielleicht habe ich dabei auch an die kleine Italienerin gedacht, das ist durchaus möglich. Aber ich finde, wenn Menschen, die das überlebt und ein reifes Alter erreicht haben, wenn die in der Mitte einer ehemaligen Auschwitz-Baracke stehen und sich die Haare raufen: Ich kann es nicht ertragen. Auf Französisch sagt man *pudeur*.

Schamgefühl.
Genau, danke. Da muss man das Maul halten. Entweder man macht es, oder man bleibt draußen. Als ich das erste Mal wieder in Auschwitz war, nach meinem »Erholungsurlaub« dort, waren wir eingeladen von der israelischen Botschaft in Berlin. Anita und ich haben über das Gelände geführt. Ich habe einen Offizier begleitet, der schwer verletzt aus dem Jom-Kippur-Krieg gekommen war und der schlecht laufen konnte. Und mit dem bin ich extra etwas zurückgeblieben, weil ich wusste, dass meine Schwester sicher anders über diese Zeit sprechen würde als ich: rigoroser, unversöhnlicher, viel emotionaler.

Sie wollten den Gefühlen Ihrer Schwester ausweichen?
Ja, ich wollte das irgendwie separat machen. Dieser Offizier hatte ja im Krieg wirklich viele schreckliche Sachen erlebt, aber der konnte es kaum ertragen, durch diese Räume zu gehen – durch den Raum mit den Schuhen, den Raum mit den Haaren, den Raum mit den kleinen Koffern. Ich meine, ich fand das auch schrecklich. Was mich am meisten interessierte, war der Raum, wo die Tätowierungen stattgefunden haben und wo ich die Schuhe von Anita gefunden habe.

Ich habe ein paar letzte Fragen, wenn Sie erlauben. Laut Ihrem Mann sind Sie beide sparsam mit Liebesbekundungen.
Ja. Er ist schlimmer als ich.

Ihr Mann ist sparsamer?
Ja, so sind die Protestanten. Er schreibt es mir lieber in seinen Briefen oder sagt es, wenn er eine Rede auf mich hält.

Er hat erzählt, dass Sie einmal etwas zu ihm gesagt haben, das für Sie offenbar die größte Form der Liebesbezeugung war: »Ich weiß, dass du mitgegangen wärst.«
Ja, das stimmt auch.

Wissen Sie auch, was er da gedacht hat?
Nein. Sagen Sie es mir.

Hoffentlich.
Ja ... *(schweigt lange)*

Glauben Sie noch an den Menschen, jedenfalls im Großen und Ganzen?
Nein, eigentlich nicht. Ich habe gelernt, genau zu beobachten. Ich schaue jetzt durch die Menschen durch. Das klingt etwas zu einfach, aber ich weiß sofort, wie sich diese Menschen benommen hätten, wenn sie mit mir in einer Zelle gesessen hätten.

Das spüren Sie?
Ja. Wenn mir die Leute in irgendeiner Art unsympathisch sind, kommt das sofort zurück. Dann frage ich mich: Was würden die machen? Würden die mir etwas antun? Oder würden die mich verpetzen, weil ich die ganze Schokolade aufgegessen habe? Das sind vielleicht zu schlichte und zu spontane Reaktionen, aber meistens stimmt es.

30. April 2014, *DIE ZEIT*

Schauspieler mit Geheimnis: Armin Mueller-Stahl

»Ich wollte einfach fliegen«

Armin Mueller-Stahl

Armin Mueller-Stahl ist der einzige Gesprächspartner, den ich je in einem lauschigen Hotelzimmer mit großflächigem Doppelbett interviewen durfte. Ich war Mitte März an die Lübecker Bucht, wo sich dieses Zimmer befand, in dem Glauben gefahren, dass dieses Hotel hier Mueller-Stahls Lieblingsunterkunft sei, wenn er – wie jedes Jahr – einige Monate in Deutschland verbringt. Er aber hatte das Haus noch nie gesehen und war dahin gefahren, weil er dachte, dass dieser Ort für mich am besten zu erreichen sei. Und das Hotel wollte, dass wir unsere Ruhe hatten. So landeten wir in einem Doppelzimmer, was Armin Mueller-Stahl süffisant kommentierte: »Finden Sie es entspannter, wenn wir uns beim Gespräch hinlegen?«

Mueller-Stahl ist einer der wenigen deutschen Schauspieler, denen es gelungen ist, sich so etwas wie ein Geheimnis zu bewahren. Er hat sich seine Rollen immer mit Bedacht ausgesucht (also auch oft Nein gesagt) und noch penibler die Medienauftritte. In Talkshows geht er inzwischen nur noch, wenn er alleine auftreten darf. Das mag kapriziös wirken, aber wer ihn sprechen hört, weiß auch: Hier ist ein vielseitiger Künstler, ein Schauspieler, Maler, Musiker und Dichter, der sorgfältig formuliert und viel zu erzählen hat, unter anderem über ein bewegtes Leben in drei verschiedenen Deutschlands. Seine Autobiografie (geschrieben mithilfe des Journalisten Andreas Hallaschka) stand gerade vor der Veröffentlichung, als wir uns trafen.

Können Sie mir vom großen Auftritt Ihres ehemaligen Kollegen aus Ost-Berlin erzählen, von Martin Flörchinger?
Ja. Wir hatten beide den Nationalpreis der DDR bekommen, zweiter Klasse. Nach der Verleihung lud Erich Honecker zum Empfang.

Da wurde Aal serviert, den es normalerweise in der DDR nicht gab. Und die Wissenschaftler fielen vor dem Staatsratsvorsitzenden auf die Knie. Martin und ich fanden es scheußlich. Und der Staatsratsvorsitzende schaute zu den Gauklern: Der wollte zu uns.

Die Schauspieler waren spannender für Honecker als die buckelnden Wissenschaftler.
Er kannte uns aus Filmen. In dem Moment, wo er sich zu uns aufmachte, fing Martin aber an, mir eine Geschichte zu erzählen. Die hatte weder eine Pointe, noch war sie wichtig. Er erzählte sie mir nur, um Honecker zu beweisen, dass wir vor ihm nicht buckeln wollten. Er stoppte den Honecker und sagte: »Eine Sekunde, ich bin gleich fertig.« Honecker stand also neben uns und wartete. Bis Martin sagte: »So, jetzt sind Sie dran.«

Und was tat Honecker?
Er hat das geschluckt. Er fragte: »Soll ich euch Aal holen?« Und dann verschwand er.

In Ihrem Buch schreiben Sie: »Nach meiner Erfahrung in der DDR waren immer die unteren Chargen die gemeinsten.«
Das haben Sie sicherlich auch schon mitbekommen, dass das Machtspiel bei den Unteren immer ausgeprägter ist. Die haben vielleicht selbst Schläge bekommen, und nun fangen sie an zu tyrannisieren. Ich erinnere mich an ein Gespräch mit Heinz Adameck, dem Chef des Fernsehfunks, als der beauftragt wurde, mich niederzumachen. Das war nun kein Kleiner, aber er gab die Watschen weiter, die er von oben bekommen hatte. In einer Weise ...

Er brüllte Sie an?
Er saß hinter seinem Schreibtisch, ich saß ihm gegenüber, und er brüllte: »ICH habe euch groß gemacht, ICH!« Er fixierte mich wie einen Feind. »Euch mache ich FERTIG!« »Du kriegst bei mir KEINE Rollen mehr!«

Hat Sie sein Geschrei beeindruckt?
Es hat mich komischerweise überhaupt nicht berührt. Ich guckte seine Koteletten an, die eine war länger als die andere. Sein Gesicht hat mich fasziniert. Nun bin ich Zeichner, also habe ich mich immer für Gesichter interessiert. Aber es ist schon komisch: Ich konzentrierte mich darauf, wie sein Gesicht rot wurde, sich verfärbte, vor Wut alle Farben kriegte.

Hatten Sie in solchen Situationen wirklich nie Angst?
Null. Es war einfach zu viel.

Die »unteren Chargen«, von denen Sie sprechen, haben sich aber nicht alle danebenbenommen. Mir fällt einer ein, der sich Ihnen gegenüber sogar ganz anständig verhalten hat: der Pförtner an der Berliner Volksbühne, wo Sie nach 25 Jahren vom Hof gejagt wurden wie ein Hund.
Stimmt, das war in den Siebzigerjahren, 1975. Er gehörte zu den zwei Menschen im ganzen Ensemble, die mich zum Schluss verabschiedet haben. Jahrzehnte später traf ich ihn übrigens wieder, das ist vielleicht fünf Jahre her. Da fuhr ich mit dem Auto an der Volksbühne vorbei. Ich wollte nur mal gucken, aber dann bin ich reingegangen. Da rief dieser Pförtner plötzlich: »Herr Mueller-Stahl! Autogrammpost!« Er war ganz glücklich, und er brachte mir tatsächlich vier, fünf Briefe, die er aufgehoben hatte. Ist das nicht eine rührende Geschichte?

Allerdings! Ganz anders denken Sie über den Mann, der an der Berliner Volksbühne lange Zeit ein Mythos war.
Ja, das war der berühmte Regisseur Benno Besson. Viele werden gegenteilige Erfahrungen gemacht haben, nur mir gegenüber hat er sich verhalten, wie man sich wirklich nicht verhält. Der Grund war wohl, dass ich unter den Kollegen der einzige war – Frauen ausgenommen –, der auch beim Film Erfolg hatte. Und ich konnte mit den Liedern, die ich geschrieben hatte, sogar ins Ausland reisen.

Sie waren ein Privilegierter in seinen Augen?
Sogar über die Mauer hinweg. Das alles ärgerte ihn maßlos, und er wollte mich demütigen. Aber das ließ ich nicht mit mir machen. In unserem letzten Gespräch habe ich zu ihm gesagt: »Du kannst mich mal am Arsch lecken!« Nun gut, ich kann mich auch besser ausdrücken.

Wohl wahr: So richtig böse werden Sie selten. Wie haben Sie denn reagiert, als Ihnen ein Auftritt mit einem Song über den Regen in einer DDR-Fernsehshow verwehrt wurde?
Ja, wissen Sie, das war der Gehorsamseifer vieler Genossen, die bereits die Argumente der höheren Genossen witterten. Ich gebe zu, sie fanden auch meine Lieder nicht gut, die waren denen zu pazifistisch oder zu skurril. Der Fernsehdirektor sagte mir schließlich ins Gesicht: »Im Sozialismus regnet es nicht!«

Trotzdem gab es in den ersten Jahren der DDR durchaus Genossen, die Ihnen Respekt abnötigten.
Absolut – weil das wirklich überzeugte Kommunisten waren. Die waren verfolgt worden, hatten das KZ als Hungergestalten überlebt, für ihren Glauben haben sie gelitten. Einer meiner Lehrer an der Schauspielschule sagte immer – ich höre ihn noch sprechen: »Alle sollen eine Zweizimmerwohnung haben, und es soll auch Kunst an den Wänden hängen, der Dürer-Hase oder die Sonnenblumen von van Gogh als Kopie.« Das war die kurze Blüte der hageren Genossen, bevor sie von den dicken Genossen verdrängt wurden: von den Karrieristen, die mit den Ellenbogen arbeiteten.

Sie hätten die DDR jederzeit verlassen können. Aber bis in die Mitte der Siebzigerjahre waren Sie mit den Verhältnissen ganz zufrieden.
Das war schon etwas anders. Es hing von bestimmten Daten ab, ob ich einverstanden war oder nicht. Nach dem Einmarsch in Ungarn 1956 hasste ich die DDR zutiefst. Aber ich war an einem Filmprojekt beteiligt, das ich nicht verlassen wollte. Der Mauerbau 1961 war auch so ein Datum. Im selben Jahr war ich aber auf Kuba und lernte Che Guevara kennen, Fidel Castro und Raúl Castro.

Und diese drei Männer haben Ihnen imponiert?
Ja. Wenn der Che Guevara seine Augen aufschlug, waren die Mädchen hin und weg. Und der Fidel Castro hat mir tatsächlich sehr imponiert, weil mich viele Errungenschaften auf Kuba überraschten. Er lud uns dann in eine Villa ein, deren Besitzer abgehauen war. Ich erinnere mich noch, wie Fidel das Essen servierte: Er hatte Schweißringe unter den Armen, machte Konservenbüchsen auf, klatschte das auf irgendwelche Teller, und dann wurde gespeist.

Zu welchen Daten waren Sie denn mit der DDR einverstanden?
Nachdem die Mauer gebaut wurde, 1961.

Ausgerechnet?
Ja nun, es war erst mal schrecklich. Ich war drüben, in Stuttgart, bekam auch Angebote. Aber ich bin trotzdem zurückgegangen, weil ich mit Frank Beyer »Königskinder« zu Ende drehen wollte. Das war ein turning point, wo ich eigentlich nicht mehr zurückwollte, aber mich zwischen Pflichtbewusstsein und Freiheitsgedanken für die Pflicht entschieden habe. Zwei Monate später wurde das Leben plötzlich schön in der DDR.

Warum?
Die schönen Mädchen, die alle früher am Ku'damm standen, waren auf einmal in Ost-Berlin und hatten alle Hände voll zu tun. Die Schaufenster wurden ein bisschen voller, und ich dachte, vielleicht können wir jetzt ungestört den Sozialismus aufbauen, wenigstens die Ideale der Französischen Revolution: Freiheit, Gleichheit, Brüderlichkeit. Das waren Frühlingsgefühle. Aber das ebbte sofort wieder ab. Die Dinge, die mich wirklich in der DDR hielten, waren meine Arbeit am Theater, meine Arbeit beim Film und auch die Freundschaften.

Und das, obwohl Sie zunächst nirgendwo mit offenen Armen empfangen wurden: Nach nur einem Jahr flogen Sie zum Beispiel von der Schauspielschule!
Ich war ein renitenter Schüler, ich hatte ja schon ein Musikstudium hinter mir. Ich hielt es nicht für wichtig, was die Lehrer mir beibrin-

gen wollten: Standbein, Spielbein ... Ich wollte psychologische Rollen spielen, und die wollten Arbeitertypen haben.

Für den sozialistischen Realismus, ja. Eine andere Pleite erlebten Sie bei einem Auftritt an der Staatsoper.
Ich sollte eine Riesenballade vortragen, »Der Gott und die Bajadere« von Goethe. Ich hatte in der Garderobe zwei Doppelte getrunken, und es wurde eine Tragödie. Ich hatte in der Eile nämlich mein Textbuch liegen lassen, und ich fand auch den Bühnenaufgang nicht. Plötzlich stand eine Putzfrau vor mir, ich lief hinter der her und landete mitten im Orchester, zwischen den Bratschen. Es war ein Albtraum.

Und da wurden Sie nervös?
Nein, in ganz schlimmen Situationen werde ich ganz ruhig. Das habe ich in meinem Leben zweimal gemerkt, und ich glaube, ich habe es von meiner Mutter geerbt. Es war ja die Eröffnung der Staatsoper, ich konnte schlecht sagen: »Ich habe mein Buch liegen lassen, warten Sie mal kurz!« Also habe ich meine eigene Ballade gedichtet. Die Experten haben noch Jahre später gerätselt, wo man diese Verse bei Goethe finden kann.

Was war denn die zweite schlimme Situation, in der Sie ruhig blieben?
Da spielte ich in Amerika meine erste Rolle, die Hauptrolle in einer Fernsehserie. Eines Abends kriegte ich zwei, drei DIN-A4-Seiten Text für eine Szene, in der ich eine Rede halten sollte. Die sollte am nächsten Tag gedreht werden. Aber das war unmöglich, ich sprach kaum Englisch. Also sagte ich zum Regisseur: »Das kann kein Schauspieler der Welt!« Ich bekam drei Tage Zeit. Und da kam Helmut Schmidt ins Spiel: Ich habe daran gedacht, wie er Reden hält. So habe ich die Rolle bewältigt. Ich habe mir abgeguckt, wie er Pausen macht. Wie er so tut, als würde er ablesen, obwohl er frei spricht. Das macht er schon sehr perfekt.

Helmut Schmidt sagt gelegentlich auch über sich selbst, dass er ein Staatsdarsteller sei. Darin ist er begnadet.
Er ist sehr gut, aber begnadet würde ich streichen. Zum Beispiel diese berühmte Geste, wenn er Blätter auf dem Pult zusammenschiebt: Das ist irgendwie pingelig, das muss man mit Grandezza machen. Ich spüre seine Eitelkeit, ich spüre sein Ego.

Damit kennen Sie sich ja als Schauspieler aus!
Ja, aber ein guter Schauspieler lässt sich das nicht anmerken.

Lassen Sie uns über jene Zeit reden, in der es zum Bruch mit Ihrer DDR kam, nach der Petition gegen die Ausbürgerung von Wolf Biermann: Da gab es offenbar große Eifersüchteleien zwischen den Unterzeichnern?
Es gab tatsächlich eine große Arroganz vonseiten der Schriftsteller. Sie waren diejenigen, die im Westen veröffentlicht wurden, wenn sie laut gegen die DDR protestierten. Die guckten auf uns Gaukler herab.

War Ihnen denn bewusst, welche Folgen Ihre Unterschrift haben würde?
Das war mir sehr bewusst.

Hat es Sie kein bisschen überrascht, dass Menschen plötzlich die Straßenseite wechselten, die Ihnen bis dahin sehr zugewandt waren?
Bei einigen, ja. So wie es mich beim Lesen meiner Stasiakte überrascht hat, dass diejenigen, von denen ich es am wenigsten erwartet hätte, alles über mich berichtet haben. Da bin ich heute drüber weg, ich nehme ihnen nichts mehr übel.

Auch nicht dem Rechtsanwalt, mit dem Sie befreundet waren und der Sie ausspioniert hat?
Nein.

Er schämt sich offenbar und will seinerseits keinen Kontakt mehr.
Offensichtlich, ja. Aber ich gehe nicht als Erster hin, das muss er machen. Ich glaube, in dieser merkwürdigen Verschiebung von mensch-

lichen Beziehungen hat er geglaubt, die Freundschaft zum Staat sei wichtiger als die zu einem Freund.

Interessieren Sie sich für Psychologie?
Durchaus!

Es gibt diese Theorie, dass Kinder in ihrem Leben versuchen, einen unerfüllten Wunsch ihrer Eltern zu verwirklichen. Ihr Vater und Ihre Mutter waren künstlerisch ungemein talentiert, aber zum Beruf konnten sie ihre Begabung nicht machen.
Ich war acht Jahre alt, als ich meinen Vater am 1. September 1939 in der Kaserne ablieferte. Ich erinnere mich, dass er ein Selbstporträt gezeichnet hatte. Es war sehr, sehr genau und schön. Ich erinnere mich auch an seine Sketche. Wenn er aus dem »Lustigen Salzer-Buch« vorgelesen hat, kringelten wir uns vor Lachen. Aber mein Vater ist im Krieg verschwunden. Das bricht bis zum heutigen Tage immer wieder latent in mir auf, wie schnell der Krieg wieder da sein kann.

Und Ihre Mutter, die fünf Sprachen beherrschte?
Sie wäre zufrieden gewesen, wenn ich gesagt hätte, ich möchte dies oder jenes machen. Sie hätte geantwortet: »Ja, mein Jungchen, mach das.«

Ihre Mutter hat erst 1973 die Bestätigung bekommen, dass Ihr Vater gestorben war – in einem Lazarett im Mai 1945. So lange hatte sie auf ihn gewartet.
Wir haben alle auf ihn gewartet. Er gehörte einfach zur Familie, er war die Lokomotive, er war der Weichensteller, er war auch der Ratgeber. Meine Mutter bezog ihre Kraft aus dem Glauben, auch als mein älterer Bruder Roland an einem Gehirntumor starb. Man muss aber dazu sagen: Wenn man einen Krieg so hautnah erlebt hat, wie ich es getan habe, dann ist der Tod gar keine schlimme Vorstellung mehr.

Das ist für Nachgeborene ganz schwer ...
... zu verstehen, ja. Wir zogen damals mit dem Handwagen durch Rostock, und wir sahen an den Bäumen die Deserteure, aufgehängt,

oder in den Gräben die Leichen. Jeder Tote steht für ein Schicksal. Aber Sie nehmen nur noch Ihr eigenes Schicksal wahr, und das ist plötzlich verdammt nah an all den Toten. Als ich am Mittelohr operiert wurde – mit so einem Stemmeisen, weil es keine medizinischen Geräte gab –, da war ich enttäuscht, als ich aufwachte und noch lebte. Mir war übel von dieser Äther-Geschichte, und ich dachte: »Es ist so qualvoll, dieses ganze Leben.« Ich wollte nur weg.

Sie beschreiben Erlebnisse in den Wirren der Nachkriegszeit, die einem nach dem Lesen tagelang nicht aus dem Kopf gehen – zum Beispiel die mit dem Reichsbahndirektor Knoll.
Der wurde erschossen, weil ein Zug in Pasewalk entgleist war. Die drei kleinen Töchter klammerten sich an seine Hosenbeine, aber man suchte einen Schuldigen. Also kam ein Russe und führte ihn ab. Knolls Frau sagte völlig apathisch: »Nun ist er hin.« Die Töchter und die Witwe zogen bei uns ein. Aber sie sind, eine nach der anderen, an Typhus gestorben.

Trotzdem heißt es in Ihrem Buch, dass die Erlebnisse nach dem Krieg Sie nicht weiter verfolgt hätten.
Nein, wissen Sie, es gibt ja innere Hilfsmechanismen. Mir hat der Wechsel von einer Kunst in die andere geholfen: das Zeichnen, aber komischerweise immer am meisten die Geige. Und diese Zeit des Frühlings nach 45, das war rückblickend die schönste Zeit in meinem Leben, die aufbauendste.

Die aufbauendste?
Ja, so komisch das klingt: Die Träume, die man verwirklichte! Man war talentiert, man konnte dieses machen, man konnte jenes machen, und man war, nicht immer, aber meistens, auch herzlich willkommen.

Sie sagten gerade, Ihrer Mutter habe der Glaube geholfen. Sind Sie selbst nach dem Tod Ihres Bruders vom Glauben abgefallen?
Das hat nicht allein mit Roland zu tun. Ich glaubte nicht, dass Gott geschehen lassen konnte, was ich erlebt hatte. Aber schon damals

kam mir der Verdacht, dass das Böse im Menschen gottgewollt ist. Diese beiden Größen, das Gute und das Schlechte, sind in uns eingebaut. Das ist in jedem Menschen drin, auch bei Ihnen!

Vielleicht sind mir deswegen Moralisten so suspekt.
Ja, mit Recht.

Sind Sie denn gut oder böse, wenn Sie Kollegen zurechtweisen? Bei den Dreharbeiten zum Film »Buddenbrooks« haben Sie Jessica Schwarz kritisiert, weil sie vom Regisseur Heinrich Breloer Hilfe bei der Interpretation ihrer Rolle erwartete. Darf man das nicht?
Natürlich muss ein Regisseur Hilfe geben, wenn er merkt, dass jemand seine Mittel noch nicht kennt. Aber in diesem Fall war es Psychologie. Ich musste sie zusammenstauchen, weil sie moserte und die Stimmung im Team belastete. Als älterer Kollege muss ich das hin und wieder tun. Ich mache das sehr selten, aber wenn, dann wirkt es.

Warum mögen Sie Mario Adorf nicht?
Da muss ich widersprechen. Ich habe keine Schwierigkeiten mit dem Mario. Er hatte mit mir Schwierigkeiten, sagt er selbst. Weil der Fassbinder mich ihm vorzog bei »Lola«.

Das war 1981. »Lola« war eine Komödie, und Rainer Werner Fassbinder führte Regie.
Fassbinder mochte keine Brüder, aber er liebte Väter und Söhne. Für ihn war ich ein Vater. Da konnte ich nichts dafür! Mir war es sogar unangenehm. Es hat mir allerdings auch Spaß gemacht, dass ältere Schauspieler sich wie Kinder benehmen können. Sie wollen dann beweisen, wer der Bessere ist. Der Adorf nahm sich das Drehbuch und sagte: »Lass uns mal die Szenen durchgehen: Das ist meine Szene, das ist meine Szene, das ist deine Szene, meine Szene, meine Szene, und hier hast du auch eine Szene.« Das war schon mal ein wunderbarer Beginn. Als ich dann hörte, dass er viel mehr Geld kriegte als ich, habe ich die Gabi angerufen, meine Frau. Sie sollte mir die Geigen schicken.

Die was?
Meine Geigen, die wollte ich in eine Szene einbauen. Da war wieder so ein Drehtag, an dem Mario herummäkelte, dass ich ihm das Licht wegnehmen würde. Als wir fertig waren, sagte ich zum Fassbinder: »Morgen drehen wir Marios Szene, da will ich diese kleine Geige mal ausprobieren.« Ich wusste natürlich, wenn ich Geige spiele, ist seine Szene im Eimer. *(lacht)*

Es funktionierte?
Der Fassbinder jubelte, und der Mario war am Boden zerstört, weil keiner mehr auf ihn achtete.

Es gab da noch so einen Kollegen: Warum hat Sie Manfred Krug »Minchen« genannt?
Ich wurde in der DDR von vielen »Minchen« genannt. Aber ich war inzwischen 60, und irgendwann hat sich's ausgeminchent. Der Krug hat es noch mal extra betont.

Er hat Ihnen vorgehalten, dass Sie zu zögerlich waren.
Er hatte gedacht, wir würden die DDR gemeinsam verlassen – mit einem großen Paukenschlag. Das hatte ich aber nie vor. Da wurde er sehr ungehalten. Er war ein ganz großes Ego-Paket, besonders in der DDR. Er ist aber auch eine interessante Figur, sehr intelligent.

Sie sind ja gemeinsam von der Schauspielschule geflogen, angeblich wegen mangelnder Begabung.
Nach nur einem Jahr! Wir haben uns später einmal amüsiert, als der Schauspieldirektor, der uns rausgeschmissen hatte, mit uns beiden in einem Film spielte. Der hieß Otto Dierichs. Er war so aufgeregt, er hatte uns ja zu Unbegabten erklärt, und nun waren wir die Hauptdarsteller. Da sagte der Krug zu mir in Gegenwart von Otto: »Minchen, solange wir solche Kollegen haben, werden wir immer Arbeit kriegen.« Diesen Witz und diese Schlagfertigkeit habe ich schon gemocht an ihm. Otto versank in seinem Stuhl.

So eine Begegnung hätte ich Ihnen auch mit Besson gewünscht, nach dem Zoff an der Volksbühne.
Ja, aber da wusste ich mich schon zu wehren. Als ich bei einer Probe mal auf der Bühne stand, und Besson saß im Publikum, da hat er von unten gesagt: »Du ärgerst mich.« Ich habe geantwortet: »Das musst du mir irgendwann mal erklären, aber nicht jetzt.« Und damit war es für mich erledigt. Es gibt Leute, zu denen sagt man Guten Morgen, und es kommt irgendwas Hässliches zurück. Dann geht man sich eben aus dem Weg.

Das sagen Sie immer wieder: dass Sie gewisse Dinge nicht an sich ranlassen.
Stimmt. Aber einige Sachen sind mir doch sehr nahegegangen: wenn Sie ein Mensch verlässt, wenn ein Freund nicht mehr da ist. Aber dann kehrt die Hoffnung zurück. Denn manche, die gegangen sind in meinem Leben, und das sind eine ganze Menge, sind immer noch nah.

Sie behaupten, Sie seien immer ein unpolitischer Mensch gewesen. Kokettieren Sie da nicht ein bisschen?
Zu Beginn meines Lebens wäre ich gerne ein unpolitischer Mensch gewesen. Ich wollte in Frieden leben, aber man hat mich nicht unpolitisch sein lassen.

Ein unpolitischer Mensch hat den Vorteil, dass er sich in jedem System zurechtfinden kann.
Vielleicht. Die Menschen, die wir als gut bezeichnen, als Brückenbauer, sind diejenigen, die humanistische Gedanken in sich tragen – statt immer nur »ich, ich, ich!«. Aber wir tragen dieses »ich, ich, ich« alle in uns. Und ich weiß nicht, was passiert, wenn man in die Enge getrieben wird, wenn ein Überlebenskampf tobt.

Ob dann der böse Pol aktiviert wird?
Ja, beim Dreh zu »Musicbox« habe ich einmal mit einem amerikanischen Oberst gesprochen. Der sagte, er habe im Krieg auf Deutsche geschossen. Ich habe ihn gefragt, wie sich das anfühlte. Und er antwortete: »Gut, ich schoss als Erster.« Wer nicht als Erster schießt, ist

dran. Das ist die Logik des Krieges. Der erste Tote ist sicherlich der schwerste.

Sie sprechen aber immer wieder von einer spezifisch »deutschen Gemeinheit«. Wie drückt sich die denn aus?
Es gibt eine gewisse deutsche Enge. Das liegt an der Geografie unseres Landes, das eingezingelt ist von anderen Ländern auf einem relativ kleinen Kontinent. Es liegt auch am Wetter, die Gesichter sind hier blasser und neidischer. Es ist zwar ein altes Klischee, aber der Neid ist ganz eindeutig ausgeprägter als in einem Land wie Amerika.

Ich kann gut verstehen, dass Sie mit mehr als ambivalenten Gefühlen an die Nazizeit zurückdenken. Ich verstehe auch, dass Sie sich mit ambivalenten Gefühlen an die DDR erinnern. Aber warum werden Sie mit dem heutigen Deutschland nicht so richtig warm?
Es ist mir das liebste Deutschland, das ich erfahren habe. Aber ich spüre die freiwillige Schnüffelei der Bundesrepublikaner. Und das lässt mich daran denken, wie die Deutschen einander unter den Nazis zu Feinden wurden und wie sie sich im zweiten Deutschland abhörten. Im dritten Deutschland erreichte mich schon sehr bald die Nachricht eines Journalisten, der wissen wollte, warum ich einem Stasigeneral ein Autogramm gegeben hätte? Wenn er innerhalb von 14 Tagen keine Antwort bekäme, würde er das veröffentlichen. Oder die Produzenten im Westen, die dem Ostler zeigen wollten, wer das Sagen hat. Da dachte ich: Schnell weg. Ich will jetzt wirklich fliegen.

1989 flogen Sie tatsächlich in die USA, wo Sie bis heute die Hälfte des Jahres verbringen. Hat es geholfen?
Ja, es hat. Amerika ist ein Riesenkontinent. Man kann nicht von der Ost- bis zur Westküste neidisch sein. Neid verliert sich auf der langen Strecke. Man ist freundlicher, lacht mehr, und die Sonne scheint fast täglich, jedenfalls in Kalifornien. Und Ärger und Aufregungen wurmen nicht so lange. Alles in allem bin ich jetzt, mit 83, ein mit dem Leben halbwegs versöhnter Mensch.

10. April 2014, *DIE ZEIT*

Helmut Dietl erhält beim Deutschen Filmpreis am 9. Mai 2014 die Ehrentrophäe für sein Lebenswerk.

»Krebs – das hat mir gerade noch gefehlt«

Helmut Dietl

Ich lernte Helmut Dietl in meiner Zeit in München kennen, und etwas näher noch, als ich 1997 die wahre Geschichte hinter seinem Erfolgsfilm »Rossini« zu recherchieren versuchte: das Leben eines süditalienischen Wirts, der in Deutschland sein Glück fand und es wieder verlor. Während ganz Deutschland über den bevorstehenden Kinostart sprach, lebte dieser Romano Pandolfi verbittert und weitgehend vergessen wieder in der Nähe von Pescara, einer Stadt in den Abruzzen. Er war das Vorbild für Mario Adorfs Paraderolle, den Padrone »Paolo Rossini«.

Zu jener Zeit saß Dietl, wenn er in München war, jeden, aber auch wirklich jeden Abend mit großer Entourage im Restaurant »Romagna Antica« an der Elisabethstraße, dem echten »Rossini«, das er für seinen Film eigens nachbauen ließ. Pandolfis Kompagnon Fabrizio Cereghini führte es inzwischen alleine weiter. An Dietls Nebentisch hielt meistens der Produzent Bernd Eichinger Hof. Die beiden zahlten ihre Zeche jeden Monat im Voraus. In den folgenden Jahren freundeten wir uns etwas an. Am häufigsten trafen wir uns, als ich um die Jahrtausendwende von München nach Berlin zog und er gerade anfing, mit der Hauptstadt anzubandeln, in der er später auch zeitweilig lebte. Aber mit Helmut Dietl befreundet zu sein, ist eine Herausforderung ganz eigener Art. Als ich schließlich vom *Tagesspiegel* zur *ZEIT* wechselte, brach der Kontakt bald vollständig ab.

So kam sein Anruf Anfang November 2013 wirklich aus heiterem Himmel. Ich konnte mir, weil wir uns so lange nicht gesprochen hatten, die Frage nicht verkneifen: »Was kann ich für dich tun?« Und Dietl antwortete: »Du kannst mir nicht helfen.« Er sei sehr krank. Ob ich ihn interviewen wolle? Ich bat mir einen Tag Bedenkzeit aus. Eine Woche später offenbarte mir der damals 69-Jährige in München seine schwere Krebserkrankung, für die es keine Heilung zu geben schien und die er schulmedizinisch auch gar nicht behandeln wolle. Bei Abgabe dieses Manuskripts gibt es kein unverhofftes Happy End zu vermelden. Aber ermuntert auch durch die vielen Reaktionen von Medizinern nach Veröffentlichung des Gesprächs in der ZEIT hat sich Dietl in München doch einer Behandlung unterzogen – mit unverhofft guten Ergebnissen, vorläufig.

Was ist mit Ihnen?
Ganz einfach. Es war Ende September, da wachte ich eines Sonntagmorgens auf und hatte Schluckbeschwerden. Das wurde immer schlimmer. Am nächsten Tag bin ich zu meiner Ärztin gegangen, die mich dann zu einer radiologischen Untersuchung geschickt hat, gleich am selben Tag noch. Es war eine Jugularis-Thrombose, die Thrombose einer Halsvene. Die wollten, dass ich sofort ins Krankenhaus gehe. Aber ich habe zu Hause erst einmal im Internet nachgeschaut, was eine Jugularis-Thrombose genau ist. Da stand, dass es in manchen Fällen, nicht so häufig, ein Zeichen für einen bösartigen Tumor ist. Ich dachte: »Na ja, wird wohl in meinem Fall nicht so sein.«

Ganz untypisch für Sie, weil Sie sonst immer ...
... weil ich immer das Schlimmste vermute, ja. Ich glaube, da war der Wunsch der Vater des Gedankens. Na ja gut, daraufhin habe ich hier in München nach einigem Hin und Her ein MRT gemacht. Das war schrecklich, es war die Folter, weil es so laut ist. Eine sehr nette Dame hat mir Kopfhörer aufgesetzt. Ich habe also eine Dreiviertelstunde in diesem MRT-Gerät verbracht und hörte einerseits diese unsäglichen Geräusche und andererseits irgendeine Musik von Händel oder Bach. Ich war fix und fertig. Wenn meine Frau nicht bei mir gewesen wäre und ihre Hände nicht beruhigend auf einen meiner beiden Füße gelegt hätte, wär ich durchgedreht. Wie auch immer: Die Jugularis-

Thrombose wurde bestätigt. Die haben mich dann in ein anderes Krankenhaus geschickt, nach Nymphenburg. Da wurde innerhalb von ein paar Tagen alles untersucht, und ich habe auf das Ergebnis vom Labor gewartet. Anfang Oktober bin ich dann mit der Tami ...

... mit Ihrer Frau ...
... wieder da hingefahren. Und da saß der Chefarzt und hatte einen Kollegen dabei, der sich als Onkologe vorstellte. Da wusste ich es schon: Sie haben mir behutsam erklärt, dass es ein Karzinom ist, und es schaue nicht gut aus.

Sind das Ihre Worte: »Es schaut nicht gut aus«?
Nein, das haben die Ärzte genau so gesagt. Ich habe geantwortet: »Ja gut, was schlagen Sie jetzt vor? Chemo? Das möchte ich nicht so gerne machen, schon gar nicht, bevor ich nicht mehr weiß.« Ich habe dann noch eine Untersuchung gemacht, für die man radioaktives Wasser trinken muss, auch da war die Tami dabei. Ihre Anwesenheit hat mir sehr gutgetan, das war eine harte Sache. Nach der Untersuchung haben die Ärzte gesagt, sie hätten eine gute Nachricht. Die gute Nachricht war aber nur, dass es noch keine Metastasen gibt. Okay. Ich habe dann natürlich gefragt, wie lange man mit so einem Karzinom lebt. Da haben die gesagt: Das weiß man nicht.

Haben die Ärzte Ihnen nicht auch erklärt, dass man ein Karzinom heilen kann, wenn es keine Metastasen gibt?
Na ja, heilen ... Ein paar Tage später hatten wir wieder eine Besprechung, da haben sie das Karzinom klassifiziert: IIIa. Ich habe gefragt: »Was heißt das?« Sagt der Arzt: »Also in dem Fall schlagen wir eine besondere Behandlung vor: Einmal die Woche etwa kriegen Sie eine Chemo und zwei Monate lang jeden Tag eine Bestrahlung.«

Und dann hätten Sie eine Chance?
Das war das Interessante: Sie haben gesagt, operabel sei das so nicht. Ich habe dann erst mal nachgedacht und den Chefarzt später gefragt, ob ich mit der Vermutung richtigliege, dass erst eine Radio-Chemo-Therapie und im Anschluss eine Operation geplant sei. Und er sagte,

ja, so könnte es sein. Da habe ich geantwortet: »Sehen Sie, das will ich alles nicht.« Ich will mich auf gar keinen Fall in diese Automatik begeben. Wenn man einmal damit anfängt, kommt das und jenes, man muss noch dies, man muss noch das, wir können vielleicht, wir sollten auf jeden Fall ... und so weiter. Nehmen wir Christoph Schlingensief ...

... den Theatermacher, der 2010 an den Folgen von Lungenkrebs starb ...
Ja, seine Krankengeschichte habe ich verfolgt: Er hat sich sehr früh operieren lassen, ich glaube, das war 2008. Da haben sie den Krebs bei ihm festgestellt. Kurz vor seinem Tod, da hat er nur noch eine halbe Lunge gehabt. Und der Bruder eines sehr engen Freundes von mir, der war 65 Jahre alt, als er starb. Es waren nur eineinhalb Jahre vom Zeitpunkt der Entdeckung seines Karzinoms bis zum Tod, und die waren schrecklich, eine einzige Schlachterei. Sie haben ihn aufgemacht, einen Teil raus, wieder zu, wieder auf, alles raus, und dann hat er einen Schlauch in der Nase gehabt. Entsetzlich!

Wie hoch ist denn Ihre Heilungschance?
Die Chance liegt im günstigsten Fall bei zehn Prozent, eher drunter.

Das haben Ihnen die Ärzte auch so gesagt?
Genau so. Zehn Prozent. Das ist, als würde man in eine Schlacht ziehen, und vorher wird einem gesagt: »Passen Sie auf, von hundert Leuten können zehn überleben.« Das ist kein wirklich gutes Angebot. Wobei auch ganz unklar war, ob damit die Chance auf Heilung gemeint ist oder auf ein verlängertes Leben. Die Ärzte wollten sich, durchaus mit Recht, nicht auf irgendwelche Prognosen einlassen.

Was haben Sie angesichts dieser Befunde entschieden?
Dass ich diese Prozedur nicht mitmache, also diese Radio-Chemo-Dingsda. Wenn man das macht, dann braucht es bestimmt drei bis sechs Monate, bis man überhaupt wieder ein Mensch ist. Man kann diesen Kampf führen – aber geht man gerne in einen Kampf mit einer zehnprozentigen Chance?

Zehn Prozent ist immer noch besser, als sicher zu sterben. Haben Sie entschieden, sich sterben zu lassen?
Nein, dazu habe ich mich nicht entschieden. Ich werde mich jetzt umschauen. Das hat hauptsächlich damit zu tun, dass ich natürlich auch eine gewisse Verantwortung für Frau und Kinder verspüre. Wobei meine Frau mit großer Kraft zu mir und meinen Entscheidungen steht.

Sie haben ein kleines Kind.
Ja, ich habe auch noch ein kleines Kind. Das ist natürlich schwer. Ich habe noch zwei andere Kinder, aber die sind schon älter. Meine kleine Tochter ist zehneinhalb. Sie hat natürlich auch schon Filme gesehen, in denen irgendjemand Krebs hat. Also, was ich auch nicht möchte ... (*lange Pause*) Ich kann mich sehr gut erinnern ...

... an Ihren Vater?
... an meinen Vater, ja. Der ist sehr früh gestorben, er hatte Speiseröhren- und Magenkrebs. Da war ich 26 oder 27, er war ungefähr 50. Ich hatte keine gute Beziehung zu meinem Vater, ist ja wurst. Ich habe ihn dann in der Klinik besucht, das geht mir bis heute nicht aus dem Kopf: Es war furchtbar, ein Skelett, Schläuche an allen Ecken und Enden. Ich möchte, dass gerade die Kleine mich niemals so sieht. Weil das Eindrücke sind, die ein Leben lang bleiben, die sind traumatisch.

Das heißt, Sie möchten selbst bestimmen, wann es reicht?
Ich bin jetzt dabei, alles zu erkunden und mich umzuhören. Es gibt ja alle möglichen sanfteren Behandlungsmethoden, zum Beispiel diese Misteltherapie, das ist ganz interessant.

Wenn mich nicht alles täuscht, ist das eine anthroposophisch inspirierte, alternative Therapie. Sehr umstritten ...
Ja, das wird unter die Haut gespritzt. Diese Methoden werden natürlich von den normalen Ärzten nicht besonders geschätzt, weil es nicht genügend Beweise gibt, dass das hilft. Ich wage aber zu bezweifeln, dass die Ärzte mit diesem Radio-Chemo-Dings als Standard zufrieden sind. Ich kenne nicht einen Kranken, der danach glücklich

weitergelebt hätte. Bei den meisten sind nach kurzer Zeit Metastasen gekommen und ...

... die ganze Quälerei war vergebens.
Genau, das ist das Problem. Man spricht da immer von Lebensqualität. Was heißt denn das? Es kann doch keine Lebensqualität sein, wenn man kotzt, einem alle Haare ausfallen und man irgendwann nur noch ein Skelett ist.

Hat man Ihnen gesagt, dass es auch qualvoll sein könnte, auf die Chemotherapie und die Bestrahlung zu verzichten?
Das hat mir ein anderer Arzt inzwischen auch gesagt, all das ist jetzt abzuwägen. Ich informiere mich natürlich auch über die Möglichkeiten, die die Palliativmedizin heute bietet. Wenn ich sterbe, möchte ich so versorgt sein, dass mir zumindest mal nichts wehtut.

Wir reden über das Sterben, und Sie sehen im 70. Lebensjahr gerade aus wie das blühende Leben.
Na ja, das ist wahrscheinlich die Angstblüte ... *(lacht)*

... eine neue Form von Angst, die Sie entwickeln.
Ja, genau. Ich versuche, das alles mit Vernunft und Sachlichkeit zu nehmen und gelegentlich, wenn möglich, mit Humor. Ich habe keine Angst vor dem Tod. Ich habe Angst vor dem Sterben.

Hat man Ihnen eigentlich die Ursachen dieser Erkrankung erklärt?
Ich habe genau das Gleiche wie der Schlingensief, ein Adenokarzinom. Ich habe Lungenkrebs. 2007, als ich noch in Berlin lebte, hatte ich einen Schlaganfall, den ich Gott sei Dank geheim halten konnte. Ich schweife jetzt ab, aber der Arzt, der mich damals untersuchte, der hat gefragt: »Was haben Sie gegessen?« Sag ich: »Carpaccio.« – »Ja«, sagt er, »dann ist das eine Lebensmittelvergiftung.« Das könnte aus einem meiner Filme sein! Jedenfalls, nach diesem Schlaganfall vor sechs Jahren, da habe ich mit dem Rauchen aufgehört. Ich habe versucht, auszurechnen, wie viele Zigaretten ich bis dahin ungefähr geraucht habe.

Auf welche Zahl sind Sie gekommen?
Eine knappe Million.

Eine Million Zigaretten?
Eine knappe Mille. Ich habe immer dieselbe Marke geraucht, Gitanes, zuerst ohne Filter, dann ein bisschen mit Filter, dann die légères und dann die extra légères. Die letzten Jahre vor dem Schlaganfall, als ich meistens in Berlin war, da habe ich, ohne zu übertreiben, mindestens 100 bis 120 Zigaretten am Tag geraucht.

War das nicht auch ein Akt der Selbstzerstörung?
Ich hab das nicht als solchen empfunden. Ich hab ja gern geraucht, und ganz ehrlich: Darum überrascht mich diese ganze Angelegenheit auch jetzt nicht so sehr. Wenn man bedenkt, wie viel ich geraucht habe, dann ist es geradezu ein Wunder, dass es so lange gut gegangen ist.

Nun trifft das ausgerechnet einen, der sein Leben lang vor Krankheiten davongelaufen ist – wenn andere sie hatten.
Ja, das stimmt. Das gilt für Krankheiten wie für Begräbnisse. Ich bin 76 zur Beerdigung meiner Mutter gegangen und dann nie wieder auf einen Friedhof.

Und zur Beerdigung von Dieter Hildebrandt, der in Ihrem Kinofilm »Zettl« seine letzte Rolle spielte? Werden Sie da hingehen? Haben Sie mit ihm vor seinem Tod noch gesprochen?
Ich glaube, ich werde irgendwann ganz alleine an sein Grab gehen. Ich habe ihn das letzte Mal im Sommer dieses Jahres gesehen und gesprochen. Es war ihm keine Krankheit anzusehen. Er sagte auch nichts in der Richtung.

Es heißt, dass der Schauspieler Helmut Fischer, den Ihr »Monaco Franze« berühmt gemacht hat, versucht hatte, seine Krebserkrankung vor Ihnen zu verstecken.
Ja, er hat das vor mir verheimlicht. Ich wusste zwar, dass er zwischendurch im Krankenhaus war. Aber von seiner Krankheit habe ich erst

erfahren, als es schon zu spät war. Wir waren zuletzt aber auch nicht mehr so eng.

Hatten Sie sich zerstritten?
Das nicht, aber ich denke, er hat mir übel genommen, dass ich nichts mehr mit ihm gemacht habe. Ich habe ja nur ganz selten gedreht, und bei »Kir Royal« hatte ich ihn überhaupt nicht besetzt, weil es auch keine Rolle für ihn gab. Dieses Jahr habe ich mir wegen Helmut sogar »Monaco Franze« noch mal angeschaut, obwohl mir das emotional große Schwierigkeiten bereitet. Ich war tief gerührt, aber ich habe auch gelacht.

Sie haben sich Ihre eigenen Sachen jahrzehntelang nicht angeschaut?
Natürlich nicht, das tue ich bis heute nicht. Wenn ich mir etwas anschaue, dann fällt es mir schwer zu glauben, dass ich das gemacht habe. Es erstaunt mich. Ich denke dann manchmal: »Aha, das ist ja gar nicht schlecht.« Aber ich sehe immer auch die Fehler.

Jetzt kokettieren Sie!
In keinster Weise, ich bin ja ein Pedant. Ich ärgere mich dann, weil ich die Kamera nicht ein bisschen mehr links oder rechts hingestellt habe oder höher oder tiefer oder nicht ein anderes Objektiv genommen habe.

Haben Sie jetzt Lust bekommen, sich auch andere Ihrer Filme anzuschauen?
Nein. Das heißt, ich habe mal kurz »Kir Royal« gesehen, weil sich meine Tochter irgendeine Wiederholung angeschaut hat. Aber das waren höchstens ein paar Minuten. Länger habe ich es nicht ausgehalten.

»Monaco Franze« ist alleine in diesem Jahr im Bayerischen Fernsehen zweimal wiederholt worden, mit guten Einschaltquoten.
Ich kann Ihnen auch sagen, warum: Ich habe diese Serie aus Liebe gemacht. Aus Liebe zu der Figur, zu diesem Milieu, auch zu München

natürlich. Nicht ohne Grund ist das Ganze in Los Angeles entstanden, wo ich von 1979 bis 1983 gelebt habe. Ich habe den »Monaco Franze« quasi aus Heimweh erfunden. Die letzte Person aus meinen Filmen, die ich wirklich gemocht habe, war der »Monaco Franze«.

Das ist jetzt 30 Jahre her. Warum sind solch liebenswerte Charaktere aus Ihren späteren Filmen komplett verschwunden?
Zu Zeiten von »Monaco Franze«, da mochte ich die Menschen noch lieber.

Wollen Sie damit sagen, ab einem gewissen Alter kann man die Menschen nicht mehr mögen?
Ja, das hat damit zu tun – mit einer Sammlung von schlechten Erfahrungen und mit einer wachsenden Skepsis.

Wem gegenüber?
Sich selbst gegenüber und auch der Umwelt. Es fällt einem langsam auf, was man alles falsch gemacht hat. Man mag sich selber immer weniger. Aber irgendwann kommt dann auch der Moment, wo einem manches, was einen früher beschäftigt und gequält hat, gleichgültig ist.

Wo ist für Sie eigentlich der Unterschied zwischen Pessimismus und Zynismus?
Früher hätte ich Ihnen gesagt, die Ironie macht den Unterschied. Inzwischen denke ich über solche Sachen schon lange nicht mehr nach.

Kann man denn gute Filme machen, ohne eine einzige Figur zu mögen oder wenigstens eine zu zeigen, mit der sich die Zuschauer identifizieren können?
Es gibt einen, der hat diese Art von Zuneigung komischerweise gar nicht gebraucht, um große Filme zu machen: Luis Buñuel. Er ist eines meiner großen Idole.

Ein anderes Ihrer Vorbilder ist Federico Fellini. Der hat mal gesagt: Alles verändert sich auf der Welt, nur die Menschen bleiben immer gleich. Deshalb konnte er sie mögen.
Na ja, das stimmt auch bei Fellini zum Teil nicht. Der letzte Film, in dem man spürt, dass er die Menschen mochte, war »Amarcord«. Das ist mein Lieblingsfilm von ihm.

Jedenfalls erinnert er sich darin mit großer Liebe an seine Kindheit in Rimini.
So ist es. Das war ein Film, der wirklich aus Liebe gemacht war. Ich meine, ich mochte »Casanova« gern, aber eines kann man bestimmt nicht sagen: dass der aus irgendeiner Zuneigung gemacht worden wäre.

Wer ist denn für Sie am ehesten das, was für Fellini Marcello Mastroianni war, also das filmische Alter Ego?
Ich habe es immer fast verzweifelt gesucht, aber wirklich gefunden habe ich es nie. Ich glaube, ich war mir selbst im Weg.

Hat es Ihnen eigentlich gefallen, dass Sie als deutsche Antwort auf Woody Allen beschrieben worden sind?
Nein, das hält niemand aus. Dieser Mann, Woody Allen, das ist ein wirkliches Genie. Das ist einfach ein Unfug, sich mit dem vergleichen zu wollen.

Darf ich Sie noch mal fragen, was Sie in all den Jahren an den Menschen am meisten enttäuscht hat?
Na ja, die Enttäuschung ist eine ziemliche Gemengelage. Man enttäuscht selbst, und man wird enttäuscht. Es gibt eigentlich kaum etwas, wovon man nicht enttäuscht ist. *(lacht)*

Mir reichte ein Beispiel!
Ich könnte jetzt auf der Stelle ein paar Menschen nennen, von denen ich sehr enttäuscht war.

Gehört der verstorbene Produzent Bernd Eichinger dazu?
Ja, durchaus.

Warum eigentlich?
Na ja, es war einfach so beim Bernd. Er hat immer schon Scheuklappen gehabt. Das war auch seine Stärke. Und das Gesichtsfeld wurde im Laufe der Zeit immer enger. Wie viele Herrschende hatte auch der Bernd so eine Gesellschaft von Jasagern um sich versammelt, die quasi anstanden, um ihm hinten reinzukriechen. Es war furchtbar. Und er konnte die Wahrheit nicht ertragen.

Was wäre die Wahrheit gewesen?
Wahrheiten gab's da viele.

Haben Sie Eichinger eine Fixierung auf den kommerziellen Erfolg seiner Filme vorgeworfen?
Nein, ich habe ihm keine Kommerzialisierung vorgeworfen. Aber er wollte mich beispielsweise zwingen, den »Untergang« zu mögen. Er hat mich schon vorher dauernd mit den Drehbüchern traktiert. Irgendwann, das werde ich nie vergessen, kam er und sagte: »Helmut, jetzt war ich gerade in Israel, weißt du, was ich dir sag, gejubelt haben s', gejubelt haben s', lauter Juden, gejubelt haben s'.«

Und was haben Sie gesagt?
Gar nichts. Ich fand das unmöglich. Ich fand's auch von Bruno Ganz unmöglich, dass er wirklich den Hitler spielen mag. Überhaupt, den »Untergang« zu verfilmen! Die Hauptperson dieses Films ist zwangsläufig der Held. Das ist immer so, sei es ein positiver Held oder ein negativer Held. Man kann doch keinen Film machen, wo Hitler der Held ist.

Haben Sie sich zerstritten?
Was heißt zerstritten? Eigentlich nicht. Aber ich hätte den Film bejubeln sollen.

Auch so ein Begräbnis, wo Sie nicht hingegangen sind?
Ja.

Haben Sie eigentlich jüdische Wurzeln, oder war das immer nur ein Gerücht, das Sie selbst ganz spannend finden?
Nee, das ist schon so. Das ist ein ganz schmaler Teil von mir, und manchmal ist er halt stärker.

Wer in der Familie war denn jüdisch?
Mein Großvater väterlicherseits, der aus Ungarn stammte und den ich gar nicht kannte, der soll angeblich jüdisch gewesen sein. Ich habe persönlich schon eine starke Neigung zum Judentum.

Und Ihr Vater? Was hat er in der Nazizeit getan?
Mein Vater? Der war jedenfalls nicht beim Militär. Ich weiß gar nicht, wo der überhaupt war in der Zeit. Angeblich hat meine Großmutter ihn mitgenommen zum Fronttheater nach Kiew.

Sie war Schauspielerin?
Ja, aber eine schlechte. Und er kam dann, das ist wirklich seltsam, mit den Amerikanern zurück, die das KZ Dachau befreit haben.

Wie kam er dahin?
Das weiß ich eben nicht. Man konnte darüber nichts erfahren. Dann hat er lange Zeit mit einem Verwandten zusammen Geschäfte gemacht mit den Amis, Damenringkämpfe und solche Sachen.

War Ihr Vater eine Art Impresario?
Der war gar nichts, ganz einfach, eine verlorene Existenz. Das Gegenteil von meiner Mutter. Er ist dann am Suff gestorben. Er hat's zu gar nichts gebracht, er hat sich zugrunde gerichtet. Ich kann mich erinnern, dass in der Früh auf seinem Nachttisch so ein Glas stand, mit klarer Flüssigkeit. Ich dachte lange, das ist Wasser. Später stellte sich heraus: Das war Gin. Davon hat er immer viel getrunken, scharfe Sachen. Entsetzlich.

Darf man daraus schließen, dass Sie keine besonders schöne Kindheit hatten?
Nein, die war nicht sehr schön. Aber es war auch wiederum nicht so schlecht, weil ich hauptsächlich mit meinen Großmüttern zu tun hatte. Mit der Mutter meiner Mutter, die eine ganz katholische, einfache Frau war. Und mit dieser etwas verrückten Mutter von meinem Vater, der Mirzl. Die kochte sehr gut.

In Ihren Filmen findet sich fast immer das Motiv des Verrats. Oft ist es der Mann, manchmal aber auch die Frau, die die Liebe verrät.
Aha. Ist das wahr?

Ich denke zum Beispiel an »Vom Suchen und Finden der Liebe«, wo die Venus sich auf ihren Manager einlässt, den Harry.
Ach so, das ist richtig, aber mir tut die Venus da eigentlich leid. Genauso wie mir das reale Vorbild dieser Figur leidtut. Eigentlich tun mir alle meine ehemaligen Frauen leid. Sogar meine französische Exfrau, die mich ganz schändlich betrogen hat. Sie konnte gar nicht anders.

Wenn Sie an diesem Punkt angekommen sind, dann müssten Sie doch eigentlich milde sein mit den Menschen?
Ja, aber ich kann nicht mehr so freundlich sein wie früher. Zum Beispiel in meinem letzten Film, »Zettl«. Ich habe mich besonders bemüht, alles so zu camouflieren, dass man niemanden wiedererkennt.

Dieser Film ist von der Kritik vernichtet worden.
Und ich verstehe nicht, wieso der schlecht gewesen sein soll. Er war bös, das kann man sagen. Ich habe auch überhaupt kein Problem damit, dass man da bestimmte Sachen kritisiert. Aber ich kann zum Beispiel bis heute nicht verstehen, warum jemand, dessen Namen ich am liebsten vergessen würde, solche üblen Sachen loslässt in der *Süddeutschen*.

Dieser Kritiker hat gezweifelt, ob bei so vielen Unzulänglichkeiten überhaupt ein Regisseur am Werke war ...
Ich habe gedacht, das gibt's nicht. Unter dieser Häme, die sich über diesen Film ergoss, habe ich schwer gelitten. Ich war mindestens ein Jahr lang beleidigt. *(lacht)*

Sie waren nicht beleidigt, Sie waren schwer depressiv.
Auch das.

Haben Sie eine Erklärung dafür, warum das mit solcher Wucht auf Sie niedergegangen ist?
Nein, ich versteh's gar nicht.

Haben Sie vielleicht auch als Person provoziert?
Wahrscheinlich. Ich mache ja nicht mit, ich sondere mich ab. Ich betreibe kein Networking.

Das ist nun wirklich nicht wahr: Sie waren immer ein Meister im Orchestrieren von Pressekampagnen für Ihre Filme!
Moment, das ist was anderes. Zwischen den Filmen habe ich nie irgendwelche Kontakte gepflegt. Ich habe es abgelehnt, mit allen möglichen Leuten zu reden, die mir dauernd auf den Wecker gegangen sind und was von mir wollten.

Haben Häme und Kritik nicht eher damit etwas zu tun, dass der Ton in der deutschen Gesellschaft insgesamt unerbittlich geworden ist?
Auf jeden Fall. Das habe ich auch versucht, in »Zettl« zu zeigen: die Unbarmherzigkeit. Ursprünglich war ja geplant, dass der Kroetz den Baby Schimmerlos spielt, der noch eine Chance kriegt und dann von dem Jungen, vom Zettl, überholt und kaltgestellt wird. Aber dann hat der Kroetz nicht wollen ...

... Franz Xaver Kroetz, der für seine Rolle als Klatschreporter Schimmerlos in »Kir Royal« gefeiert wurde. Hat es Ihnen leidgetan, dass Sie sich zerstritten haben?
Ja, das hat mir leidgetan, es war das Hinterletzte. Er hat die verschiedenen Stadien des Drehbuchs bekommen. Und auf einmal sagt er: »Also, das geht nicht, der Schimmerlos muss mit seinem Porsche ankommen, verstehst du, und da müssen die Weiber auf ihn fliegen, und Angst müssen's alle haben vor dem.« Und dann habe ich gesagt: »Sag mal, Franz ...« Und er: »Nix da, das ist doch ein Schlappschwanz, ist doch der!« Ich sage: »Moment einmal, in der Geschichte geht's doch darum, dass jemand, den man für nicht sehr moralisch gehalten hat, plötzlich merkt, dass die Zeit völlig an ihm vorbeigegangen ist.«

Dass er inzwischen geradezu harmlos wirkt.
Ja, die wirklich Skrupellosen sind heute andere. So ist es ja wirklich, und so wollte ich es zeigen. Aber der Kroetz wollte es umschreiben. Dann habe ich gesagt: »Ich werde jetzt mal drüber nachdenken.« Und ich habe drüber nachgedacht, einen ganzen Tag. Dann habe ich ihm einen Brief geschrieben: »Ich verzichte auf Deine Mitwirkung.« Ich musste seinetwegen den ganzen Dreh verschieben. Es war eine Katastrophe sondergleichen.

Haben Sie mit »Zettl« eigenes Geld verloren?
Ja, viel. Eine halbe Million. Auch das hat mir schwer zugesetzt. Der Film war halt, wie gesagt, nicht freundlich. Das war ja auch gar nicht beabsichtigt. So ist das Leben. Eine Zeit lang ist man eher freundlich, weil man denkt, dann sind alle anderen auch freundlich. Und irgendwann stellt man fest, dass das alles gar nichts nützt.

Sie haben ja vorhin von Mistelkuren geredet, Sie lassen also eine kleine esoterische Ader erkennen.
Nee.

Glauben Sie, dass manchmal auch seelische Befindlichkeiten den Ausschlag dafür geben können, dass man krank wird?
Das weiß ich nicht. Es kann natürlich sein, dass sie Krankheiten begünstigen, wenn man sowieso Veranlagungen zur Depression hat und dagegen seit Jahren die entsprechenden Pillen nimmt. *(lacht)*

Sie nehmen Antidepressiva?
Ja, täglich. Cipralex.

Und die Kränkungen, die Sie erfahren haben durch die Rezeption Ihrer beiden letzten Filme, könnte das Ihrer Gesundheit geschadet haben?
Darüber habe ich lange nachgedacht. Gegrübelt habe ich.

Zum ersten Mal während des Gesprächs klingelt Dietls Handy, er spricht kurz.

Das war meine Tochter. Sie ahnt irgendwas. Sie weiß nicht, was, aber sie ahnt irgendwas. Meine Frau und ich werden auf jeden Fall vor Erscheinen dieses Interviews mit ihr reden. Um auf Ihre Frage zurückzukommen: Wenn man sich in meinem Geschäft als Opfer einer, ich würde beinahe sagen: ungerechtfertigten Anklage empfindet, dann ist man letztlich selber schuld. Man müsste abwehrkräftig genug sein. Wenn man das nicht ist, dann hat man auch nichts anderes verdient. Das gehört ja in den geschäftlichen Bereich – soweit man das trennen kann. Ich kann es aber nicht trennen, ich verfilme ja keine Drehbücher.

Sie schreiben und verfilmen Drehbücher.
Ja, aber ich schreibe über mich. Von Anfang an. Kritik, sei sie gut oder schlecht, trifft ja dann nicht nur irgendeinen Film. Ich glaube, die Tätigkeit so eines Autorenfilmers ist etwas völlig anderes, als wenn man einfach irgendetwas von einem Drehbuchautor verfilmt. Ich bin ein Autorenfilmer.

Kurz bevor »Zettl« anlief, war die Affäre um Christian Wulff aufgekommen. Ihr Koproduzent David Groenewold war darin verwickelt.
Ja, er hängt da immer noch drin.

Mussten Sie aufpassen, dass Sie nicht selbst vom Morbus Wulff-Groenewold kontaminiert werden?
Das war auch ein Problem. Ich habe jetzt zwei Jahre lang Schwierigkeiten gehabt, von denen ich hoffe, dass sie endlich vorbei sind. Investoren der verschiedenen Groenewold-Firmen wollten von mir, also von der Diana-Film, sehr viel Geld haben. Sie behaupteten, Groenewold hätte diese und jene Verträge gar nicht unterschreiben dürfen. Das war furchtbar.

Haben Sie noch Kontakt zu Wulff und Groenewold?
Nein.

Mochten Sie die beiden?
Na ja, der Groenewold war schon bei »Suchen und Finden der Liebe« mein Koproduzent. Der Film hat ihm kein Geld gebracht. Und dennoch hat er dann in die Entwicklung eines neuen Films investiert, was am Schluss »Zettl« wurde. Er hat das sogar mit großer Hingabe und Leidenschaft getan. Mit Wulff hatte ich in dem Sinne nichts zu tun, ich habe die beiden nur ein paarmal zusammen auf Partys gesehen.

Und tun Ihnen die beiden heute leid?
Ich finde das alles lächerlich, dieses Verfahren. Wie man dermaßen mit Kanonen auf Spatzen schießen kann, verstehe ich nicht. Was soll das? Da war der eine halt stolz, dass er einen Ministerpräsidenten kennt und erst recht später einen Bundespräsidenten.

Der andere fand das auch toll.
Der andere fand das toll mit dem Film, weil er da nie Zugang gehabt hatte.

Warum haben Sie keinen Kontakt mehr zu David Groenewold?
Er hat mich in dieser ganzen Angelegenheit mit den Investoren ziemlich sitzen gelassen. Und er hat etliches an die Wand gefahren, hat dumme Sachen gemacht. Aus Prestigegründen kam er plötzlich mit einem Ferrari daher, mit teuren Uhren und mit lauter so einem Zeug ...

Als sei er eine Figur aus »Zettl«.
Na klar. Das habe ich ja auch immer über den Film gesagt: Es handelt sich nicht um die Wirklichkeit, sondern um die Wahrheit. Das ist ja ganz was anderes.

Mir ist aufgefallen, dass Sie in Interviews früher viel über den Tod gesprochen haben, geradezu obsessiv. Soll ich mal eine Kostprobe geben?
Aha. Ja, bitte.

Sie wurden 2005 vom *stern* gefragt, ob Sie je an Selbstmord gedacht haben. Ihre Antwort: »Jeden Tag.« Und erst letztes Jahr in *Bild:* »Ich bereite mich seit meiner Geburt auf den Tod vor.«
Das ist richtig, ja. Ich finde das nicht belastend. Ich halte es, ehrlich gesagt, für etwas ganz Normales.

Normal?
Ja, das klingt zugespitzt, ist aber insofern richtig, als mich der Gedanke an den Tod seit der Kindheit begleitet hat. Es kann auch sein, dass die Großmutter mütterlicherseits, die katholische, da sehr viel angerichtet hat. Ihr Mann war nämlich im KZ Dachau. Nicht weil er Jude war, sondern weil er Kommunist war. Ich habe ihn einmal gesehen, als Kind, aber da hatten die ihn im KZ schon fertiggemacht. Und gleich danach ist er gestorben. Und von da an hat meine Großmutter eine Obsession entwickelt. Es könnte sein, dass ich da irgendwie beeinflusst wurde.

Dann, 2005 im *Playboy:* »Ich glaube nicht daran, dass es irgendwann mal vorbei ist, also auch nicht, dass wir da unten wirklich unsere Ruhe haben werden.«
(Lacht) Ja. Das glaube ich tatsächlich, dass da keine Ruhe sein wird. Ich habe mich natürlich jetzt konkreter als je zuvor damit beschäftigt, was hinterher wohl sein könnte oder vielleicht auch nicht. Ich komme zu keinem Ergebnis.

Also sind Sie nicht ganz ohne Hoffnung?
Nein, ich lasse mich überraschen. Es hat keinen Sinn mehr, darüber nachzudenken. Man muss es wegschieben, man kann es ja doch nicht ergründen. Ich weiß nicht, wie dann die Überraschung stattfindet, wann und wo ...

Klassische agnostische Position ...
Ja, ich weiß. Ich bin immer ein Agnostiker gewesen.

Im *ZEITmagazin* vor zwei Jahren der nun etwas makaber klingende Satz: »Ich gehe auf keine Friedhöfe und auf keine Beerdigungen. Ich kann das nicht. Und ich werde das im Testament beschließen, dass ich auch nicht auf meine eigene Beerdigung gehen muss.«
Immerhin hätte ich in dem Fall sowieso nichts mehr damit zu tun. Aber man denkt halt darüber nach, ob man beerdigt werden will oder verbrannt oder so. Ich werde einen Freund von mir, einen Nachlassanwalt, mal fragen, was man alles zuletzt wollen kann. Es könnte mir auch scheißegal sein, weil man ja wahrscheinlich nichts mehr davon erfährt.

Welchen Wunsch verbinden Sie mit diesem Interview?
Ich habe mir gedacht, dass ich das Ganze jetzt frontal angehe, bevor das irgendwo in Medien durchsickert, die man vielleicht nicht so mag. Ich habe nicht vor, mich nach diesem Interview noch weiter zu meiner Krankheit zu äußern, ganz egal, wem gegenüber. Ich werde dazu gar nichts sagen. Ich möchte möglichst in Ruhe gelassen werden.

Gibt es eigentlich ein Projekt, an dem Sie aktuell arbeiten?
Das ist das Problem. Natürlich gibt es das. Und zwar wollte ich einen Film machen mit dem Josef Hader in der Hauptrolle ...

... dem berühmten österreichischen Kabarettisten. Wie weit sind Sie da?
Dummerweise eben nicht weit genug. Ich habe den Hader im Februar, da war ich gerade in den Bergen in Elmau, in diesem Fernsehzweiteiler »Der Aufschneider« gesehen. Das war so wahnsinnig komisch. Dann habe ich ihn angerufen und gesagt, dass ich das ganz prima finde. Und es hat sich rausgestellt, dass der offenbar alle Sachen von mir kannte. Dann haben wir uns getroffen, sind in Wien spazieren gegangen, das war im Mai.

Hatten Sie da denn schon einen Stoff für ihn, eine Rolle?
Ich habe schon lange einen Stoff, der im Grunde mit dieser Schlaganfallgeschichte zu tun hat, wo ich mich versteckt hatte, damit davon keiner erfährt. Es geht um einen Pessimisten, der noch dazu ein Depressiver ist, und um die Beziehung zu seiner Frau, die weitgehend optimistisch und tatkräftig ist. Sie sehen, es hat wieder mal *(lacht)* rein gar nichts mit mir zu tun. Aber ich hatte keinen Hauptdarsteller. Das ist immer mein Problem: Solange ich keinen Hauptdarsteller habe, komme ich nicht weiter. Als ich den Hader gesehen habe, wusste ich gleich: Der ist es.

Wollen Sie jetzt versuchen, das zu verfilmen?
Wie soll das denn gehen? Wenn man bestimmte Krankheiten hat oder gehabt hat, wird man nicht versichert. Ich könnte jetzt sagen: »Ja mei«, und das Risiko eingehen. Aber da geht es immer um mehrere Millionen. Da müsste ich schon genau wissen, wer im Extremfall einspringen würde.

Wer könnte das sein?
Das kann nur der Josef, der Hader, selber sein.

Darüber ist das letzte Wort noch nicht gesprochen?
Nein, das letzte Wort ist darüber noch nicht gesprochen – wie überhaupt über nichts das letzte Wort gesprochen ist. Ich werde mich jetzt umschauen, ich werde mich erkundigen. Ich werde versuchen, was ich kann und was zu mir passt. Es hat keinen Sinn, sich zu unterschätzen. Aber noch schlimmer ist es, wenn man sich überschätzt.

Vier Stunden später. Helmut Dietl hat seiner Tochter versprochen, nach Hause zu kommen, solange sie wach ist. Er nimmt seinen Mantel, um den Hals wickelt er einen weißen Schal. Er schließt die Wohnungstür und sagt: »So ein Mist. Krebs – das hat mir gerade noch gefehlt.«

28. November 2013, *DIE ZEIT*

»Meine Seele hat Narben«

Joachim Gauck

Im Mai 2012 gab Joachim Gauck der *ZEIT* das erste Interview nach seiner Wahl zum Bundespräsidenten. Ich habe es in diese Reihe aufgenommen, weil Joachim Gauck zu diesem Zeitpunkt noch mehr Gauck war als Bundespräsident, was er übrigens selbst thematisierte. Und sein Apparat, der das Gespräch mitautorisierte, war zwar zudringlich, aber nicht übergriffig.

In seinem von der Sonne gut aufgeheizten Dienstzimmer im Schloss Bellevue erklärte Gauck meiner Kollegin Tina Hildebrandt und mir, wie unterschiedlich er nunmehr Ereignisse erzählen und bewerten müsse, da er das höchste Staatsamt innehabe: der erzwungene Rücktritt des Umweltministers Norbert Röttgen, der Abschied in Schimpf und Schande von Christian Wulff, die vorangegangene Ablehnung seiner Kandidatur durch die Bundeskanzlerin. All dies bewegte und empörte ihn als Mensch, aber als Bundespräsident fühlte er sich plötzlich auch einer anderen, nüchterneren Perspektive verpflichtet.

Die menschliche Empfindsamkeit blieb dennoch überall spürbar, natürlich besonders, als Gauck an einer Stelle in Tränen ausbrach: Es ging um Israel, das Land, das er in einigen Tagen besuchen würde. Ohne jede Scheu sprach er auch über seine persönlichen Schwächen, was Berufspolitiker ansonsten meiden wie die Pest (und oft aus gutem Grund).

Joachim Gauck im Schloss Bellevue

Herr Bundespräsident, in der vergangenen Woche hat es einen spektakulären Vorgang gegeben, einen Fall, den es in der Republik in dieser Brutalität so noch nicht gegeben hat: Sie haben auf Bitten der Kanzlerin den früheren Umweltminister Norbert Röttgen entlassen und seinen Nachfolger ernannt. Hätte der Joachim Gauck von vor drei Monaten anders gesprochen zu den Vorgängen als der, der Sie nun sein mussten?
Vielleicht hätte ich noch mehr Empathie entwickelt für Norbert Röttgen, weil ich mir die Zwänge einer Regierungschefin weniger hätte vorstellen können. Aber ich war immer ein realpolitisch eingestellter Mensch und mit dem Politikgeschäft vertraut. Im Fall Röttgen konnte ich mir nach der NRW-Wahl vorstellen, dass die Regierungschefin einem geschwächten Politiker die außerordentlich schwierige und langwierige Aufgabe der Energiewende nicht länger anvertrauen wollte.

Umfasst Ihr Verständnis für realpolitische Zwänge auch, dass Frau Merkel Sie zweimal als Bundespräsidenten nicht wollte?
Auch, ja.

Warum haben Sie sich das Mehr an Empathie für Norbert Röttgen jetzt versagt und nicht gesagt, was Sie vielleicht vor drei Wochen noch gesagt hätten?
Ich habe dem scheidenden Minister meine Empathie keineswegs versagt. Aber es wäre unpolitisch gewesen, das Mitgefühl über die politische Ratio zu stellen. Da ist meine Sichtweise auch durch das Amt ein bisschen erweitert worden. Es ging in diesem Fall nicht um moralisches oder unmoralisches Verhalten.

Heißt das, dass in der Politik andere ethische Maßstäbe gelten als die, die Sie sonst selbst an sich und andere anlegen würden?
Wenn Sie meine Antwort so verstanden haben, haben Sie sie falsch verstanden. Ich muss Verständnis aufbringen für eine Regierung, die Erfolge und Handlungsfähigkeit vorweisen will – und seitens der Wähler und Bürger auch dafür honoriert wird oder eben nicht.

Es heißt nicht, dass Sie das Verhalten gut finden?
Es gibt in der Politik Situationen, in denen ethisches Handeln, wie wir es im zwischenmenschlichen Bereich für wünschenswert halten, nicht unbedingt das Klügste ist. Das bedeutet ja nicht, dass es damit unethisch ist. Nehmen Sie zum Beispiel den Umgang mit Wahrheit in der Politik. Im Prinzip ist ein Politiker selbstverständlich gehalten, die Wahrheit zu sagen. Es gibt aber durchaus Situationen, in denen es politisch geboten sein kann, nicht alle Szenarien sofort auszubreiten. Denken Sie an die Auswirkungen von politischen Äußerungen an den Finanzmärkten – hier kann es zum Beispiel durchaus vernünftig sein, durch Zurückhaltung einer Panik vorzubeugen. Das heißt aber nicht, dass das Verhältnis der Politik zur Wahrheit rein taktisch sein darf. Dann gäbe es kein politisches Vertrauen mehr zwischen den Bürgern und der politischen Klasse.

Sie meinen also: Ein Politiker darf Dinge verschweigen, aber er darf nicht aktiv lügen?
Ja, so würde ich es wohl sagen. Unser Verständnis für politisches Handeln wird durch Lügen beschädigt. Es wird aber auch oft beschädigt durch die Art und Weise der Kommunikation. Zu einer menschenfreundlichen Kommunikation gehören Offenheit und Verständlichkeit.

Sie haben erst vor einem Jahr beklagt, die politische Klasse habe »einen Spezialdiskurs« entwickelt wie die Chirurgen auf ihren Kongressen. »Wir da draußen verstehen nur Bahnhof.« War der Rauswurf von Herrn Röttgen durch Frau Merkel auch Teil eines Spezialdiskurses?
In einer Situation, in der die Koalition nicht von jedem nur gute Zensuren bekommt, ist es ein hoher politischer Wert für eine Regierungschefin, Handlungsfähigkeit unter Beweis zu stellen. Es hilft aber, wenn die konkrete Handlung der Öffentlichkeit nachvollziehbar erklärt wird.

Machterhalt ist eine ziemlich machiavellistische Begründung.
Das Feld des Politischen wird von vielen Menschen in Deutschland gleichgesetzt mit der Suche nach dem Vollkommenen – theologisch gesprochen, dem Schalom. Viele Menschen denken, dass die Politik Verachtung verdient, weil sie uns nicht mit dem Eigentlichen, dem Ideal, zusammenbringt. Dahinter steckt eine aus der Romantik stammende Sehnsucht: Ja, wenn die Freiheitsideale der Französischen Revolution nicht begleitet gewesen wären vom Terror der Jakobiner, sondern zusammengefallen wären mit der kulturellen Tiefe der Deutschen – ja, dann hätten wir schon dabei sein wollen. Auch heute sehen wir bei vielen so etwas wie ein Heilsbedürfnis statt ein Streben nach dem Gestaltbaren.

Und Sie sind nun ausgerechnet die Verkörperung dieser Sehnsucht!
Das ist natürlich ein großer Irrtum – so etwas kann passieren! Nein, ich sehe meine Aufgabe eher darin, den Bürgern klarzumachen, dass Politik sich dem Ideal bestenfalls nähert, immer aber aus Kompromissen bestehen wird. Politik heißt, sich mit dem Unvollkommenen zu arrangieren, ohne dabei den Willen und die Energie zu verlieren, die Verhältnisse zu verbessern.

In einer Welt, in der Menschen ganz unterschiedliche Interessen verfolgen und zudem mit Mängeln behaftet sind, kann es einfach keine ideale Gesellschaft geben. Ideale, an denen wir uns ausrichten, können uns allerdings eine Kraftquelle sein und uns motivieren, von der Haltung des Zuschauers zu der des Gestalters zu wechseln. Dabei ist es wichtig, beständig mehr Partizipation und Freiheit für den Einzelnen einzufordern. Wenn Menschen aber die Realpolitik verachten, weil sie hinter dem antizipierten Ideal zurückbleibt, dann wird das Ganze unpolitisch – und dann kann Protest auch schon mal albern werden.

Albern war das Wort, das Sie für die Occupy-Bewegung verwendet haben.
Ich habe bekanntlich nicht die ganze Occupy-Bewegung so bezeichnet. Ich kann verstehen, wenn Menschen zum Protest auf die Straße gehen, das finde ich auch lobenswert. Was mich bei Occupy jedoch

gestört hat, war das fehlende Ziel. Einmal wollten Leute die Europäische Zentralbank besetzen – die einzige Bank, die eben keine Geschäftsbank ist, sondern eine stabilisierende Funktion erfüllt. Ja, und? Was sollte denn da abgeschafft werden und vor allem: Was soll stattdessen kommen? Für mich hat das neben dem berechtigten Aufbegehren gegen Missstände auch Eventcharakter. Politisch hingegen ist das für mich nicht greifbar, wie auch manches an der alt-neuen Mode des Antikapitalismus. Mit vielen Menschen aus Mittel- und Osteuropa, die mehrere Jahrzehnte keinen Kapitalismus hatten, frage ich die Anhänger der Occupy-Bewegung: Wohin soll's gehen, könnt ihr mal kurz Antwort geben? Was ist euer Ziel?

Gilt das auch für das Aufkommen der Piraten?
Das ist ein sehr interessantes Phänomen, und zwar aus einem speziellen Grund: Da wird aus einer Befindlichkeit politisch relevante Aktion. Da wollen Leute mitmachen, sie gründen eine Partei, sie nehmen teil an der Demokratie, indem sie sich in Parlamente wählen lassen. Darüber freue ich mich. Wir werden sehen, wann sie welche Antworten in den politischen Diskurs einbringen.

Interessiert Sie auch inhaltlich etwas an den Piraten, und was, glauben Sie, ist die Ursache für ihren Erfolg?
Ich sehe diese jüngere Generation als Teil einer Gesellschaft, die verunsichert ist durch die Komplexität der Welt des Politischen. Vieles ist nicht mehr durchschaubar. Und die Piraten benutzen dann die Mängel der Politiker, um an deren Beispiel scheinbar zu beweisen, dass zu viel faul ist im System.

Sie reduzieren politische Aktion bis jetzt weitgehend auf ein Feld, in dem sie sich besonders gut auskennen, die Netzwelt. Da haben sie oftmals einen Expertise-Vorsprung vor der Mehrzahl der anderen politischen Akteure. Nun tun sie so, als sei ihre Beheimatung in diesem Element schon ein Wert an sich. Das ist mir aber zu wenig. Allerdings sehe ich, dass die neuen medialen Möglichkeiten in den unterdrückten Teilen der Welt eine außerordentlich wichtige Funktion haben. Was für neue Chancen! Allein die schnelle Weitergabe von Informationen ist ein mobilisierendes politisches Element. Der Arabische Frühling wäre ohne Twitter wohl nicht so erfolgreich gewesen. Ich hätte mir gewünscht, wir hätten das schon 1989 gehabt.

Fühlen Sie sich eigentlich als Ossi oder eher als Norddeutscher?
Meiner Sprache hört man die norddeutsche Prägung an, ich habe auch überlegt, ob ich mir das abtrainieren soll. Das habe ich aber gelassen. Im Gemüt bin ich sicher Ostdeutscher, im Kopf nicht.

Was heißt das?
Das heißt, dass ich mit all meinen Überzeugungen westlichen Werten verpflichtet bin. Ich gehöre dem Reich der Freiheit an.

Sie sind ein Sehnsuchts-Wessi.
Ich würde sagen: Das Ziel meiner Sehnsucht war der Westen. Aber eigentlich bin ich ein Sehnsuchts-Ossi. Meine Seele hat Narben und Erfahrungen, unglückliche und glückliche, die im Osten und durch den Osten entstanden sind, durch das Leben in politischer Ohnmacht und durch die Gegenstrategien, die ein Mensch oder eine Gruppe von Menschen entwickelt hat.

Vermissen Sie auch etwas aus der DDR?
Als ich meine Lebenserinnerungen aufgeschrieben habe, 2009, habe mich gefragt: Woher kommt eigentlich manchmal diese merkwürdige Traurigkeit? Du bist doch angekommen. Du gehörst sozusagen mit dem ganzen befreiten Osten Europas zu den Siegern der Geschichte. Hatte ich etwas verloren? Die Antwort war: meine Sehnsucht. Solange man sich nach einem Ziel sehnt, sei es ein geliebter Mensch, sei es ein berufliches Ziel oder ein Ort, hat man eine unglaubliche Spannkraft, man lebt mit dieser Sehnsucht wie mit einem Zwilling. Und daraus erwachsen einerseits Hoffnungen, andererseits Verweigerungshaltungen. Wenn es gut geht, kommt man am ersehnten Ziel an. Man freut sich, genau da wollte man hin. Und dann kann es passieren, dass in der Seele eine leere Stelle ist. Die Freude kann nicht den ganzen Raum besetzen, den die Sehnsucht einnahm. Und dann kann es geschehen, dass man Sehnsucht nach der Sehnsucht hat.

Eine sehr poetische Antwort und sehr psychoanalytisch.
Finden Sie? Geschichte und Psychoanalyse sind auch zwei Themen, die mich immer interessiert haben. Aber ich will noch einen weiteren Punkt nennen, den ich vermisse. Es gab durch die Situation des Gemeinsam-unterdrückt-Werdens eine unglaubliche Intensität des Erlebens und der gemeinsamen Gegenkultur. Ob wir gemeinsam christlichen Glauben gelebt oder gesucht haben, Musik gemacht, Gedichte gelesen oder geschrieben oder den FKK-Strand an der Ostsee genossen haben, immer gab es das Gefühl, dass in allem eine Botschaft versteckt ist, eine besondere Bedeutung: *Wir* behaupten einen Freiraum gegen sie. Und später, als man dann auf einmal alles offen sagen konnte – mein Gott, wie banal! Bei uns war alles immer begleitet von einem trotzigen »Dennoch« und einem mutigen »Aber«, und es kostete etwas – Karriere, Beruf, Heimat, zumindest Zugehörigkeit. Zu begreifen, dass das Leben in Freiheit auf eine einfache Weise Zugang zu den wesentlichen Dingen verschafft, hat auch etwas Entzauberndes. Freiheit, normal geworden, scheint dann ganz banal.

Bevor Sie das Amt angetreten haben, gab es hymnisches Lob, aber auch viel Häme, vor allem im Netz. Wie haben Sie das erlebt?
Ach, Internet ist nicht mein Medium, bei Twitter oder Facebook mache ich nicht mit. Das hängt vielleicht mit meinem Alter zusammen. Ich nutze das Netz allerdings, wenn ich Wissenslücken füllen möchte, und natürlich schreibe und empfange ich Mails.

Auch wenn Sie nicht twittern, gibt es keinen Bundespräsidenten vor Ihnen, über den man auch persönlich so viel erfahren hat wie über Sie, auch über Schwächen. Über den *Spiegel* weiß die Öffentlichkeit sogar, dass Sie zwei Therapien gemacht haben.
Das stimmt ja nicht ganz. Ende der Achtzigerjahre habe ich als Pastor eine Weiterbildung im Fach Seelsorge und Psychologie mitgemacht. Ich habe mir dann einmal ganz bewusst eine Therapie gesucht, es war eigentlich mehr eine therapeutische Beratung. Durch so etwas kommt man natürlich auch dichter an sich selbst heran.

Ist die Preisgabe solcher Dinge, die andere für sich behalten, möglicherweise auch ein Gegenmittel, um die Heilserwartung, die an Sie geknüpft ist, ein bisschen aufzuweichen?
Vielleicht. Aber wissen Sie, ich kenne beides, meine Schwächen und meine Stärken. Und ich bin eigentlich nicht so schwach, dass ich meine Schwächen verstecken müsste. Ich möchte der Öffentlichkeit nicht ein Konstrukt von Leben vorstellen, sondern ich möchte ihr begegnen als der, der ich bin. Ein sorgfältig gebasteltes Konstrukt könnte nicht kommunizieren – und ich lebe von Kommunikation. Es ist besser, sich so weit wie möglich als der zu geben, der man ist.

Man kann dadurch aber auch in Teufels Küche kommen. Der Druck auf Politiker, Rede und Antwort zu stehen, und zwar schnell, ist größer geworden. Haben Sie das Gefühl, dass die Öffentlichkeit, auch die Medien, gnadenlos geworden sind?
Erst einmal muss man sagen, dass wir in Deutschland nicht nur im finsteren Tal wandern, man kann sich in der Medienlandschaft sogar gelegentlich über Dinge freuen. Im Ganzen gibt es sicher durch die Dominanz der elektronischen Medien eine Verkürzung von Informationen und eine Tendenz, Information und Unterhaltung zu mischen. Es gibt einen Hang zur Infantilisierung, auch das hängt mit dem Bedürfnis zusammen, Politik mundgerecht zu verabreichen. Und dann gibt es zwei Sorten von kritischem Journalismus, die ich nicht mag. Der eine ist einfach nur zynisch, und der andere folgt einem sportlichen Ehrgeiz: Ich will der Gewinner sein.

Also jemanden wegschreiben?
Das auch. Ich will derjenige sein, der dank eines Mediums über Macht verfügt, der erhöhen und erniedrigen kann. Ich will der sein, der das Wild erlegt. Ich kann das sogar verstehen, besonders aus der Männerwelt ist das Konkurrenzprinzip nicht wegzudenken. Nun haben wir aber Normen, Werte und auch Institutionen im Journalismus, die dafür sorgen, dass Berichterstattung zugespitzt sein kann, aber trotzdem fair sein muss. Das Problem ist: Der Wettbewerb um Aufmerksamkeit belohnt nicht immer die Fairness, sondern allzu oft den Sieg.

Hatten Sie eigentlich gelegentlich Mitleid mit Ihrem Vorgänger Christian Wulff?
Es war schön zu sehen, wie da zu Beginn der Amtszeit ein junges, begabtes Paar auf diese neue Aufgabe zugegangen ist. Und dann gab es dieses Bündel von Ursache und Wirkung oder von problematischem Krisenmanagement, und alles hat so zusammengewirkt, dass ab einem bestimmten Zeitpunkt abzusehen war, es würde nicht gut gehen. Je nach Neigung konnte man dann »Hurra« schreien, oder es erfasste einen eben ein – lassen Sie es mich ruhig auch sagen – christliches Mitgefühl, das völlig unabhängig ist von einem politischen Urteil. (...)

Wenn unser Interview erscheint, werden Sie gerade zurück sein von Ihrer Reise nach Israel. Fahren Sie dorthin auch mit einem Gefühl persönlicher Befangenheit, wenn Sie an Ihre Familiengeschichte denken?
Wenn es nur meine Familiengeschichte wäre! Aber ich bin ein Deutscher, und ich bin im Dritten Reich geboren, ich war fünf Jahre alt, als wir befreit wurden. Ich trage also keine persönliche Schuld, aber in mir sehr wohl ein verstörendes Wissen über diesen tiefen Fall einer doch wohl großen Kulturnation. Bei mir hat dieses tiefe Erschrecken eine frühe antitotalitäre Einstellung bewirkt und zu einem jugendlichen Philosemitismus geführt, den ich nie ganz losgeworden bin – das werden Sie in vielen protestantischen Familien finden.

Für Ihre Altersgenossen im Westen war die Schuld der Väter ein großes Thema. Ihre Eltern traten früh in die NSDAP ein, Ihr Vater war Oberleutnant bei der Marine. Haben Sie mit ihm über seine Rolle während der NS-Zeit gesprochen?
Aber selbstverständlich. Ich habe oft gesagt, dass ich im Westen ganz sicher Teil der 68er-Bewegung gewesen wäre. Meine Eltern haben mich nach dem Krieg zu einer nonkonformistischen Haltung gegen den Kommunismus erzogen. Manche idealisieren die frühe DDR als Hort des edlen Antifaschismus, aber es war stalinistischer Terror mit nur selektivem Antifaschismus. Es lag auf der Hand, dass die herrschenden Kommunisten keine »Guten« waren. Die familiäre Situation

nach der Verschleppung meines Vaters verstärkte das als Grundfigur meines Lebens. Doch eines Tages wurde mir nach dem Lesen solcher Bücher wie »Der gelbe Stern« klar, dass es eine noch stärker verstörende politische Wirklichkeit gab. Und da habe ich nachgefragt: Was hast du gemacht, Vater, was hast du gewählt? Mein Generalverdacht gegenüber allen erwachsenen Deutschen war so groß, dass ich wütend darüber war, dass er so wenig verstrickt war. Er war als Lehrer an einer Marineschule im damaligen Gotenhafen (Gdingen) eingesetzt und hat Maate in Mathematik und Nautik unterrichtet. Es ist wirklich paradox: Ich war wütend, weil sich meine Wut nicht gegen ihn als einen Täter richten konnte. Das kann aber wohl nur verstehen, wer sich mit der Psyche auskennt.

1951 wurde Ihr Vater von den Kommunisten in ein sibirisches Arbeitslager deportiert, dort blieb er vier Jahre. Kann man auf einen Vater wütend sein, dem selbst so viel Unrecht angetan wurde?
Als er zurückkam, war ich 15 Jahre alt, wir waren alle glücklich. Da hatte ich Mitleid mit ihm, er war ja tatsächlich ein Opfer, und er war ein unschuldiges Opfer. Die Auseinandersetzung mit ihm kam später, als ich 17, 18 Jahre alt war.

Es gibt den Satz des Historikers Raul Hilberg, »in Deutschland ist der Holocaust Familiengeschichte«. Frau Merkel hat gesagt, das Existenzrecht Israels gehört zur deutschen Staatsräson. Was bedeutet dieser Satz eigentlich, wenn wir inzwischen Städte haben, Schulen, in denen über die Hälfte der Menschen einen Migrationshintergrund haben, für die also die Verbindung zwischen Familiengeschichte und Staatsräson gar nicht mehr existiert?
Dieser Satz von Frau Merkel kommt aus dem Herzen meiner Generation. *(ringt um Fassung)*

Was bedeutet er für die nächste Generation?
Er bedeutet letztlich womöglich eine Überforderung, vielleicht auch eine in ganz tiefen Schichten wurzelnde magische Beschwörung. Alles, was wir tun wollen, soll geleitet sein von dem Ziel, dass Israel als Heimstatt der Juden beschützt sein soll. Dieser Satz ist nicht nur

aus der politischen Ratio geboren, sondern aus einer tiefen Zerknirschung. Es ist ein moralischer Appell an uns selber, bei dem ich sehr besorgt bin, ob wir die Größe dieses Anspruchs an uns selbst in politisches Handeln umzusetzen vermögen. Das kann sich ein Mensch meiner Generation nur wünschen. Nachfolgende Generationen der Deutschen werden schon weniger durch die Schuld ihrer Vorfahren belastet sein und trotzdem aufgrund der deutschen Geschichte eine besondere Verantwortung für Israel tragen. Die Familiengeschichten der Zuwanderer sind nicht mit der Schuld am Holocaust verknüpft. Aber als deutsche Staatsbürger sind sie Teil unseres Gemeinwesens. Auch sie stehen damit in einem historisch gewachsenen Verantwortungszusammenhang.

Für eine Schlussstrich-Debatte hätte ein Präsident Joachim Gauck niemals Verständnis?
Nein, das ist undenkbar. Aber einer Tendenz will ich auch nicht folgen: der Wandlung der Rezeption des Holocaust in eine quasi religiöse Dimension, in etwas Überwirkliches.

Sie bestehen darauf, dass diese Dimension von Bosheit vorstellbar ist?
Ja, sie ist vorstellbar, weil sie real war. Ich weiß nicht, ob uns mit einer Entrückung aus der Beschreibbarkeit genutzt wäre. Man kann das Böse dann nur noch verdammen, aber nicht mehr analysieren. Es war eben Menschenwerk, es ist nicht unbeschreibbar. Wir kennen Interessen, wir kennen Personen, wir kennen das System, das manchmal auch »ganz normale Menschen« zu Unmenschen machte.

Sie sprechen oft vom »angstgetriebenen« Deutschen, von einer »angstgeleiteten Politik«. Treffen Sie wirklich so viele ängstliche Menschen?
Zum Glück immer weniger. Da habe ich etwas gelernt, auch durch konkrete politische Erfahrungen der letzten Jahre. Ich habe in meinen Vorträgen immer Beispiele gesammelt, wie schnell das anspringt mit unserem Angsthaben: Vogelgrippe, BSE, Tsunami. Wenn Sie das vergleichen mit anderen Nationen um uns herum, werden Sie bei

denselben Anlässen eine vergleichsweise geringe Neigung zu Angst oder gar Hysterie erkennen.

Wenn Sie an die anhaltende Eurokrise denken, waren wir Deutsche schon fast britisch cool.
Richtig. Die Leute haben nicht panisch ihre Konten geräumt, sie haben auf ihre Regierung vertraut und erwarteten auch, dass sie entschlossen reagiert. Wie wir heute wissen, war das rational und hatte sogar etwas Optimistisches.

Aha, die Stimmung ist also besser als die Lage!
... die Leute merkten, jetzt geht es wirklich ans Eingemachte, jetzt müssen wir mal nüchtern bleiben. Angst haben wir offensichtlich eher dann, wenn wir sie uns leisten können, und nicht, wenn sie uns wirklich schadet, also Sachrationales verhindert. Das hat mich gefreut, da konnte ich meine Meinung über die generelle Ängstlichkeit modifizieren. In dem Zusammenhang möchte ich auch darauf verweisen, dass die Deutschen auf »Überfremdungsängste« nicht reagiert haben wie einige Nachbarn und keine populistischen, fremdenfeindlichen Parteien in das nationale Parlament gewählt haben.

... wo inzwischen überall rechtspopulistische Bewegungen entstanden sind.
Genau, in urbanen Milieus in Rotterdam, Amsterdam oder Kopenhagen konnten rechte Parteien reüssieren. Und wo sind vergleichbare Parteien im Deutschen Bundestag? Da habe ich innerlich den Hut gezogen vor den meisten Deutschen. Ja, so kommt man dichter an sein eigenes Land. Es wäre mir bis 1990 nicht über die Lippen gekommen, dass ich stolz auf mein Land wäre – niemals, unvorstellbar! Doch wenn ich jetzt nach Israel komme, werde ich neben der Last unserer Schuld auch das Bewusstsein mitbringen, dass Deutschland sich Vertrauen erworben hat, dass es bewiesen hat, dass es vertrauenswürdig ist. Und so wie wir weiter zu Europa stehen, stehen wir weiter an der Seite Israels, wenn andere ihm das Existenzrecht absprechen.

Also ist da auch ein bisschen Stolz?
Puh. Ja. Dieser Stolz entsteht aus Dankbarkeit und Freude, und dann kann man ihn ertragen. Das ist so, wie wenn jemand ein gutes Spiel gemacht hat als Fußballer oder eine gute Arbeit abgeliefert, da gibt es dieses Gefühl: Das war jetzt richtig, das habe ich gut gemacht. Und in diesem aufgeklärten Maße ist der Begriff Stolz jetzt auch möglich in Bezug auf unsere Nation.

Herzlichen Dank, Herr Bundespräsident.
Das war mehr Gauck als Bundespräsident.

> 31. Mai 2012, *DIE ZEIT*

Karl-Theodor zu Guttenberg während des Gesprächs in einem Londoner Hotel im Oktober 2011

»Es war kein Betrug«
Karl-Theodor zu Guttenberg

Keines meiner Interviews hat so hohe politische Wellen geschlagen und gleichzeitig meinem Gesprächspartner, meinem Blatt und mir selbst so viel Ärger eingebracht wie das mit Karl-Theodor zu Guttenberg. Schon alleine deshalb kann ich es in diesem Buch nicht einfach unterschlagen. Der rasante Aufstieg und jähe Absturz, den Guttenberg gerade erlebt hatte, war für einen Bundespolitiker im Nachkriegsdeutschland beispiellos. Nach Bekanntwerden der schier unglaublichen Zahl von Plagiatsstellen in seiner Doktorarbeit und einer komplett missglückten Selbstrechtfertigung war der CSU-Politiker als Verteidigungsminister am 1. März 2011 zurückgetreten. Zuvor aber hatte es kaum ein Amt gegeben, das ihm seine Anhänger unter den Wählern, Politiker und Journalisten nicht zugetraut hätten. Vielen galt er schon als der nächste Bundeskanzler.

In den Monaten nach Guttenbergs Rücktritt hatten fast alle großen Blätter versucht, ihn für ein großes, erklärendes Interview zu gewinnen. Die wichtigsten öffentlich-rechtlichen Talkshows rollten den roten Teppich aus, und auch die *ZEIT* hatte immer wieder angeklopft – wenngleich erfolglos. Dann aber kam im Herbst 2011 die Anfrage des Verlegers Manuel Herder, ob ich ein Interview in Form eines Buches mit Guttenberg führen könne. Er habe dies Guttenberg vorgeschlagen, der einverstanden sei. Meine Zusage knüpfte ich an die Vereinbarung, dass die wichtigsten Passagen vorab in der *ZEIT* erscheinen konnten.

Doch wurde das Buch von vielen Lesern und von Kommentatoren anderer Medien nicht als Beiwerk für das von mir ersehnte Gespräch in der *ZEIT*, sondern als Teil einer Kampagne rezipiert, Karl-Theodor zu Guttenberg politisch zu rehabilitieren. Ich erschien dabei als sein Helfer, der sich zudem an Honoraren für das gut verkaufte Buch bereichern wolle (meinen Anteil habe ich daraufhin gespendet). Und in der Tat war diese Konstellation nicht nur unglücklich, sondern die Folge einer gravierenden Fehlentscheidung, die ich gerne rückgängig gemacht hätte, wenn es bloß gegangen wäre. Lediglich eine häufig geäußerte Kritik will ich mir nicht zu eigen machen: dass man nämlich einem missliebigen Gesprächspartner kein Forum bieten dürfe – oder wenn, dann nur mit einem Bombardement feindseliger Fragen, die zweifelsfrei dokumentieren, dass der Journalist auf der richtigen Seite steht. Ich hatte mir vorgenommen herauszufinden, was Guttenberg nach einem solch katastrophalen Scheitern wirklich denkt und empfindet. Das gelingt in den seltensten Fällen ausschließlich mit Konfrontation. So wie es in der ZEIT erschien, war das Interview am Ende nicht nur aussagekräftig, sondern für Guttenberg äußerst folgenreich.

Es machte nämlich seine Lage noch schlimmer. Zwar bezweifle ich bis heute, dass er tatsächlich sein politisches Comeback für die Bundestagswahl 2013 vorbereitete. Aber eines hatte er mit Sicherheit gewollt: gesellschaftliche Rehabilitierung, vielleicht sogar die baldige Rückkehr mit seiner Familie nach Deutschland. Genau die aber erschien nach der Veröffentlichung unwahrscheinlicher denn je.

Guttenberg hatte elementare Voraussetzungen für eine Rehabilitation missachtet. Zum einen sprach er zwar endlos über die Frage, wie er in seine Lage geraten war (diese Passagen würde ich mit dem Abstand von heute viel straffer halten), kam aber nicht auf den Gedanken, seine Doktorarbeit als das zu bezeichnen, was sie, wenn auch nicht formaljuristisch, in Wirklichkeit war: ein Betrug an allen wissenschaftlichen Standards und auch an jenen Menschen, die es in jahrelanger Arbeit auf dem richtigen Weg versuchen. Zum anderen distanzierte er sich von seiner eigenen Partei und ließ sogar offen, ob er sich nicht eines Tages für eine andere politische Formation engagieren könnte.

Das Interview fand an drei aufeinanderfolgenden Tagen im Oktober 2011 in einem Hotel in London statt. Guttenberg blieb die ganze Zeit sehr angespannt. Es machte ihm sichtlich zu schaffen, sich tagelang rechtfertigen zu müssen. Es kam zu keiner Begegnung außerhalb unserer Treffen für das Interview im Hotelzimmer: kein gemeinsamer Spaziergang, kein Mittagessen, nicht einmal eine gemeinsame Teepause. Wir haben uns danach nicht mehr gesehen.

Herr zu Guttenberg, seit Ihrem Rücktritt haben Sie alle Interviewanfragen abgelehnt. Nun haben Sie plötzlich eingewilligt und einen engen Zeitrahmen abgesteckt: Sie wollen, dass dieses Gespräch noch vor Jahresende erscheint. Warum diese Eile?
Es sind viele Menschen auf mich zugekommen, die mir gegenüber sehr positiv eingestellt sind, die aber noch viele Fragen an mich haben, vor allem mit Blick auf die Affäre um meine Dissertation. Mir war es wichtig, diese Fragen zu einem Zeitpunkt zu beantworten, an dem meine Erinnerung noch klar genug ist, bevor man also beginnt, die Dinge selbst zu verwischen.

Welche Fragen sind es denn, die Ihnen die Wohlmeinenden stellen?
Es ist vor allem die Frage, wie es bei jemandem, dessen politische Arbeit man sehr geschätzt hat, zu einer so unglaublichen Dummheit wie dieser Doktorarbeit kommen konnte. Und ich hatte noch nicht die Möglichkeit, diese Fragen in aller Offenheit zu beantworten.

Was können Sie denn jetzt in aller Offenheit sagen?
Es steht völlig außer Frage, dass ich einen auch für mich selbst ungeheuerlichen Fehler begangen habe, den ich auch von Herzen bedauere. Das ist in dieser sehr hektischen Zeit damals auch ein Stück weit untergegangen. Ebenso, wie man sich damals bereits entschuldigt hat.

Sie reden von sich selbst in der dritten Person, Sie sprechen davon, dass »man sich damals bereits entschuldigt hat«. Ist es für Sie schwierig, zu sagen: »Ich bitte um Entschuldigung«?
Nein, im Gegenteil. Faktisch ist das ein »Ich«. Das »Man« soll auch keine Distanzierung bedeuten. Es ist ein anerzogener Sprachgebrauch, der sich bei mir wahrscheinlich über die Jahre hinweg eingeschliffen hat, der eine gewisse Form von Zurückhaltung zum Ausdruck bringen soll und den man zu Recht kritisieren kann. Tatsächlich bedauere ich, tatsächlich habe ich mich damals entschuldigt, da habe ich auch nicht von »man« gesprochen. Tatsächlich bin ich verantwortlich für das, was ich im Leben richtig und gelegentlich falsch gemacht habe.

Sie haben die Frage, die Ihnen so oft gestellt wird, noch nicht glaubhaft beantworten können: Wie konnte es zu dem kommen, was Sie einen »ungeheuerlichen Fehler« nennen?

Der Fehler war bereits relativ früh angelegt. Ich habe im Jahr 1999 mit einer Doktorarbeit begonnen, und schon damals war eine Doppelbelastung absehbar: Ich bin bereits während des Studiums von der Familie erheblich mit in die Pflicht genommen worden, in unserem Unternehmen. Ich habe mit meinem Doktorvater Peter Häberle über diese Doppelbelastung gesprochen, und wir waren beide der Meinung, die Dissertation sei trotzdem zu schaffen. Im Jahr 2001 habe ich mich dann entschieden, in die Politik zu gehen, und bin diese Herausforderung mit voller Kraft angegangen. Darunter hat natürlich die Beschäftigung mit der Doktorarbeit sehr gelitten.

Was heißt das?

Das heißt, dass es nach einer Anfangsphase, in der ich mich intensiver mit der Dissertation beschäftigt habe, plötzlich Zeiträume von mehreren Monaten bis zu einem Jahr gab, in denen ich mich teilweise überhaupt nicht mehr mit dieser Arbeit befasst habe und im Grunde immer wieder von vorne anfangen musste. In dieser Zeit ist bereits ein grundlegender Fehler angelegt, nämlich meine Arbeitsweise.

Wie haben Sie gearbeitet?

Ich war ein hektischer und unkoordinierter Sammler. Immer dann, wenn ich das Gefühl hatte, dass etwas zu meinem Thema passt, habe ich es ausgeschnitten oder kopiert oder auf Datenträgern sofort gespeichert oder direkt übersetzt.

Wie sind Sie denn dabei vorgegangen? Haben Sie Copy und Paste gedrückt und die Bausteine abgespeichert? Oder haben Sie die Zitate eigenhändig eingetippt?

Ganz unterschiedlich, in allen Formen. Ich habe Dinge abgeschrieben und in den Computer eingegeben; ich habe Kopien gemacht, abgelegt und gesagt, das wird später noch bearbeitet. Oder ich habe es sofort bearbeitet. Später habe ich gewisse Textstellen auch mal aus dem Internet herausgezogen, auch diese abgespeichert, wieder auf unterschiedlichen Datenträgern. Eigentlich war das eine Patchworkarbeit, die sich am Ende auf mindestens 80 Datenträger verteilt hat.

80 Datenträger?
Ich habe für jedes Kapitel eine Diskette angefertigt, ich habe unterschiedliche Ordner angelegt, ich habe über die Jahre hinweg auf vier unterschiedlichen Computern gearbeitet, die an unterschiedlichen Orten waren. Übersetzungen habe ich manchmal auf langen Flügen vorgenommen. Ich habe auf Reisen an der Dissertation gearbeitet, manchmal in Universitätsbibliotheken oder wenn ich bei einem Thinktank unterwegs war. Irgendwann hatte ich einen Wust an Informationen, der allerdings, abgesehen von den Gliederungspunkten, keinerlei innere Ordnung mehr hatte.

Und was genau war Ihrer Meinung nach der Fehler?
Dass ich auf diesen Datenträgern sowohl an eigenen Texten gearbeitet als auch fremde Texte übernommen habe. Ich wollte diese Quellen später entsprechend aufarbeiten. Tatsächlich ist das nur sehr mangelhaft geschehen. Ich hatte einen großen Text- und Gedankensteinbruch, habe immer mal wieder von Datenträger zu Datenträger gewechselt, eigene und fremde Texte nach Themen aufgegliedert und an unterschiedlichen Stellen als Rohlinge geparkt. Ich habe nie chronologisch, sondern immer an einem Kapitel gearbeitet. Dann war ein Jahr Pause, und ich habe im Grunde wieder von vorn begonnen. Der größte Fehler war, dass ich den Zitaten- und Fußnotenapparat nicht gleichzeitig oder wenigstens zeitnah abgeschlossen hatte. Ich wusste offensichtlich später auch nicht mehr, an welchem Text ich selbst bereits gearbeitet hatte, welcher Text mein eigener und welcher möglicherweise ein Fremdtext war, insbesondere beim Zusammenfügen dieser Bruchstücke.

Haben Sie so von Anfang an gearbeitet, auch als Sie noch nicht in der Politik waren?
Ja, auch in den ersten eineinhalb bis zwei Jahren, als ich sehr viel Zeit und Kraft in die Doktorarbeit investiert habe und sie für mich Priorität hatte. Mit Blick auf diese Arbeitsweise kann man mir fraglos

mehrere sehr berechtigte Vorwürfe machen, die ich mir selber auch mache.

Nämlich?
Der erste Vorwurf ist der, dass ich während meines vollen beruflichen Engagements komplett den Zeitpunkt verpasst habe, zu sagen: Ich schaffe diese Arbeit nicht mehr. Ich hatte nicht die Kraft, das mir selbst und meinem Professor gegenüber einzugestehen.

Welches Verhältnis hatten Sie zu Ihrem Doktorvater?
Ich mochte und mag ihn sehr. Zwischen uns ist damals ein großes Vertrauensverhältnis gewachsen. Dass ich ihm Schmerzen zugefügt habe, ist etwas, das mich tief bewegt und erschüttert.

Was ist der zweite Vorwurf, den Sie sich machen?
Der zweite Vorwurf ist, dass ich die Augen vor der Überforderung verschlossen habe. Das politische Leben hat mich nicht überfordert, wohl aber die parallele wissenschaftliche Arbeit. Das hätte ich sehen müssen. Nachdem ich in die Politik gegangen war, konnte ich, wenn überhaupt, nur noch in den Nachtstunden an der Dissertation arbeiten. Meine Arbeitsweise konnte man dann irgendwann nur noch chaotisch nennen. Insbesondere in der Endphase der Arbeit lag der Schwerpunkt nicht mehr auf der notwendigen wissenschaftlichen Sorgfalt, sondern auf Inhalt und Schlüssigkeit meiner Aussagen. Ich wollte mit dem Ineinanderfügen der unterschiedlichen Kapitel ein geschlossenes intellektuelles Ganzes abliefern. Ich hätte mir die wissenschaftliche Kärrnerarbeit antun müssen. Die sorgfältige Detailarbeit, gerade das korrekte Einarbeiten und Zitieren fremder Quellen, ist wiederholt unterblieben. Diese Arbeiten hätten niemals unter Zeitdruck stattfinden dürfen.

Hat Ihnen die ganze Zeit über niemand dabei geholfen?
Mein Doktorvater hat sicher sein Bestes versucht. Allerdings hatte ich viel zu wenig Zeit, mich mit ihm rückzukoppeln.

Ich meinte eigentlich: Hat jemand für Sie die Arbeit geschrieben, zumindest in Teilen?
Nein, wer sollte auch? Es gab in meiner unmittelbaren Umgebung keinen Juristen und niemanden, der sich mit der Materie befasst hätte. Das war ja ein Thema, mit dem ich immer wieder konfrontiert wurde – die europäische Verfassungsentwicklung, die Fragen des Gottesbezugs haben mich in diesen Jahren politisch begleitet. Deshalb hatte ich immer wieder Ansatzpunkte, um zu sagen: Ich mach das Ding doch weiter! Ein wesentlicher Fehler war, dass ich mir nicht eingestanden habe, damit überfordert zu sein. Das hatte sicherlich auch mit Hochmut zu tun und mit einem gerüttelt Maß an Eitelkeit. All das ergibt eine ziemlich verheerende Kombination.

Ist Ihnen bewusst, dass selbst in Kreisen, die Ihnen wohlgesinnt sind, kaum jemand glauben kann, dass Sie Ihre Arbeit allein zusammengestöpselt haben?
Ich habe davon gelesen, und natürlich ist mir in der damaligen Zeit das Schmunzeln vergangen. Aber man hätte wahrscheinlich darüber schmunzeln müssen: Ich habe den Blödsinn wirklich selber verfasst, und ich stehe auch dazu.

Sie würden auch unter Eid und vor Gott sagen, dass das niemand für Sie geschrieben hat?
Ja, selbstverständlich. Das wiederum können meine Familie und mein unmittelbares Umfeld am allerbesten bezeugen.

Haben Sie vorsätzlich getäuscht?
Das ist der Vorwurf, der mich am meisten trifft, ein Vorwurf, dem ich begegnen will und begegnen muss: Wenn ich die Absicht gehabt hätte, zu täuschen, dann hätte ich mich niemals so plump und dumm angestellt, wie es an einigen Stellen dieser Arbeit der Fall ist.

Oliver Lepsius, der Nachfolger auf dem Lehrstuhl Ihres Doktorvaters, hat Sie schlicht einen Betrüger genannt.
Was bemerkenswert ist für einen Juristen. Es zeugt nicht von großer juristischer Kunstfertigkeit, einen Betrugsvorwurf zu zimmern, wenn jeder Jurist sofort weiß, es kann rechtlich kein Betrug sein, ganz egal, wie man zu Guttenberg steht. Ich war über diesen Herrn schon erstaunt.

Geht es hier wirklich um juristische Feinheiten?
Entschuldigung, ein Verfassungsrechtler kann doch nicht nach landläufiger Form verurteilen, er sollte schon juristisch sauber bleiben. Ich habe ja eine juristische Arbeit geschrieben. Und niemand lässt sich gern Betrüger nennen, wenn es kein Betrug ist, was auch die Staatsanwaltschaft klar feststellt. Die ist allerdings auch unabhängig und nicht politisch getrieben.

Können Sie diesen fatalen Eindruck, den man von Ihnen gewonnen hat, wirklich nicht nachvollziehen? Sie sagen, Sie hätten chaotisch gearbeitet. Aber Ihre Arbeit ist flüssig geschrieben, systematisch gegliedert und enthält eine schlüssige Argumentation. Von Ihrem Doktorvater haben Sie dafür sogar die Bestnote bekommen. Wie passt das zusammen?
Ich habe eben diese fatale Schwerpunktverlagerung vorgenommen, weg vom Detail, hin zum großen Ganzen, sodass die Arbeit in ihrer Gesamtheit einfach schlüssig dasteht. So bin ich auch mit all den Teilen der Arbeit umgegangen, die originär aus meiner Feder stammen. Auch an denen habe ich korrigiert. Wenn jemand ein Buch schreibt, korrigiert er am Ende noch mal an seinen Fragmenten herum. Aber in diesem unglaublichen Wust von selbst geschriebenen und fremden Fragmenten hätten die fremden Fragmente eben mit Quellenangaben sauber gekennzeichnet werden müssen.

»1218 Plagiatsfragmente aus 135 Quellen auf 371 von 393 Seiten« – das ist der letzte Stand der Internetplattform GuttenPlag Wiki.
Ich möchte jetzt nicht meine wissenschaftlichen Fehler kleinreden, es sind viel zu viele. Aber es ist auch ein gewisses Maß an Kritikfähigkeit im Umgang mit solchen Plattformen vonnöten. Es ist schon ein Unterschied, ob man eine Stelle aus einem fremden Werk komplett übernimmt und den Autor dann nirgends auftauchen lässt oder ob man den Autor tatsächlich ins Literaturverzeichnis aufnimmt und ihn, wenn auch fehlerhaft, in den Fußnoten benennt. In diesem Fall haben Sie keine Täuschungsabsicht, sonst würden Sie den Autor doch gar nicht aufführen.

Die beiden Zwischenberichte, die bei GuttenPlag im Februar und im März 2011 veröffentlicht wurden, sind sehr differenziert; da werden zum Beispiel unterschiedliche Plagiatskategorien definiert und unverifizierte Fundstellen ausgewiesen. Vor allem sind Beispiele aus Ihrer Doktorarbeit für alle sichtbar dokumentiert. Wenn man sich eine Weile umgeschaut hat, dann fragt man sich, wie aus so vielen Puzzleteilen »aus Versehen« eine wissenschaftliche Arbeit entstehen konnte.
Noch einmal: Wenn ich geschickt hätte täuschen wollen, hätte ich es vermieden, Textstellen so plump und so töricht in diese Arbeit zu übernehmen, dass sie sich für jeden betroffenen Autor sofort erschließen, der dann zum Beispiel einen Vergleich mit seinem Werk vornimmt, das im Literaturverzeichnis sogar benannt ist. Wer die ersten Zeilen seiner Einleitung komplett aus einem Zeitungsartikel abschreibt, dann aber gleichzeitig so doof ist, die Autorin dieses Textes im Literaturverzeichnis zu benennen, der handelt nicht absichtlich, sondern aus Überforderung und weil er den Überblick verloren hat!

Sie sprechen jetzt von der Politikwissenschaftlerin Barbara Zehnpfennig. Sie hat 1997 einen Artikel in der *Frankfurter Allgemeinen Zeitung* veröffentlicht, in dem es um die Frage ging, ob der amerikanische Weg zur Union ein Vorbild für Europa sein könne. Sie lassen Ihre Dissertation mit dem leicht veränderten ersten Satz dieses Artikels beginnen, auch auf der zweiten Seite Ihrer Einleitung und später im Text tauchen Sätze von Frau Zehnpfennig auf.
Wenn ich hätte täuschen wollen, dann hätte ich den Teufel getan und diese Autorin im Literaturverzeichnis benannt, oder ich hätte wenigstens den Text signifikant umgeschrieben. Das haben ja auch viele meiner Kritiker gesagt: Wenn der Mann einen Rest an Intelligenz hat, dann hätte er anders getäuscht.

Ist die Wahrscheinlichkeit denn so groß, dass so etwas auffliegt? In Ihrem Fall musste erst der Rechtswissenschaftler Andreas Fischer-Lescano kommen und sich Ihre Arbeit vornehmen.
Ja, die Wahrscheinlichkeit ist relativ groß, dass die Dissertation eines Abgeordneten, die in einem renommierten Verlag erschienen ist, irgendwann zum Beispiel einer Frau Zehnpfennig in die Hände fällt – allein schon, weil sie ja mit dem Thema befasst ist! Und sie wäre doch die Erste gewesen, die über die Einleitung stolpert. Dann würde sie hinten im Literaturverzeichnis nachschauen und sich selbst dort finden.

1999, als Sie mit Ihrer Doktorarbeit begannen, waren das Internet und seine Suchmaschinen noch nicht so verbreitet wie heute. Da war einem vielleicht noch nicht klar, dass in nur wenigen Jahren jeder Nutzer mit relativ einfachen Mitteln zum Plagiatsjäger werden kann.
Na ja, in den Jahren 2005 und 2006, als die Arbeit abgeschlossen wurde, war das sehr wohl bekannt.

Wenn Sie nicht die Absicht hatten, Ihre Quellen zu verschleiern, warum haben Sie in den Zitaten dann immer wieder einzelne Wörter verändert?
Das ist schlicht der Schlussredaktion geschuldet. Wenn man am Ende sagt, man möchte eine Arbeit als großes Ganzes abliefern, und man hat über die Jahre unterschiedlichste Fragmente zusammengestellt, dann geht man da zum Schluss eben noch mal sprachlich drüber, wie über einen Aufsatz.

Ging es Ihnen nicht eher darum, die Quelle leicht zu verfremden?
Unsinn! Wenn ich etwas verschleiern wollte, würde ich es so verfremden, dass es niemand merkt. Das dürfen Sie mir durchaus zutrauen.

Sie bleiben bei der Verteidigungslinie, die Sie schon im Februar und März dieses Jahres verfolgt haben: Sie reden von einem Fehler ...
... von einem ungeheuerlichen Fehler. Das ist doch keine Verteidigungslinie, sondern ein Eingeständnis!

... aber nie von einem Plagiat.
Nein, weil es auch nicht ein Plagiat ist. Ich habe nicht einfach das ganze Buch eines anderen abgeschrieben und zu meinem Buch erklärt.

Was ist Ihre eigene Lebenserfahrung: Unter welchen Umständen kann man eine Entschuldigung annehmen?
Wenn man das Gefühl hat, dass der andere es ernst meint. Und dann ist es kein Können, dann ist es in meinen Augen ein Müssen.

Haben Sie schon mal eine Entschuldigung nicht angenommen?
Ja, das ist mir zweimal passiert, im Privaten. Ich hatte in beiden Fällen zunächst nicht das Gefühl, dass die Entschuldigungen von Herzen kamen. Aber nach einem klärenden Gespräch habe ich sie doch angenommen.

Sind Sie in den acht Monaten seit Ihrem Rücktritt zu keinen anderen Erkenntnissen über Ihre Arbeit gekommen?
Natürlich hatte ich mittlerweile Zeit, mich mit dieser Arbeit auseinanderzusetzen. Da muss ich zu dem Schluss kommen: Ich habe mit dem Abfassen dieser Doktorarbeit die, noch mal, denkbar größte Dummheit meines Lebens begangen. Das bedauere und bereue ich von Herzen.

»Der Wahn ist kurz, die Reu ist lang« – kennen Sie diesen Vers aus Schillers »Glocke«?
Ja. Da ist viel Wahres und Richtiges dran. Reue kann man nicht eben mal so abschütteln, das geht nicht. Und das sollte man auch nicht tun. Aber man kann damit beginnen, die Dinge innerlich abzuarbeiten. Dass ich die härtesten persönlichen Konsequenzen gezogen habe, war ein erster Schritt in diese Richtung.

Sie meinen Ihren Rücktritt von allen Ämtern?
Ja, aber auch den Entschluss, mit meiner Familie zunächst einmal woanders einen neuen Lebensabschnitt zu beginnen. Das ist ja nichts, was wir nur jubelnden Herzens machen, gerade wenn man so fest in seiner Heimat verwurzelt ist wie wir.

Warum können Sie, acht Monate danach, nicht einfach sagen: Ich habe abgeschrieben?
Ich sage es doch. Es ist nur eine Frage, wie man das sagt. Weil es ein Unterschied ist, ob man das absichtlich macht oder ob das Abschreiben das fatale Ergebnis einer chaotischen und ungeordneten Arbeitsweise ist. Das ist für mich ganz wichtig, weil es auch etwas mit der eigenen Ehre zu tun hat.

Wenn Sie sich eingestehen müssten, dass Vorsatz bestanden hat ...
... dann würde ich es sagen!

Wäre das für Sie nicht das Ende jeder öffentlichen Ambition?
Ein solcher Fall kann immer das Ende öffentlicher Ambitionen sein, Vorsatz hin oder her. Aber wenn ich wüsste, dass ich das absichtlich gemacht hätte, würde ich dazu stehen. So bin ich auch erzogen worden.

Fehler immer zuzugeben?
Ja. Ich habe auch immer versucht, das in meiner politischen Laufbahn zu tun.

Haben Sie sich in diesen Monaten irgendwann mal unter der Bettdecke die Frage gestellt, ob Sie nicht auch einer Selbsttäuschung unterliegen könnten?
Selbstverständlich ist das eine Frage, die man sich stellt, wenn man flächendeckend als Lügner und Betrüger bezeichnet wird. Und umso genauer muss man sich überprüfen. Ich komme aber zu dem Ergebnis, das ich Ihnen gerade erläutert habe. Auch das ist wahrlich kein Ruhmesblatt. Ganz nüchtern betrachtet, glaube ich auch, dass ich es mir leichter machen würde, wenn ich mich hinstellte und sagte: Ich habe das absichtlich gemacht. Dann würde nämlich, nach allen Regeln dieses Geschäfts, irgendwann der Vorhang fallen und die Sache als abgeschlossen gelten. Mit der Erklärung, die ich abgegeben habe und die für viele holprig klingen mag, mache ich es mir sicherlich schwerer.

Ist es Ihnen wichtig, in Zukunft als ein aufrichtiger Mensch zu gelten?
Ja, natürlich, ich glaube, das ist jedem Menschen wichtig. Das ist auch der Grund dafür, dass ich Absicht auch zugegeben hätte, wenn ich sie denn gehabt hätte.

Kann jemand, der Aufrichtigkeit und Geradlinigkeit zu seinen Markenzeichen gemacht hat, überhaupt zugeben, dass er nicht aufrichtig und geradlinig gehandelt hat?
Gerade dann muss er es zugeben.

Ist das kein Dilemma?
Nein, das ist der Anspruch an mich selbst, einen Fehler, den ich gemacht habe, auch offen zu benennen.

Wie beurteilen Sie heute Ihre Äußerungen in jenen Tagen im Februar 2011, als die Plagiatsvorwürfe bekannt wurden?
Das Krisenmanagement dieser Tage war verheerend.

Wie kam es dazu? Sie haben es doch immer so gut verstanden, mit den Medien und der Öffentlichkeit umzugehen!
Es war eine Zeit, in der ohnehin relativ hoher politischer Druck herrschte, und die Wucht dieser Welle hat mich voll getroffen. Plötzlich bekam ich die volle Breitseite ab, auch von denjenigen, die mich schon immer attackieren wollten und es jetzt konnten. Überraschung und Ohnmacht haben sicherlich dazu geführt, dass ich teilweise völlig falsch reagiert habe. Eigentlich habe ich in diesen Tagen immer die falsche Option gewählt.

Wie haben Sie die Chronologie der Affäre in Erinnerung?
Ich war auf Dienstreise in Polen und bekam mittags eine Meldung von meinem Sprecher. Es hieß, es seien Unregelmäßigkeiten in meiner Doktorarbeit aufgetaucht, die *Süddeutsche Zeitung* räume mir bis 15 Uhr Zeit für eine Stellungnahme ein. Das war ein Ultimatum, das zumindest grenzwertig war: Auf einer Dienstreise in so kurzer Zeit auf so etwas zu reagieren, ist schlicht unmöglich.

Waren Sie beunruhigt?
Nein, ich habe mir keine weiteren Gedanken gemacht. Ich dachte, im Zweifel ist das jetzt so eine Revolvergeschichte. Wie gefährlich die Sache war, habe ich erst am nächsten Tag verstanden, als die Geschichte lang und breit auf der Seite zwei der *Süddeutschen Zeitung* aufgemacht war. Das war am Mittwoch, dem 16. Februar. Da befand ich mich gerade kurz vor der Abreise nach Afghanistan.

Diese Reise war schon länger geplant gewesen?
Ja, diese Reise war schon länger geplant. In Afghanistan wurde mir dann immer wieder berichtet, wie sich die Geschichte der *SZ* zum Selbstläufer entwickelte. Als ich hörte, dass auch die *Frankfurter Allgemeine Zeitung* aufgesprungen war und online über die Sätze von Frau Zehnpfennig im ersten Absatz meiner Einleitung berichtete, war ich wie vom Donner gerührt. Da habe ich gedacht: Das kann doch nicht wahr sein! Das hat mich dazu gebracht, mich unmittelbar nach meiner Rückkehr mit der Bundeskanzlerin in Verbindung zu setzen.

Es war Ihr Wunsch, sich mit ihr zu treffen?
Ja. Ich habe ihr in diesem Gespräch meinen Rücktritt angeboten. Das war am Donnerstagabend, einen Tag nachdem diese Vorwürfe öffentlich wurden.

Warum wollten Sie zurücktreten, wenn Sie sich doch keiner Schuld bewusst waren?
Weil ich das Gefühl hatte, dass die Sache eine Dynamik bekommt, der ich nach all den Angriffen der vorangegangenen Wochen nicht mehr gewachsen sein würde, und weil ich auch meine Familie aus der Schusslinie nehmen wollte. Ich war mir nur zu bewusst, dass dieser Fall, wie man im Medienjargon so schön sagt, ein unglaublicher Aufreger ist und dass er wahrscheinlich eine lange Spur ziehen wird. Ich hatte das Gefühl, da kulminiert jetzt alles, was in den Monaten zuvor vorgefallen ist, Kundus, »Gorch Fock«, der Druck wegen der Bundeswehrreform, da folgt jetzt ein Vorwurf auf den anderen. Mein Rücktrittsangebot wurde aber abgelehnt.

Wann haben Sie sich das erste Mal auf die Vorwürfe konzentriert und in Ihre Doktorarbeit geschaut?
Erst danach. Ich hatte ja in Berlin gar kein Exemplar meiner Dissertation zur Hand und musste erst mal schauen, wo ich eins herbekomme. Ich habe gleich am Mittwoch jemanden beauftragt, mir meine Arbeit zu schicken, aber ich hatte erst Donnerstagabend, nach dem Gespräch mit der Kanzlerin, die Chance, die Vorwürfe zu sichten.

Am Wochenende haben Sie dann endlich in Ihrer Arbeit lesen können?
Ja. Ich war in Berlin und hatte Zeit, mich damit zu befassen. Parallel dazu habe ich mir natürlich angeschaut, was im GuttenPlag Wiki zutage gefördert wurde.

Und?
Ich musste erst mal rekapitulieren, wann ich mich mit welchen Stellen in welcher Form befasst hatte, und habe am Anfang noch geglaubt, dass das eine Sache ist, die sich auf ein paar Stellen beschränken wird. Aber dann gab es Stellen, die waren unerklärlich, und vor allem die Sache mit der Einleitung war katastrophal. An diesem Wochenende dämmerte mir, dass das Ausmaß sehr viel größer ist.

Hatten Sie da noch den Vorsatz, im Amt zu bleiben, oder haben Sie weiter über den Rücktritt nachgedacht?
Angesichts der Wucht der Debatte hatte ich nahezu täglich den Gedanken: Das ist nicht durchzuhalten.

Wer hat Sie in diesen Tagen beraten?
Wahrscheinlich gab es zu viele Ratschläge, die sich zum Teil diametral widersprochen haben. Einige rieten mir, stehen zu bleiben und mich überhaupt nicht auf die Debatte über die Doktorarbeit einzulassen; andere meinten, ich solle den Doktortitel sofort niederlegen und unbedingt weitermachen; wieder andere hielten einen Rücktritt für die beste Lösung. Das war alles gut gemeint, aber es hat nicht dazu beigetragen, dass es für mich leichter wurde.

Am Mittwoch mussten Sie dann im Bundestag Rede und Antwort stehen. Wie haben Sie das erlebt?
Manches ist wie im Film an mir vorbeigezogen. Das war einer der erniedrigendsten und bittersten Momente, die ich bisher erleben musste. Auch wegen der Art der Auseinandersetzung war es unglaublich schwierig, ruhig zu bleiben. Die Angriffe haben ein Ausmaß angenommen, wie man es selten im Bundestag hört. Es war nicht leicht zu akzeptieren, dass das Präsidium nicht eingeschritten ist.

Sie fühlten sich unfair behandelt?
Ja. Aber ich habe mir in diesem Moment auch noch mal gesagt, dass ich offen Stellung nehmen muss zu dem, was ich falsch gemacht habe. Deshalb habe ich mich auch vor dem Bundestag entschuldigt. Aber das ist ebenfalls untergegangen in der Berichterstattung.

Gibt es Abgeordnete, denen Sie an diesem Tag etwas bleibend übel genommen haben?
Ich habe mir darüber noch keine Gedanken gemacht. Ich weiß, dass ich im Zweifel nie so mit Kollegen umgehen würde, wie es einige mit mir gemacht haben. Ich bin aber grundsätzlich kein nachtragender Mensch.

Dietmar Bartsch von der Linkspartei hat gesagt: »Früher wusste der Adel, was an so einer Stelle zu tun ist.«
Bartsch hat sich am nächsten Tag per Handschlag im Beisein von Kollegen bei mir entschuldigt.

Haben Sie die Entschuldigung angenommen?
Ja.

Es gab einen offenen Protestbrief, den Doktoranden an die Kanzlerin geschrieben haben; er wurde im Internet innerhalb von wenigen Tagen von 60 000 Menschen unterzeichnet.
Diese Unterschriftenaktion hat mich ebenso wenig kaltgelassen wie die protestierenden Menschen vor dem Ministerium. Das waren zwar nicht so viele, wie letztlich behauptet wurde, aber man müsste ohne jegliche Fühler sein, wenn einen das nicht berühren würde.

Am Dienstag, dem 1. März, dann Ihre Rücktrittsrede. Hatten Sie die eigentlich selbst verfasst, oder hat da jemand mitgewirkt?
Die Rede habe ich selbst geschrieben. Da haben einige draufgeschaut, aber das ist mein eigener Text, der könnte ureigener nicht sein. (...)

Was haben Sie nach Ihrer Rücktrittserklärung gemacht?
Da war ich bei meiner Familie. Aber ich weiß kaum noch, wie das abgelaufen ist; ich war im Wesentlichen damit beschäftigt, die Erschöpfung aufzuarbeiten.

Befürchten Sie, dass in Deutschland eine populistische Bewegung aufkommen könnte?
Die Gefahr schätze ich als nicht so groß ein. Zum einen fehlt es gottlob an begabten Demagogen, die sich außerhalb der wesentlichen Parteien bewegen; zum anderen glaube ich, dass jede neue Partei in Deutschland momentan in der Mitte erfolgreicher wäre als am Rand. Es herrscht eine große Sehnsucht nach der Mitte.

Aber fast alle Parteien beanspruchen die Mitte doch für sich: Sie meinen trotzdem, die Mitte sei verwaist?
Zumindest in den Augen eines erheblichen Teils der Bevölkerung ist sie nicht nur ein bisschen verwaist, sie wird nur noch mit Phrasen und mit den immer gleichen Scharmützeln bespielt. Wenn man sich die Wahlbeteiligung anschaut, dann haben wir schon heute einen dramatischen Zustand, den wir uns im Vierjahresrhythmus schönzureden versuchen.

Aber wo würden Sie CDU und CSU verorten, wenn nicht in der Mitte?
Die Union sitzt noch in der Mitte, aber sie ist dort lange nicht mehr so erkennbar, wie sie es sein könnte. Sie sitzt eben und steht nicht. (...)

Könnten Sie sich vorstellen, irgendwann eine andere politische Partei zu wählen oder sogar für sie anzutreten?
Ich bin zurzeit Mitglied einer Partei, die einen langen Weg zu gehen hat, um von der Abwärtsbewegung der sogenannten Volksparteien nicht ergriffen zu werden.

Die Betonung liegt auf »zurzeit«?
Dabei möchte ich es bewenden lassen. Nicht jede Betonung muss bereits eine Drohung sein.

Bekommen Sie mit, dass es zurzeit bei relativ angesehenen Konservativen durchaus Überlegungen gibt, eine neue Partei zu gründen?
Natürlich.

Würden Sie einer solchen Gruppierung Chancen zubilligen?
Grundsätzlich ja, aber das wäre natürlich von den Köpfen abhängig.

Hätten Sie keine Angst, dass so eine neue Partei vor allem Querulanten anziehen könnte?
Das ist ein altes Argument, ja. Man könnte dem aber vielleicht begegnen: Zum einen müsste man eine Programmatik so deutlich entwerfen, dass gewisse Randgruppen, aber auch notorische Querulanten überhaupt nicht auf die Idee kommen, mit der neuen Gruppierung zu kokettieren. Ein klares Bekenntnis zu Israel beispielsweise würde den rechten Rand wohl abschrecken. Zum anderen bräuchten Sie Köpfe, die für ein bestimmtes Denken stehen und über jeden Zweifel erhaben sind, mit tumbem Extremismus in Verbindung zu stehen.

Halten Sie es für unwahrscheinlich, dass eine solche Partei noch vor den nächsten Wahlen gegründet wird?
Das halte ich angesichts des Organisationsaufwandes für unwahrscheinlich. Ich glaube aber wie gesagt, dass eine solche Gruppierung am ehesten in der Mitte Erfolg haben könnte, nicht an den Rändern des politischen Spektrums. (...)

Die letzten beiden Nachrichten zu Ihrer Person vor diesem Gespräch waren diese: Der CSU-Parteitag hat kühl auf die Erwähnung Ihres Namens reagiert, und der Produzent Nico Hofmann will Aufstieg und Fall des Karl-Theodor zu Guttenberg als Komödie verfilmen. Wollen Sie jetzt intervenieren, weil Sie befürchten, dass Ihr Bild in der Öffentlichkeit allzu sehr verzerrt werden könnte?
Ich habe ja nicht nur in diesem Jahr, sondern auch schon zuvor immer wieder mit dem Wechselspiel zwischen richtigen Beschreibungen meiner Person und Verzerrungen leben müssen. Weder der Film noch der Parteitag waren Gründe für dieses Interview. Es ist doch völlig normal im politischen Geschäft, dass man auf Parteitagen, an denen man nicht teilnimmt, nicht die Reaktionen auslöst, die man vielleicht bei anderer Gelegenheit erfahren hat.

Aber war das nicht eine sehr plötzliche Abkühlung? Auch Horst Seehofer hat Ihren Namen nicht einmal erwähnt.
Er hat doch außerordentlich nette Worte beim politischen Aschermittwoch, relativ kurz nach meinem Rücktritt, für mich gefunden. Das hätte er nicht gemusst. Das hat mich damals sehr gefreut. Und wissen Sie, wenn man nicht mehr in der gleichen Badewanne planscht, wird das Wasser schnell kühler. (...)

Das heißt, Ihr Lieblingsspruch »Wenn man bis zum Hals im Wasser steht, sollte man den Kopf nicht hängen lassen« trifft inzwischen auf Sie zu?
Ja, sehr sogar, und ich bin offensichtlich noch nicht abgesoffen. Natürlich war ich in einer Situation, die man keinem Menschen wünscht. Ich musste für mich selbst eine Form des Umgangs mit den Erlebnissen finden. Das habe ich jetzt getan. Die Reaktionen so vieler Menschen nach dem Rücktritt waren ungemein ermutigend.

Gibt es nicht auch Menschen, die Sie auf der Straße kritisieren oder aggressiv angehen?
Ich habe lediglich ein Mal eine aggressive Bemerkung zugerufen bekommen, das war beim Bon-Jovi-Konzert im Juni 2011 in München.

Einer hat hinten laut »Betrüger« gerufen. So was trifft, das steht außer Frage. Das war aber die einzige negative Reaktion, die ich in der direkten Begegnung erfahren habe.

Kaum zu glauben!
Ja, das hat mich auch erstaunt. Das, was ich über mich lesen und sehen durfte, hätte eigentlich andere Reaktionen hervorrufen müssen. Aus der Ferne gab es das auch: Es kamen einige sehr wüste schriftliche Reaktionen, insbesondere anonyme E-Mails, die teilweise jedes Maß überschritten haben. Ich habe Morddrohungen erhalten, und selbst meine Familie ist sehr hart angegangen worden. Man kann sich, glaube ich, vorstellen, was das bei Kindern auslöst.

Wie war das?
An ihrer Schule in Berlin wurden sie großartig geschützt, aber natürlich nicht vor den Äußerungen anderer Kinder. Und immer dann, wenn sie die Schule verließen, wurden sie mit der Sache konfrontiert. Der Gipfel war aber eine andere Geschichte: Als meine ältere Tochter für das kommende Jahr auf eine andere Schule wechseln wollte, bekamen wir einen Brief von der Vorsitzenden eines Elterngremiums, in dem stand, dass das Kind auf der Schule nicht erwünscht sei.

Mit welcher Begründung?
Das wurde mit dem Vorwurf der Unglaubwürdigkeit des Vaters begründet. Das sind Beweggründe und Zustände, von denen wir in Deutschland eigentlich glaubten, sie überwunden zu haben. (...)

Was sagt denn Ihre innere Uhr, wie lange bleiben Sie in den USA?
So lange, wie es meiner Familie und mir Freude macht.

Es gibt keinen Termin?
Ich terminiere gerade gar nichts.

Es steht aber fest, dass Sie wieder nach Deutschland zurückkommen?
Deutschland ist meine Heimat. Dort bin ich fest verwurzelt. Und ich bin viel zu verliebt in diese Heimat, als dass ich ihr einfach so den Rücken kehren könnte.

Wollen Sie sich nach einer Rückkehr auch wieder politisch engagieren?
Ob eine Rückkehr mit einem politischen Engagement welcher Art auch immer verbunden sein wird, ist heute gänzlich offen. Dass ich ein politischer Mensch bin, ein Zoon politikon, bleibe, steht außer Frage. (...)

Unter welchen Umständen könnten Sie sich denn eine Rückkehr in die deutsche Politik vorstellen?
Bisher ist ja fast jeder mit dem Ansinnen gescheitert, politische Geschehnisse vorherzusagen. Das gilt auch für mich. Ich bin zur Tagespolitik auf Distanz gegangen und kann mich wieder etwas mehr mit den größeren Zusammenhängen befassen.

Und dann eines Tages in ein Amt zurückkehren?
Noch einmal: Ich schließe nichts aus, aber es gibt bislang keine konkrete Intention. Aber ich werde mit Sicherheit in mein Heimatland zurückkehren und ein politischer Kopf bleiben. (...)

24. November 2011, *DIE ZEIT*

Auf offener Bühne: Monica Lierhaus macht ihrem Lebensgefährten Rolf Hellgardt bei der Verleihung der Goldenen Kamera am 5. Februar 2011 einen Heiratsantrag. Hellgardt nimmt ihn auf Knien an.

»Ich wollte mich nicht länger verstecken«

Monica Lierhaus

Die öffentliche Wahrnehmung von Monica Lierhaus hat einen grausamen Schwenk vollzogen. Als bekannt wurde, dass eine Gehirnoperation die beliebte Sportmoderatorin beinahe umgebracht hatte, war das allgemeine Mitleid groß. Nach vier Monaten im künstlichen Koma und acht Monaten in einer Rehaklinik am Bodensee trat die von den Folgeschäden schwer Gezeichnete zum ersten Mal wieder vor die Kameras: Bei der Verleihung der Goldenen Kamera am 5. Februar 2011 rührten ihr schleppender Gang und ihre mühsam herausgepressten Worte zunächst viele Zuschauer zu Tränen.

Dann aber machte sie ihrem Lebensgefährten, dem Fernsehproduzenten Rolf Hellgardt, auf offener Bühne einen Heiratsantrag. In diesem Moment geschah etwas, was Hellgardt im Interview als »medialen GAU« bezeichnen wird: Zumindest die Empathie der Medien kehrte sich in ihr Gegenteil um. Nun sprach man von einer billigen Inszenierung zur Neupositionierung der angeschlagenen Moderatorin. »Monica 1 ist tot, Monica 2 ist im Dschungelcamp der Realität angekommen«, schrieb der *Spiegel* und druckte dazu auch noch diesen Satz: »Ihr Zustand ist ihr Kapital.«

Unbarmherzigkeit prägte auch die Debatte über die darauffolgenden Engagements, insbesondere als Gesicht der ARD-Fernsehlotterie: Eigentlich wurde nur noch über ihr Honorar diskutiert. Es war Rolf Hellgardt, der schließlich bei der *ZEIT* anfragte, ob man sich ein Interview mit Monica Lierhaus vorstellen könne. Am Tag meines Besuchs in ihrer Hamburger Wohnung saß er dann mit am Esstisch und ergriff auch selbst das Wort.

Als wir das Gespräch acht Wochen nach dem Auftritt bei der Goldenen Kamera in der *ZEIT* veröffentlichen, regten sich viele Leser auf. Sie kritisierten nicht den Inhalt, sondern die Entscheidung, Monica Lierhaus überhaupt zu Wort kommen zu lassen, die sie zuletzt eher über Boulevard-Medien wahrgenommen hatten. Warum also dieses Gespräch? Heute wie damals würde ich antworten: Es ist eine erschütternde, bisweilen beklemmende Erzählung über eine Komapatientin geworden, die mit Mühe und Not ins Leben zurückfand, aber bis heute nicht weiß, was schwerer zu überstehen ist: die Folgen ihrer Operation oder der Sturz aus den Höhen des Showgeschäfts, in dem sie sich einst traumwandlerisch sicher zurechtfand.

Frau Lierhaus, Herr Hellgardt, warum haben Sie sich dieses Interview gewünscht?
Monica Lierhaus (ML): Weil wir ein paar Dinge klarstellen wollen.

Welche?
ML: Die tun jetzt so, als ob es nur um Geld ginge. Es geht nicht nur ums Geld.

Sie meinen Ihr Engagement für die ARD-Fernsehlotterie »Ein Platz an der Sonne«?
ML: Ja.

Und wenn Sie »die« sagen, wen meinen Sie dann?
ML: Die Medien. Unsere Kollegen.

Sie haben die Kritik in den vergangenen Monaten mitbekommen?
ML: Ja, das hat mich getroffen.

Die Kritik war nicht: Monica Lierhaus geht es nur ums Geld. Kritisiert wurde die Höhe Ihres Jahresgehalts bei der ARD-Fernsehlotterie von angeblich 450 000 Euro – eine Summe, die Sie nie dementiert haben.
ML: Dass das ein Problem ist, kann sein.

Können Sie die Debatte dann auch verstehen?
ML: Ein bisschen kann ich es verstehen, ein bisschen, ja.

Und was halten Sie dem entgegen?
ML: Dass alle dafür Geld bekommen haben und dass ich ja auch von irgendwas leben muss.

Ist Ihnen das Jahresgehalt vorgeschlagen worden, oder haben Sie es selbst in dieser Höhe gefordert?
ML: Nein, das ist mir vorgeschlagen worden.

Sodass Sie davon ausgehen, dass Ihre Vorgänger eine ähnliche Summe bekommen haben?
ML: Ja.

Sie wissen aber auch, dass sich ehemalige Kollegen gemeldet haben, wie zum Beispiel Ulrich Wickert? Der hat gesagt, er habe für die ARD-Lotterie geworben und nicht mehr als ein Jahreslos dafür bekommen.
Rolf Hellgardt (RH): Ja, aber viele haben nicht das Gleiche gemacht, was Monica macht. Monica hat sich ihr Leben lang engagiert, für UNICEF, für »Nichtrauchen ist cool« ...
ML: ... auch immer unentgeltlich.

Bevor wir das weiter vertiefen – es fällt auf, dass Sie, Frau Lierhaus, sich jetzt sehr viel besser und schneller artikulieren können als bei Ihrem Auftritt bei der Goldenen Kamera.
ML: Ja? Das freut mich, wenn Sie das so sehen.

Worauf ist das zurückzuführen? War das die Aufregung dort, oder haben Sie große Fortschritte gemacht?
ML: Ich glaube, das ist die Weiterarbeit. Ich trainiere ja auch täglich Sprache - Logopädie.

Warum ist Ihr Lebensgefährte bei diesem Gespräch dabei?
ML: Warum nicht?

Ursprünglich hieß es, Monica Lierhaus wolle mit uns sprechen.
ML: Ich fühle mich wohler, wenn er dabei ist.

Haben Sie das Gefühl, dass es Bereiche gibt, wo er sich besser artikulieren kann als Sie?
ML: Nein, aber es gibt mir Sicherheit.

Was ist für Sie, Herr Hellgardt, die Begründung?
RH: Sie hätten auch allein mit Monica sprechen können. Was aber gerade medial passiert, betrifft uns auch als Paar. Es ist ja nicht so, dass nur Monica Bestandteil der Berichterstattung war, sondern auch mir durchaus eine zwielichtige Rolle unterstellt worden ist.

Ist denn die Darstellung zutreffend, dass Sie schon in der Zeit, als es Frau Lierhaus noch ganz schlecht ging, also unmittelbar nach der Hirnblutung, angefangen haben, mit den Verantwortlichen der ARD-Fernsehlotterie zu verhandeln?
RH: Verhandeln ist mit Sicherheit das falsche Wort. Was ich aber getan habe - und dazu stehe ich zu hundert Prozent -, ist, dass ich ungewöhnlich früh angefangen habe, nach verschiedenen Konstellationen für Monica zu suchen für den Fall, dass sie wieder arbeiten kann, nicht nur beim Fernsehen. Dass sie vielleicht hätte Hörbücher machen können, wenn sich herausgestellt hätte, dass sie zwar sprechen, sich aber nicht mehr bewegen kann. Mir war von vornherein klar: So wie Monica tickt, braucht sie Licht am Ende des Tunnels. Und der Tunnel war stockfinster.
ML: Ja! So war das.

Ab wann waren Sie, Frau Lierhaus, überhaupt in der Lage, über Ihre eigenen Perspektiven zu reden?
ML: Kann ich gar nicht genau sagen – vielleicht ein halbes Jahr später?
RH: Ja, so war es.

Spüren Sie Auswirkungen der kritischen Berichterstattung? Werden Sie darauf angesprochen?
ML: Nein, die Menschen sind freundlich zu mir – sehr. Zum Beispiel gehe ich ab und zu zum Blumenladen und kaufe ein paar Blumen. Dort freut man sich immer wahnsinnig. Auch die Menschen auf der Straße oder in der Rehaklinik.

Werden Sie gar nicht auf Ihr Engagement angesprochen? Es hat offenbar viele Kündigungen bei der Fernsehlotterie gegeben.
ML: Nein, überhaupt nicht.
RH: Es gibt ja nicht nur Kritiker. Wir haben Zigtausende Mails bekommen von Menschen, die sich dafür bedanken, dass Monica mit ihrer Krankheit in die Öffentlichkeit geht und so für die vielen Menschen eintritt, die mit einem ähnlichen Schicksal kämpfen.

Frau Lierhaus, wie ist es Ihnen in den zwei Jahren Ihrer Krankheit ergangen? Waren Sie sich sicher, dass es irgendwann wieder aufwärtsgehen würde? Oder hatten Sie sich zwischendurch aufgegeben?
RH: Kannst du dazu etwas sagen, Monica?
ML: Du hast doch gesagt, ich sei zweimal klinisch tot gewesen.
RH: De facto, ja. Das war während der ersten vier Monate Intensivstation. Das hat auch die Krankenschwester gerade gestern noch einmal erzählt: Dort hieß es, hierher kommt die Patientin zum Sterben.

Ihr Leiden, Frau Lierhaus, begann im Januar 2009 – als Sie wegen eines Aneurysmas am Gehirn operiert wurden.
RH: Ja. Und ich saß beim Friseur, weil ich mir zur Ablenkung ein paar Beschäftigungen über den Tag gelegt hatte. Ich wusste ja, dass das ein schwieriger Eingriff werden würde. Und beim Friseur be-

kam ich den Anruf, dass ich ins Krankenhaus kommen solle. Etwas Schreckliches sei passiert. Dort saß ich dann den Ärzten gegenüber, die mir sagten, sie hätten eigentlich keine Hoffnung mehr. Wir haben darüber gesprochen, wie das mit der medialen Situation ist, wie wir mit Monicas Familie umgehen. Ich habe den Ärzten gesagt: Ich muss jetzt zu Monicas Eltern fahren, sagen Sie mir konkret, was ich denen sagen soll – ich möchte nicht nachher mit den Eltern zu Ihnen kommen und von Ihnen eine ganz andere Geschichte hören. Dann wäre ich der Depp gewesen, der etwas Falsches erzählt hat. Daraufhin haben die Ärzte gesagt: Sie müssen losfahren und sagen, wahrscheinlich wird sie die Nacht nicht überleben. Das habe ich dann gemacht.

Wann hatten Sie wieder Hoffnung?
RH: Das hat ungefähr acht Wochen gedauert. Das ist jetzt medizinisch sehr kompliziert. Das Koma wurde zurückgefahren, aber Monica wurde nicht wach. Die Ärzte sagten, sie könnten nicht voraussagen, was passiert. Entweder wird ein Mensch wieder wach, oder er bleibt in einem komatösen Zustand. Es gab zwischendrin auch mal die Frage: Ist das womöglich ein Locked-in-Syndrom? Das bedeutet, dass beim Patienten innen alles funktioniert, er nach außen aber keine Regung zeigen kann.
ML: Grauenvoll!
RH: Es war zwischendurch die Frage, ob es bei Monica so sein könnte. Da haben wir gesagt: Das glauben wir nicht!

Und dann?
RH: Nach acht Wochen wurde sie wach, richtig wach. Das kam nach einem neuerlichen operativen Eingriff.

Können Sie sich noch an den ersten Moment der Wachheit erinnern?
RH: Es ist ein fließender Prozess. Aber ich kann mich noch sehr gut an den ersten Moment erinnern, als ich auf der Intensivstation neben ihr im Bett lag ...

Auf der Intensivstation?
RH: Ja, ich habe manchmal dort übernachtet. Ich lag also neben ihr im Bett und habe mit ihr geredet. Ich habe sie angesprochen, und auf einmal ... *(Pause)* auf einmal formt sie ihre Lippen zu einem Kussmund und küsst mich ... *(Pause)* Das war die erste echte Reaktion. So war's. Dann ging es relativ schnell innerhalb einer Woche, dass sie wach wurde. Aber man sah, dass sie getroffen war, körperlich hart getroffen.
(Monica Lierhaus beginnt zu weinen, sucht nach einem Taschentuch.)

Es tut mir leid, dass Sie jetzt so aufgewühlt sind. Wollen wir das Gespräch abbrechen oder das Thema wechseln?
RH: Nein, wir wussten ja, dass es nicht leicht wird.
ML: Ja.
RH: Monica hatte zu dieser Zeit einen Halsröhrenschnitt, das heißt, sie konnte nicht sprechen. Sie bekam dann so einen Aufsatz, mit dem man wieder sprechen kann. Die Stimme klingt anders und auch komisch, und man spürte deutlich, dass Monica sich nicht traute oder nicht wollte.

Sprechen?
RH: Ja, da war eine deutliche Barriere. Bis eines Tages einer der Oberärzte kam, ein ganz toller Typ. Er verwickelte Monica in ein Gespräch, eher beiläufig: Frau Lierhaus, ist ja schön, dass die Augen wieder offen sind ... Als ob nichts wäre, also ganz normal!
ML: Wie heißt Ihr Hund, hat er mich gefragt.
RH: Ja, genau. Wir hatten ein großes Poster unseres Hundes an die Wand gehängt. Und dieser Arzt fragte: Sagen Sie noch mal schnell, Frau Lierhaus, wie heißt doch gleich Ihr Hund? Da konnte Monica nicht drüber nachdenken. Die Frage war klar, und Monica antwortete intuitiv: Lucy.

Was ist Ihre erste Erinnerung, Frau Lierhaus?
ML: Ich erinnere mich an einen Krankentransport. Nach Allensbach. Ich bin hingeflogen in die Klinik am Bodensee.

RH: Das ist aber ein zeitlicher Sprung. Das war noch mal acht Wochen später. Wenn wir versuchen, es chronologisch zu machen: Sie war also wach. Und dann ging es relativ schnell. Die Ärzte waren perplex. Man muss sagen, dass wir tolle Ärzte hatten im UKE, im Universitätsklinikum hier in Hamburg-Eppendorf, aber da das Wissen über schwere Erkrankungen im Gehirn noch begrenzt ist, wussten die auch nicht alles. Die Ärzte konnten mir nicht sagen, wie sich Monicas Zustand entwickeln würde. Die sind eigentlich mit uns Achterbahn gefahren. Und Monica hatte ja zwei Sachen: ein Aneurysma und ein Angiom. Ein Angiom ist eine Art gutartige Krebsgeschwulst im Kopf. Ein Aneurysma wird meistens ausgelöst durch ein Angiom. Da ist also ein Fremdkörper, der sich eine Blutzufuhr sucht.

Das war der Grund für die Operation, die schiefging?
RH: Genau. Das Aneurysma. Das Problem war aber, dass das Angiom noch im Kopf war und jederzeit wieder zu einem neuen Aneurysma führen oder selbst bluten konnte. Monica war nun aber wach. Wir haben sogar einen ersten Mädelsabend gemacht, an den kannst du dich, glaube ich, noch erinnern ...
ML: Dorle und Barbara waren da.
RH: Fünf Tage nachdem Monica wach geworden war! Sie haben geschwatzt, sich über alte Zeiten unterhalten, über Sat.1 geredet.

Da konnten Sie sprechen?
ML: Konnte ich.
RH: Da hat sie geredet, ganz normal geredet.

Aber Sie erinnern sich nicht mehr daran?
ML: Nein.
RH: Ich glaube, wenn Sie mal mit den Ärzten vom UKE sprechen, die haben so eine Familie und so einen Zusammenhalt in so einer Situation noch nicht erlebt. Eva *(die Schwester von Monica Lierhaus)* und ich - Monicas Eltern auch - sind immer zu zweit da gewesen und haben gesungen, haben ihr aus dem *Kicker* vorgelesen, aus der *Sport-Bild,* haben Musik angemacht, die sie gern gehört hat, haben Geschichten erzählt - auch, als Monica noch im Koma lag.

Was ist Musik, die Sie gern hören?
RH: Was ist noch mal dein Lieblingslied? Das, was wir auch immer am Lagerfeuer gesungen haben? Ich komme jetzt nicht drauf.
ML: Cat Stevens. »Father and Son«. Mein Musikgeschmack ist altmodisch.
RH: Das Problem, von dem Monica damals nichts wusste, war: Sie hatte noch das Angiom im Kopf. Nachdem sie wach geworden war, hatten wir mit den Ärzten entschieden, wir operieren das auch. Aber ich konnte mit ihr nicht wirklich darüber sprechen, sie war nicht fähig, zu überblicken, was das für Konsequenzen haben könnte.

Haben Sie es versucht?
RH: Ja, und das war auch psychisch schwierig. Aber wir konnten ja nicht mit Monica ein Jahr in die Reha gehen, um ihr dann zu sagen, so, jetzt müssen wir deinen Kopf noch einmal aufmachen. Das kann man keinem Menschen zumuten, das geht nicht! Trotzdem ist es unfassbar schwer gewesen: Alle waren doch froh, dass sie überhaupt wieder da war. Und dann trifft man die Entscheidung, sie noch mal derselben Gefahr auszusetzen.
ML: Es gab keine Alternative, glaube ich.
RH: Also wurde Monica wieder in die Narkose versetzt, an einem Sonntagvormittag. Und genau an dem Tag hat die *Bild am Sonntag* getitelt: Hurra, Monica Lierhaus ist wieder wach. Und die Stars haben sich geäußert, wie toll das ist, wie sehr sie sich freuen. Das war einer der bedrückendsten Momente.

Woher hatte die Zeitung ihre Informationen?
RH: Das wissen wir bis heute nicht. Es muss irgendeine undichte Quelle gegeben haben. Es sind ja viele Menschen auf so einer Intensivstation, wechselnde Schwestern, Pfleger, Ärzte, Besucher.

Wie verlief diese zweite Operation?
RH: Die OP verlief gut, dann gab es aber wieder Komplikationen, Nachblutungen, die passieren können. Monica wurde wieder ins künstliche Koma versetzt, weil sie einfach nicht richtig wach wurde und halb kollabiert war. Sie richtete sich auf im Bett, kam hoch, und

man merkte, irgendwas stimmt nicht, sie kommt nicht zurecht. Das hat dann noch einige Wochen gedauert.

Das war das zweite Mal, dass Sie mit dem Schlimmsten rechnen mussten.
ML: Ja.
RH: Das war unglaublich schwer zu ertragen. Denn bald war auch klar: Diesmal waren noch schwerere Schäden zurückgeblieben als nach dem ersten Mal.

Frau Lierhaus, Sie haben all das erst im Nachhinein erfahren. Haben Sie die Entscheidungen Ihres Lebensgefährten verstanden?
ML: Ja, schon.
RH: Die Grundentscheidung, die Monica vorher getroffen hat, vor der ersten OP, war ja, beides operieren zu lassen. Dieses Grundcommitment von ihr war schon da.
ML: Ja, das war da.
RH: Wir haben dann sehr schnell entschieden, kaum dass sie wieder einigermaßen selbst atmen konnte, dass wir die Intensivstation, so schnell es geht, verlassen, um in einen positiven Prozess zu kommen. Ich war vorher durch ganz Deutschland gereist und hatte mir verschiedene Reha-Einrichtungen angeschaut. Am Ende fiel unsere Wahl auf ein Rehazentrum am Bodensee.

Da setzt die Erinnerung bei Ihnen wieder ein – Sie erinnern sich an den Krankentransport?
ML: Ja, an den Krankentransport – an den Flieger nicht, nur an den Krankenwagen – und an den Pfleger im Wagen, komischerweise.

Können Sie beschreiben, wie Sie dann langsam wieder das Bewusstsein erlangten?
ML: Ich kann mich überhaupt nicht mehr daran erinnern.

Sie haben an die ersten Monate in der Reha keine Erinnerung?
ML: Wochenlang keine.

Und dann?
ML: Dann langsam. An die Pflegerin kann ich mich erinnern.

Es gab auch Ihren Partner und die Familie.
ML: Habe ich gleich erkannt, komischerweise. Ist ja auch nicht selbstverständlich.
RH: Es gibt so viele schreckliche Geschichten. Es hätte sein können, dass Monica jeden Bundesligaspieler aufzählen kann, aber sich nicht an mich erinnern kann.

Können Sie sich an eine erste Empfindung erinnern?
ML: Ich war genervt, weil es immer nur püriertes Essen gab. Das war grauenvoll.

Was haben Sie herbeigesehnt?
ML: Wir sind dann mal zu McDonald's gefahren. *(lacht)*
RH: Beim ersten Mal bist du noch nicht gefahren, konntest du noch gar nicht ...
ML: ... natürlich nicht ...
RH: ... da lagst du noch im Bett. Und die Logopäden waren extrem vorsichtig. Wenn man sich beim Essen verschluckt und ein Teil in der Lunge landet, kann das ja auch wieder schreckliche Folgen haben.
ML: Es war grauenvoll.
RH: Da haben Monicas Schwester Eva und ich auch wieder selbstherrlich entschieden. An einem Wochenende sind wir zu McDonald's gefahren und haben das Essen geholt. Allein der Geruch – ein Schlüsselreiz für Monica. Sie hatte so ein Strahlen in den Augen. Wir haben das Fleisch des Burgers ganz klein gemacht. Bei der dünnen Krankenhauskost hatte sie ja nie gekaut. Aber bei dem Fleisch ging es los, und dann funktionierte auch das Schlucken.

Und immer war einer aus Ihrer Familie oder Ihr Partner da?
ML: Sie waren immer da. Und Lucy.

Und bis heute lernen Sie vom Sprechen bis zum Bewegen der Beine und Arme alles neu?
ML: Alles.
RH: Auch das Denken.
ML: Auch das Denken.

Wie lernt man das?
ML: Das weiß ich nicht, fragen Sie mich was Leichteres. *(lacht)*

Was machen Sie für Übungen?
ML: Gedächtnisübungen zum Beispiel. Sie erzählen mir Geschichten, und dann muss ich sie reproduzieren.

Haben Sie das Gefühl, es klappt immer besser?
ML: Es gelingt langsam, ja. Nur das Rechnen ist eine Katastrophe – aber das war vorher auch schon so, das ist nichts Neues.
RH: Eines noch: Monica war ja de facto blind. Sie hat starke Einblutungen in die Augen gehabt.
ML: Vier Operationen hatte ich dann noch an den Augen ...

Was hat Ihnen da Kraft gegeben?
ML: Schwer zu sagen. Rolf. Und Lucy.
RH: Und Eva.
ML: Ja. *(weint)*

Lassen Sie uns über ein Thema reden, das vielleicht nicht so schmerzhaft ist wie die Erinnerung an Ihre Krankengeschichte – die Behandlung durch die Medien. Von außen betrachtet sah es so aus, dass die Berichterstattung nach einer ersten Welle abbrach. Gab es da plötzlich eine Selbstverpflichtung, Sie in Ruhe zu lassen?
ML: Das wohl nicht.
RH: Es war das Ergebnis unseres brachialen juristischen Vorgehens. Wir sind ja beide in den Medien zu Hause, wir wissen, wie das Geschäft läuft.

Gerade die Boulevardmedien müssten Sie besonders gut kennen.
RH: Definitiv. Monica weniger, sie hatte nur mal ein Praktikum bei Springer absolviert. Aber ich habe die Fernsehmagazine Brisant und Blitz gemacht – bei Blitz habe ich ja Monica kennengelernt –, und von daher weiß ich, wie Redaktionen arbeiten. Doch es war nicht okay, dass Details aus dem Krankenhaus über Monicas Gesundheitszustand veröffentlicht wurden.

Sind Sie in der ersten Zeit belagert worden?
RH: Ja.
ML: Ja.

Wie muss man sich das vorstellen?
RH: Es gab im Krankenhaus immer wieder Menschen, die versucht haben, irgendwie auf die Intensivstation zu kommen. Wir hatten dann Wachpersonal vor dem Zimmer sitzen, vom Krankenhaus engagiert.

Es haben also Leute versucht, ins Krankenzimmer vorzudringen?
RH: Ja, Leute haben Blumen geschickt, und da stand zum Beispiel auf einer Karte: »Rufen Sie doch mal zurück.« Ich will ja gar nicht immer nur schlechten Willen unterstellen. Nur, wenn jemand am Gehirn verletzt ist, und da ist vielleicht eine Schwester, die ihr die Karte gibt, und Monica ruft wirklich zurück – diese Vorstellung ist jenseits von Gut und Böse. Das aber hätte tausendfach passieren können, wenn wir nicht aufgepasst hätten.

Sind Sie auch vor Ihrem Privathaus abgefangen oder belagert worden?
RH: Ja. Wir sind auch bedroht worden.

Was heißt das?
RH: Es gab einen Tag, an dem vor unserem Haus fünf vermummte Jungs standen, mit Baseballschlägern. Die haben gerufen, sie wüssten, dass ich allein im Haus sei.

Haben Sie die Polizei gerufen?
RH: Nein. Ich dachte, wenn ich jetzt die Polizei rufe, habe ich die nächste große Schlagzeile. Im Nachhinein muss ich sagen: Das war Unsinn, denn in den Schlagzeilen war ich so oder so. Aber ich habe darauf gewartet, ob die versuchen, ins Haus einzudringen. Das taten sie dann aber nicht.

Wer waren wohl diese Leute?
RH: Ich habe keine Ahnung.

Wer waren die Auftraggeber?
RH: Das kann ich wirklich nicht sagen. Es ist für mich so unvorstellbar. Vielleicht hat jemand versucht, uns das Rückgrat zu brechen, damit wir mit den Medien zusammenarbeiten.

Sie schließen nicht aus, dass ein Medium der Auftraggeber war?
RH: Ich weiß es nicht. Ich habe dafür keinen Beweis. Auf jeden Fall haben die Jungs vor dem Haus gestanden.

Und nur das massive Eingreifen von Juristen hat dazu geführt, dass sich die Medien langsam zurückgezogen haben?
RH: Genau. Unser Hauptziel war, ein Foto zu verhindern, das Monica in einem Zustand zeigt, in dem sie sich nie selbst hätte zeigen wollen. Ich bin mir sicher, dass es diese Fotos gibt. Am Bodensee gab es definitiv Menschen, die dazu da waren, Monica mit der Fotokamera abzuschießen. Wenn man aber dies verhindern möchte, muss man flächendeckend vorgehen, das heißt: gar keine Berichterstattung mehr. Sonst hat man keine Chance. Ich hatte das Gefühl, dass, gerade weil wir aus der Medienbranche kommen, mit besonderer Härte gegen uns vorgegangen wurde.

Gibt es einen Verlag oder ein Blatt, das Sie in diesem Zusammenhang als besonders übel erlebt haben?
RH: Ja, es gab zumindest in der ganz besonders schweren Zeit am Anfang die *Hamburger Morgenpost,* die dann ja auch Schmerzensgeld an Monica hat zahlen müssen. Aber ich muss heute sagen, die

Zeit verändert ja vieles, und ich empfinde da überhaupt keinen Groll mehr.

Sie sind Geschäftsführer einer Fernsehproduktionsfirma: Könnten Sie sich den Groll gegen bestimmte Medien heute überhaupt leisten, ohne sich das Leben auch beruflich schwer zu machen?
RH: Darüber habe ich noch nie nachgedacht. Man wird manchmal vorsichtiger an ein paar Stellen, und man geht ein bisschen zurückhaltender mit gewissen Dingen um. Um es noch einmal zu sagen: Es gibt ja in der Öffentlichkeit ganz viel Unverständnis, warum wir lange Zeit versucht haben, nichts über Monicas Zustand preiszugeben. Und dann ist auf einmal nach dem Auftritt bei der Goldenen Kamera dieser mediale GAU passiert.

Frau Lierhaus, wie ist es denn zu dem Ereignis gekommen, das Herr Hellgardt als medialen GAU bezeichnet?
ML: Mein Auftritt bei der Goldenen Kamera? Na ja, ich wollte mich halt nicht länger verstecken.

Wann ist Ihr Gefühl entstanden, dass Sie eigentlich dorthin zurückwollen, wo Sie herkommen, zum Fernsehen?
ML: Das weiß ich nicht, das kann ich nicht sagen. Was glaubst du?
(schaut zu Rolf Hellgardt)
RH: Es war Spätsommer oder Herbst letzten Jahres.

Und wie ist das an Sie herangetragen worden?
ML: Sie haben mich halt gefragt, ob ich das machen möchte.

Sind Sie direkt angesprochen worden?
ML: Über Rolf.

Ist die mit der Produktion der Goldenen Kamera beauftragte Firma auf Sie zugekommen, oder sind Sie selbst mit dem Angebot vorstellig geworden, Monica Lierhaus dort auftreten zu lassen?
RH: Nein, die sind auf uns zugekommen. Wir würden doch nicht anfragen, ob wir einen Fernsehpreis bekommen. Das ist doch lächerlich!

Das war die Produktionsfirma »Angenehme Unterhaltung«? Wie war die Anfrage?
RH: Die wollten wissen, wie es Monica geht. Man könne, hieß es, überall hören, dass Monica auf dem Weg zurück ins Leben sei. Das konnte ich ja bestätigen. Und dann war da das Anliegen, wir würden ihr gern für diesen Mut und diese Zähigkeit einen Preis geben.

Haben Sie sich über das Angebot gefreut, oder haben Sie auch gezweifelt?
ML: Ein bisschen gezweifelt habe ich schon. Denn es ist ja nicht so angenehm, wie ich jetzt wirke: meine Sprache und mein Gang.
RH: Als Monica überlegt hat, ob sie wieder an die Öffentlichkeit gehen soll, hatten wir uns ja auch nicht eingeschlossen. Wir sind spazieren und essen gegangen. Aber oft waren die Leute, die uns sahen, sehr unsicher im Umgang mit Monica. Die Leute sind auf Monica zugegangen und haben gefragt: Wird das denn noch mal was? Und danach schauten sie zu Boden. Monica hat mich hinterher immer verzweifelt angerufen und gefragt: »Rolf, sehe ich denn wirklich aus wie ein Monster?« Das hast du mich gefragt, oder?
ML: Ja, das habe ich.
RH: Das war dann auch für mich noch mal der Anstoß, zu sagen: So kann es nicht weitergehen. Das führte nämlich dazu, dass Monica immer seltener auf die Straße wollte, nicht mal mehr ein bisschen spazieren gehen. Daraus reifte bei uns einfach das Gefühl: Irgendwann werden wir diese Pressebarriere überwinden und die ganze Situation in eine Form der Normalität überführen müssen. Deswegen glaubten wir: Wenn wir diesen Schritt wagen, dann braucht es einen würdigen Rahmen, einen, der eine Strahlkraft hat, die so stark ist, dass Monica auch stark sein kann und sie von sehr vielen Menschen wahrgenommen wird. Wir hofften: Wenn Monica zum Bäcker oder zum Friseur möchte, muss so etwas für sie wieder lebbar sein.

Das haben Sie sich so genau überlegt?
RH: Das war das Ziel dieses öffentlichen Auftritts.
ML: Genau.

Sie haben gerade gesagt, es sei für Sie nicht so angenehm, sich so zu zeigen, wie Sie gerade sind. Haben Sie manchmal das Gefühl, dass Sie etwas ausdrücken wollen und es nicht können?
ML: Nein. Rolf sagt, ja. Aber ich glaube das nicht.

Was Sie denken und empfinden, können Sie auch immer artikulieren?
ML: Ich denke schon.
RH: Dass Monica das so wahrnimmt, gehört zum Krankheitsbild.

Sie haben dann also angefangen, sich auf den Auftritt bei der Goldenen Kamera vorzubereiten. Wie sah das aus?
ML: Ich hatte eine Sprachtrainerin. Die ist einmal die Woche zu mir gekommen. Die ist wahnsinnig gut. Ich kenne sie seit meiner Sat.1-Zeit.

Stand da schon fest, was Sie sagen wollten?
ML: Die Rede war von Anfang an da. Ich habe sie am Computer geschrieben.

Haben Sie Zweifel gehabt, ob Sie diesen Auftritt schaffen würden?
ML (sehr leise): Nein.

Herr Hellgardt, Sie schütteln den Kopf – warum?
RH: Ich lache, weil wir schon am Anfang überlegt hatten: Mensch, eine Livesendung, so ein Riesending.
ML: Live war mir immer lieber.
RH: Das hat Monica dann immer gesagt.
ML: Proben habe ich immer gehasst wie die Pest.
RH: Das kam dann auch so überzeugend, dass ich auch jegliche Sorge verloren hatte, es könne ein Problem geben.

Wenn Sie das schon so generalstabsmäßig vorbereitet haben, haben Sie auch mögliche Nebenwirkungen bedacht?
RH: Mir war hundertprozentig klar, dass der Auftritt polarisieren würde. Aber der Kern der Entscheidung war, dass Monica kurz da-

vorstand, aufzugeben. Sie glaubte nicht mehr daran, dass da noch etwas Lebenswertes, etwas Gutes ist – ein Licht am Ende des Tunnels.

Waren Sie in ein depressives Loch gefallen?
ML: Ja, schon.
RH: Wir haben bis jetzt jede Entscheidung nach einem Gesichtspunkt getroffen: Was ist für Monica gut? Alles andere, ob es für die Menschen da draußen gut ist oder für die Familie oder für mich, spielt keine Rolle.

Sie beschreiben das als eine Art Überlebenstrieb.
RH: Ich würde das so sagen, ja.
ML: Ja.
RH: Ich finde, Monica hat sich durch den Auftritt selbst aus der Opferrolle befreit, in der sie vorher war.

Dieser Auftritt bestand ja aus zwei Teilen, Frau Lierhaus: zum einen aus der Rede, die wohl alle Zuschauer sehr berührt hat. Dann gab es einen zweiten Teil, in dem Sie Ihrem Lebensgefährten einen Heiratsantrag machten. Und da ist bei vielen etwas gekippt.
ML: Kann gut sein.

Wie sehen Sie das heute?
ML: Unter normalen Umständen hätte ich es nie gemacht.

»Normal« bedeutet in diesem Fall was?
ML: Normal wäre vorher gewesen.

Sie galten ja eher als große Ehe-Skeptikerin.
ML: Stimmt.

Was ist jetzt anders geworden?
ML: Jetzt ist alles anders.

Würden Sie das heute noch mal genauso machen?
ML: Ich glaube, ja.

Hat Sie je der Gedanke gestreift, dass man, wenn man auf so einer Bühne diese Frage stellt, dem Partner keine andere Wahl lässt, als zuzustimmen?
ML: Das stimmt, das habe ich mir nicht so gut überlegt. Tat mir hinterher auch leid.

Aber Sie würden es trotzdem noch mal so machen?
ML: Ich würde es noch mal so machen.

Und Sie, Herr Hellgardt, waren wirklich von dem Heiratsantrag überrascht?
RH: Ja, total. Die Menschen da draußen können das natürlich auch nur begrenzt verstehen – sie können ja nicht in unsere Welt schauen, in unsere aus den Fugen geratene Welt. Aber Systeme in Beziehungen sind im Idealfall immer irgendwo bei null, in der Mitte: Der eine Partner ist nicht stark im Minus, der andere nicht stark im Plus. Wenn die Beziehung gesund ist, sind beide Partner in einem ähnlichen Bereich. Natürlich ist Monica aber in den letzten zwei Jahren tief ins Minus gerutscht, weil sie nicht viel tun kann, nicht das geben kann, was sie auf vielen Ebenen gern tun würde. Aus ihrer Sicht bewege ich mich ganz weit im Plus – das ist eine große Diskrepanz, die nicht gut ist. Ich empfinde es so, dass es für Monica ein Riesenschritt war, mit Gewalt wieder in Richtung Plus zu kommen, indem sie mir das Maximale, was sie mir im Augenblick anbieten kann, auf dieser Bühne gegeben hat. Sie hat gesagt, sie würde es wieder machen. Im tiefsten Inneren wird sich unsere Situation aber nicht ändern. Wir wollen privat weiter so miteinander umgehen, wie wir es vor dem Unglück getan haben.

Das heißt auch, Sie werden nicht heiraten?
RH: Nein, das heißt es nicht. Es heißt, dass wir unser Privatleben nicht auf einmal in die Öffentlichkeit zerren, nur weil es da einen Heiratsantrag auf der Bühne gegeben hat. Das war ein großer, ja vielleicht zu privater Moment auf dieser Bühne, der meiner Meinung nach aber ganz klar erklärbar ist aus den letzten zwei Jahren. Deswegen werden wir aus unserem Privatleben in Zukunft nicht mehr preisgeben, als wir das vor dem Unglück getan haben.

Wie erklären Sie sich, Herr Hellgardt, dass Sie in der medialen Darstellung als der aalglatte, kühl berechnende Verhandler dastehen, der selbst seine eigene Partnerin zum Gegenstand einer medialen Verwertungskette macht?
RH: Fakt ist ja, dass das ein Zeitschriftenartikel ausgelöst hat. Das war der Artikel im Februar im *Spiegel*. Wir wissen ja, wie die Medien funktionieren. Die schreiben alle ab, und dann ist der Tenor vorgegeben, ohne dass jemand recherchiert oder mal irgendwo anruft. Abgesehen davon, dass die Journalisten vom *Spiegel* unsere Darstellung durchaus kannten.

Sie als Medienprofi verstehen aber auch, dass man das Ganze so kritisch sehen kann, wie es der *Spiegel* getan hat?
RH: Ja, klar. Aber es gab diesen infamen Satz: »Ihr Zustand ist ihr Kapital.« Das ist schon verletzend gewesen und auch unverständlich. Wenn das unsere Absicht gewesen wäre, dann hätten wir jede Menge Angebote annehmen können und schon aus den Werbeeinnahmen ein Zigfaches dessen bekommen, was jetzt in der Öffentlichkeit diskutiert wird.

Wäre es nicht das Naheliegendste gewesen, die Rückkehr ins öffentliche Leben in der ARD stattfinden zu lassen, Ihrem Heimatsender?
ML: Das wäre es wahrscheinlich, aber es gab zu jenem Zeitpunkt nicht den richtigen Rahmen.
RH: Wobei ich sagen muss: Die ARD war immer tausend Prozent loyal, und es gibt Bezugspersonen innerhalb der ARD, die für uns immer ansprechbar waren.

Ich bin mir sicher: Reinhold Beckmann hätte Sie mit Kusshand genommen, und zwar jeden Montag.
RH: Das hätte er wohl. Aber ich fand den Rahmen bei der Goldenen Kamera würdiger.

Warum?
ML: Ich fand, es war ein perfekter Rahmen.

Haben Sie sich mit der ARD darüber beraten?
ML: Haben wir eigentlich nicht.
RH: Doch, natürlich. Ich war ja bei Volker Herres, dem ARD-Programmdirektor. Die ARD war langfristig informiert.

Waren die Verantwortlichen der ARD damit einverstanden, oder äußerten sie Bedenken?
ML: Glücklich waren sie nicht, das kann man ja auch verstehen.

Kannte das ZDF Ihren gesundheitlichen Zustand?
ML: Kannten sie.

Das heißt, es ist vorher jemand zu Ihnen gekommen?
RH: Die Produzenten der Sendung, ja. Aber ich halte das für einen interessanten Punkt. Sie sagen »Zustand«. Ja, es ist ein Zustand, der nicht das ist, was vor dem Unglück war. Aber Zustand klingt, als würde die Frage mitschwingen: »Darf man das?« Die haben wir uns hunderttausendmal gestellt. Dass die Diskussion »Darf man das?« aufkommen würde, haben wir erwartet.

Und?
RH: Unsere gemeinsame Antwort ist ganz klar gewesen: Wir machen das trotzdem. Monica hat diesen Schritt gebraucht. 97 Prozent der Patienten, die so betroffen sind wie Monica, enden in irgendwelchen Rehazentren, Pflegeheimen am Rande der Gesellschaft. Das konnte für uns nicht das Ziel sein!

Aber die von Ihnen erhoffte Wirkung wäre doch auch eingetreten, wenn Sie sich weniger riskant exponiert, wenn Sie sich nicht wieder den Boulevardmedien ausgesetzt hätten.
RH: Ein Auftritt bei Reinhold Beckmann wäre vorstellbar gewesen – aber Sie können es ja auch gerade selbst erleben: Ein reflektierendes Interview zu führen, ist für Monica noch sehr schwer.

Frau Lierhaus, sehen Sie das auch so?
ML: Ich denke schon, ja.

Weil Ihnen die Argumente nicht sofort einfallen?
ML: Das stimmt, so kann man es sagen.
RH: Ein Interview, dachten wir, ist nicht der passende erste Schritt. Warum nicht eine seriöse Tageszeitung? Weil dann diese Außenwirkung nicht gewesen wäre. Das hätte bei den Menschen auf der Straße nichts verändert.

Wie war Ihr Gefühl unmittelbar nach dem Auftritt bei der Goldenen Kamera?
ML: Es war schon eine Befreiung für mich.

Seitdem geht es bergauf?
ML: Langsam, ganz langsam, ja.

Darf ich Ihnen eine Frage stellen, die nichts mit der Außenwelt zu tun hat, sondern nur mit Ihnen beiden? Wie sind Sie mit der Belastung, die so eine medizinische Katastrophe mit sich bringt, als Partner umgegangen?
ML: Das haben wir nicht so ganz thematisiert, eher ausgeblendet.

Damit es weitergehen kann?
ML: Genau. Korrigier mich, wenn ich falschliege.
RH: Es macht keinen Sinn, Fakten, die wir im Augenblick nicht verändern können, täglich in den Alltag zu holen. Es macht mehr Sinn, zu versuchen, positive Energie zu finden, wieder Spaß am Leben zu haben und darüber Dinge, die wir verloren haben, zurückzugewinnen. Wir haben ja so viele andere Fälle gesehen, so viele andere Schicksale: In den Rehazentren sehen Sie ja so viel, was Sie nie im Leben sehen möchten ...
ML: Viel Leid – grauenvoll!
RH: Im Alter von 40 Jahren, hat mir eine große Versicherung gesagt, trennt sich der gesunde Partner in 98,7 Prozent der Fälle innerhalb der ersten sechs Monate von seinem kranken Partner; fast 100 Prozent. Das heißt, in diesem Augenblick fängt es an zu rutschen: der Partner weg, die Familie im tiefen Tal, alte oder ältere Eltern, die damit nicht umgehen können, die das gar nicht aushalten können. Das

Besondere bei uns war die Stärke der Familie. *(Monica Lierhaus beginnt zu weinen.)* Monicas Schwester Eva und ich haben gesagt, als wir am ersten Tag auf der Intensivstation angekommen waren: Wir beide werden niemals vor Monica eine Träne weinen. Wir haben gesagt: Wir müssen ihr zeigen, dass es nicht kippt, wir müssen ihr zeigen, dass wir da sind, dass wir an sie glauben. Ich bin zu hunderttausend Prozent davon überzeugt, dass das auch der Grund ist, weshalb sie wieder einen eigenen Antrieb hat, über den jeder Therapeut, jeder Arzt staunen muss. Gestern war der Leiter des UKE bei uns und sagte zu uns, er könne nicht glauben, was er sehe.

Frau Lierhaus, haben Sie einen besonderen Wunsch für die nächste Zeit?
ML: Ja. *(Pause)*

Welchen?
ML: In Ruhe gelassen zu werden. Einfach Ruhe.

Sie wollen nicht mehr in die Öffentlichkeit?
ML: Nein, ich freue mich auf die nächsten Aufgaben.

Was meinen Sie damit?
ML: Nicht so viel trainieren zu müssen. Immer muss ich Dinge tun, die ich nicht kann. Das frustriert so.

31. März 2011, *DIE ZEIT*

»Reiß dich zusammen, Margot!«

Margot Käßmann

Als Patrik Schwarz und ich Margot Käßmann im August 2010 in ihrem einstigen Amtssitz als Landesbischöfin in Hannover besuchten, saß sie auf gepackten Koffern. Hinter ihr lag ein spektakulärer Sturz: Nach einer nächtlichen Alkoholfahrt durch die Innenstadt hatte sie freiwillig alle Ämter aufgegeben, auch den Ratsvorsitz der EKD. Im Gegensatz zu vielen anderen Würdenträgern, die in den vergangenen Jahren zurücktreten mussten, blieb ihr jedoch die gesellschaftliche Ächtung erspart. Der größte Teil der Öffentlichkeit zeigte Respekt für ihre Konsequenz, und wo immer Käßmann auftrat, flogen ihr die Herzen zu.

Aber schon damals zeichneten sich die typischen, von den Betroffenen meist zu spät bemerkten Abnutzungserscheinungen durch zu viele medienwirksame Auftritte ab. Käßmann kommt darauf in diesem Interview selbst zu sprechen. Man wäre gespannt zu erfahren, was sie mittlerweile - da sie der Öffentlichkeit noch viel mehr von sich preisgegeben hat - über ihr Image sagen würde.

Der Tag des Interviews war für Käßmann ein besonders bewegender, denn ihr Abflug zu einer Gastdozentur in den USA stand kurz bevor, was wohl auch ein wenig eine Flucht nach vorne in ein neues Leben war. Sie empfing uns in den schon ausgeräumten Büroräumen im Erdgeschoss des bescheidenen Hauses mit Garten. Hier hatte sie mit der jüngsten ihrer insgesamt vier Töchter glückliche Jahre verbracht. Man merkte ihr an, dass sie nicht sentimental werden wollte. Aber zum Schluss kamen ihr doch die Tränen.

Deutschlands bekannteste Protestantin, Margot Käßmann, im Garten ihres einstigen Amtssitzes in Hannover im Sommer 2010

Frau Käßmann, seit Ihrem Rücktritt hat Ihre Anziehungskraft auf viele Menschen noch zugenommen. Ist Ihnen das manchmal ein bisschen unheimlich?
Ich kann das schwer erklären. Aber gerade in den Postbergen, die ich in der letzten Zeit bekommen habe, erlebe ich, dass manche Frauen in meinem Alter oft das Gefühl haben: Mit der könnte ich auch befreundet sein. Letzte Woche war ich für eine ZDF-Dokumentation in Engensen, einem kleinen Ort bei Hannover. Da hatte die Kirchenvorstandsvorsitzende sich extra freigenommen, hatte die Kapelle geschmückt, die Kerzen angezündet. Das war anrührend und liebevoll.

Sie werden gar nicht in erster Linie als Pastorin wahrgenommen?
Vor allem als Seelsorgerin, denke ich. Da gibt es offenbar großen Bedarf. Ich könnte eine Briefseelsorge aufmachen, so groß ist die Flut.

Jetzt gucken Sie leidgeprüft.
Ich habe schon das Gefühl, den Menschen da nicht gerecht zu werden. Ich kann ja nicht jeden einzelnen Brief beantworten.

Wie fallen die Briefe aus, die Sie seit Ihrem Rücktritt bekommen?
Sie helfen mir weiter, klar, weil sie zeigen, dass die Menschen mich trotzdem mögen, obwohl ich einen Fehler gemacht habe.

Trotzdem oder gerade deswegen?
(Lacht) Vielleicht gerade deswegen.

Gibt es einen Unterschied in der Wahrnehmung durch die Menschen und die Medien?
Ja, schon. Wenn ich in den Medien über mich selbst lese, habe ich das Gefühl, das ist immer irgendwie ein Versuch, das Phänomen Käßmann zu erklären. Den Menschen direkt zu begegnen, ist viel einfacher, weil die mir nicht mit einem Theoriegebäude im Kopf gegenübertreten.

Haben Sie in diesen Tagen von der Familie Daxenberger gelesen? Am Mittwoch starb der Ehemann, ein Grünen-Politiker in Bayern, am Sonntag zuvor war seine Frau gestorben, beide an Krebs.
Ja, wenn ein Paar so relativ jung stirbt innerhalb von wenigen Tagen und drei minderjährige Söhne zurücklässt, das ist erschütternd. In solchen Fällen hoffe ich immer besonders, dass die Familie seelsorgerlich begleitet wird. Die Auseinandersetzung gerade mit frühem Tod ist ein großes Thema, aber ich finde es schlimm, dass viele Menschen überhaupt nicht darüber sprechen. Das habe ich selbst erlebt, sogar bei Theologen. Da sagte mir die Ehefrau, ihr Mann sei krebskrank, und eigentlich ist auch klar, dass das zum Tod führt. Trotzdem wird nicht darüber gesprochen.

Sie haben bei Ihrem Rücktritt eine Zeile aus dem Evangelischen Gesangbuch zitiert: »Ich kann nicht tiefer fallen als in Gottes Hand.« Ist so ein Satz anwendbar, wenn zwei Menschen aus der Mitte des Lebens gerissen werden?
Heute wollen die meisten Menschen plötzlich und unerwartet sterben. Doch dieses unvorbereitete Sterben ist für die Hinterbliebenen wesentlich schwieriger. In früheren Jahrhunderten galt der angekündigte Tod als der bessere Tod, weil man sich vorbereiten konnte. Ich möchte mich ja auch verabschieden können.

Aber der Tod ist der tiefste vorstellbare Fall.
Natürlich bleiben Tod und Sterben schmerzhaft. Trotzdem glaube ich, dass ich selbst im Tod nicht tiefer falle als in Gottes Hand. Ich glaube, dass es ein Leben nach dem Tod gibt, in welcher Form auch immer. Die Bibel ist da nicht sehr konkret, aber die Zusage der Auferstehung, die bleibt.

Verstehen Sie den Reflex der meisten Menschen: Herrgott, wie kannst du so etwas zulassen?
Dass ich den Schmerz auch hinausschreien kann zu Gott, ist mir als Christin wichtig. Interessant ist doch, dass mit Blick auf den Tod bei vielen Leuten auf einmal die Vorstellung herrscht, Gott verfüge über uns wie Marionetten, dem einen schenkt er ein langes Leben, den

anderen schickt er in den frühen Krebstod. In unserem Alltag aber würden wir uns schön bedanken für einen Gott, der uns wie Marionetten führt. Nehmen Sie Tschernobyl – wie kann Gott das zulassen? Dabei haben dieses Unglück Menschen gemacht. Ich sehe Gott nicht als den alten Mann auf dem Himmelsthron, der Menschenschicksale entscheidet.

Aber ist dann nicht Beten völlig sinnlos?
Nein, ein Gebet ist doch kein Automat, in den ich was hineinschmeiße, und dann kommt irgendwie ein Ergebnis für mich raus.

Beten heißt auch bitten.
Auch, aber nicht nur. Beten verändert die Menschen, und Beten verändert die Welt. Beten ist vor allem eine Beziehungsfrage. Dass du durch eine Gebetsbeziehung zu Gott Lebenskraft spüren kannst, davon bin ich überzeugt, und das habe ich auch erlebt. Gott ist dann nicht der Erfüller meiner Wünsche, sondern das Gegenüber, mit dem ich meine Lebensfragen berate. Gebet ist für mich nicht: »Lieber Gott, mach mich fromm, dass ich in den Himmel komm!«

Wie begegnen Sie dem Einwand, Beten sei eigentlich nur eine Psychotechnik zur Beruhigung?
Der Atheist wird das so sehen, das akzeptiere ich. Aber der glaubende Mensch erfährt im Gebet Resonanz, nicht Wunscherfüllung.

Wir haben das Gespräch mit der Frage nach Ihrer Wirkung begonnen. Glauben Sie, dass es eine Sehnsucht nach Leitfiguren gibt?
Ich hab's nicht so mit Leitfiguren. Ich glaube, es gibt eher eine andere Sehnsucht danach, angenommen zu sein, Akzeptanz zu finden, so wie man eben ist. Ich habe mit jedem Kultstatus das Problem, dass er Menschen überhöht und mit einem Anspruch befrachtet, den niemand erfüllen kann.

Aber Sie haben selbst für viele Kultstatus!
Also, ich sehe nicht, dass ich Kultstatus habe.

Was dann?
Ich erlebe, dass Menschen ihr eigenes Leben in dem Leben des anderen gespiegelt sehen. Also, was glauben Sie, wie viele Taxifahrer mir inzwischen erzählt haben, was ihnen schon alles passiert ist, mit der Polizei beispielsweise. Oder ich sitze irgendwo in der Bahn, und jemand fängt an, über seine Scheidung zu erzählen. Und neulich kam einer, ich saß ganz friedlich im ICE bei einer Tasse Kaffee, und hat gesagt: Frau Käßmann, ich wollte immer schon mal wissen, was halten Sie von der Bibel in gerechter Sprache? *(Neuere Übersetzung, bei der unter anderem die Anliegen der feministischen Theologie aufgenommen wurden, sodass zum Beispiel von »Jüngerinnen und Jüngern« statt nur von »Jüngern« die Rede ist.)*

Oh Gott, was antwortet man darauf?
Das wurde ein längeres Bahngespräch. Ich habe von Hannover bis Frankfurt gebraucht, um herauszufinden, dass der Mann Theologieprofessor war.

Seit Ihrem Rücktritt im Februar gab es ja eine ganze Reihe weiterer Rücktritte. Der hessische Ministerpräsident Roland Koch ...
... mit dem habe ich neulich gefrühstückt. Da haben wir Parallelen entdeckt.

Sie und Koch?
Wir sind beide Jahrgang 58, wir haben beide unser Amt 1999 angetreten, und wir sind beide 2010 zurückgetreten, zum Beispiel.

Sie haben ja fast eine Welle von Rücktritten eingeleitet, Horst Köhler, Koch, Bischöfin Jepsen. Haben Sie die alle verstanden?
Nein, ich habe nicht alle Rücktritte verstanden. Ich bedaure vor allen Dingen den von Maria Jepsen, weil ich überhaupt nicht sehe, dass ihr persönlich etwas vorzuwerfen ist.

Maria Jepsen ist zurückgetreten, weil sie fand, dass ihr zu Unrecht unterstellt wurde, an der Vertuschung eines Missbrauchsfalls beteiligt gewesen zu sein.
Wenn ich gedacht hätte, mir wird zu Unrecht etwas unterstellt, dann wäre ich kampfeslustig gewesen: Also das wollen wir erst mal durchfechten! Aber bei mir war es ja anders. Ich habe den Fehler begangen und muss dazu stehen.

Bei Ihrem Frühstück mit Roland Koch, haben Sie über das Leben nach dem Amt geredet?
Er sagte, dass er nach diesem ständigen Beschautwerden in der Öffentlichkeit eine Zeit braucht, in der er wieder mehr für sich sein kann. Ich muss sagen, ich möchte lieber auch ein Stückchen zurück in den Hintergrund. Elf Jahre öffentliches Amt waren genug.

Elf Jahre waren genug?
Das sehe ich jetzt so, das habe ich natürlich im Februar nicht so gesehen.

Trotzdem sind Sie öffentlich enorm präsent. Der Kirchentag, ein *Spiegel*-Interview, das Gespräch hier mit uns, jetzt das neue Buch »Engagiert evangelisch«, Auftritte im Fernsehen ...
(Schweigt)

Roland Koch sagt, es schafft keiner in der Öffentlichkeit, ohne dass Abnutzungsspuren bleiben von der medialen Verwertung. Haben Sie Angst, die Leute könnten sagen: Schon wieder die Käßmann?
Ja, auf jeden Fall. Es kann auch zu viel Käßmann werden in den Medien. Deshalb habe ich die letzten Monate gesagt: Jetzt muss ich das alles wirklich abbremsen. Ich muss zum Beispiel im Moment nicht in Talkshows gehen.

Aber welchen Sinn hat es zum Beispiel, dass Sie kürzlich im *SZ Magazin* mit Fahrradluftpumpe auf dem Titel waren, zu der Frage: Wie lebt es sich ohne Führerschein, Frau Käßmann?
Ich habe das spontan zugesagt. Das war ja ein Motiv aus diesen Wortlos-Interviews, bei denen die Antworten jeweils nur aus einem Foto bestehen. Ich schau mir die Serie jedes Mal gern an. Als die Frage kam, ob ich mitmache, habe ich spontan zugesagt. Ich fand die Idee witzig, mach ich. So war das. Ich habe hier nicht gesessen und gebrütet, was bedeutet das?

Aber Sie sind doch Medienprofi.
Was meinen Sie denn, welchen Zweck ich verfolgt habe? Margot Käßmann darzustellen? Die meisten Leute fanden es gut zu sehen, die kann auch fröhlich sein. Die ist nicht nur »voll depri«.

Das war Ihre Absicht?
Nein, das war absichtsfrei. Aber es gibt offenbar den Vorwurf der Selbstdarstellung, oder? Ich habe hinterher auch mit einer Mitarbeiterin diskutiert, hätte ich das machen sollen oder besser nicht. Das ging durchaus hin und her. Und, ja, wahrscheinlich haben Sie recht: Das hätte ich nicht machen sollen.

Ist das eine besondere protestantische Erwartung: Bloß nicht zu viel Selbstdarstellung?
Im Protestantismus gilt verschärft die Erwartung, keiner soll zu weit herausragen.

Woher kommt das?
Bescheidenheit ist eine Zier.

Wie ist es Ihnen ergangen, als Ihnen in einer Talkshow mal Wolfgang Joop ein Kreuz geschenkt hat?
Da gab es doch ein großes Murren. Erstens nimmt sie ein Kreuz von einem schwulen Modedesigner an, und dann hängt sie es sich auch noch in der Sendung um.

Wie haben Sie reagiert?
Damals war ich noch viel schneller zu verunsichern: Um Himmels willen, das hättest du niemals machen dürfen. Der Witz war nur: Vier Jahre später ist ein Stein rausgefallen, und da bin ich hier in Hannover zum Joop-Laden und habe gesagt, das hätte ich gern repariert. Die Antwort war: Äh, das ist schon vier Jahre alt, das reparieren wir nicht mehr.

Ist es denn als Protestantin schlimm, wenn man zugeben würde, ich bin auch eitel?
(Langes Schweigen) Ich bin auch eitel. Ich möchte mal wissen, welche Frau das nicht ist.

Welcher Mann das nicht ist ...
Richtig, ich kenne auch viele eitle Männer. Aber als Person in der Öffentlichkeit weißt du doch, dass du unter Beobachtung stehst. Eine Landesbischöfin oder eine Ratsvorsitzende wird ständig fotografiert beispielsweise. Und was wird über Angela Merkel gelästert, wenn das Dekolleté zu tief ist oder die Haare schlecht sitzen. Ich möchte mal die Person sehen, der das egal ist. Unangenehm wird Eitelkeit, wenn Leute sich dauernd produzieren.

Ist das so eine Art Lebensmotto bei Ihnen: Ich hab's gemacht. Ich steh dazu?
Nein, es gibt auch die Margot Käßmann, die wirklich Magenschmerzen kriegt. Ich frag mich oft: Wie machst du das jetzt, und wie ist es richtig, oder war das jetzt ein Fehler?

War Ihre Afghanistan-Kritik so ein Fall? *(Käßmann hatte sich in ihrer Neujahrspredigt 2010 kritisch über den Bundeswehreinsatz geäußert. Insbesondere wegen des Satzes »Nichts ist gut in Afghanistan« wurden ihr daraufhin Populismus und Naivität vorgeworfen.)*
Am Anfang war ich wirklich erschrocken. Mir ging es ja zunächst um etwas ganz anderes. Ich hatte in der Adventszeit oft Postkarten mit dem aufgedruckten Spruch »Alles wird gut« bekommen. Ich wollte sagen: Christen sehen das anders, die wissen, es ist nicht al-

les gut. Nicht in Deutschland, wo jedes siebte Kind in Armut aufwächst. Nicht in der Klimafrage nach Kopenhagen. Und nichts ist gut in Afghanistan. Das war, fand ich, eine schöne rhetorische Gegenüberstellung.

Ihnen ging es um Predigt, nicht Politik?
Es ist kein politisches Programm gewesen, eine Kampagne haben erst die Medien daraus gemacht. Aber den Satz habe ich eigenhändig geschrieben, und es gibt keinen Grund, ihn zurückzunehmen. Anscheinend hat der Satz in seiner Zuspitzung einen Nerv getroffen, den ich dort gar nicht vermutet hatte.

Die Durchschlagskraft Ihrer Kritik lag auch an Ihrem Amt als EKD-Ratsvorsitzende. Können Sie diese Wirkung ohne Amt erzielen?
Natürlich nicht. Ich bin jetzt eine Frau ohne Amt.

Am kommenden Samstag fliegen Sie für vier Monate in die USA, danach sind Sie für ein Jahr Gastprofessorin in Bochum. Täuscht der Eindruck, dass Sie noch auf der Suche danach sind, was Sie endgültig machen wollen?
Ja, ich bin noch auf der Suche, und es ist gar nicht so einfach, auch für meine Kirche nicht, für eine ehemalige Bischöfin und Ratsvorsitzende den richtigen Platz zu finden. Aber ich möchte eigentlich nicht in die Wirtschaft oder in die Politik gehen, weil ich denke, dass ich da nicht hinpasse.

Warum nicht in die Politik?
Sigmar Gabriel hat mir neulich gesagt, als Politiker musst du damit leben, dass die Leute sich an dir entzweien, die einen mögen dich, die anderen nicht. Das ist mir im Moment einfach zu viel. Ich möchte nicht eine Person sein, an der sich die Leute abarbeiten.

Politiker betonen gern, sie könnten jederzeit in ihren alten Beruf zurück. Warum werden Sie nicht einfach wieder Pfarrerin?
Das kann ich auch.

Aber Sie tun es nicht.
Ist das jetzt der Vorwurf: Sie sind sich zu schade für eine Ortsgemeinde?

Nein, aber es scheint für Sie schwieriger zu sein, als man es sich vorgestellt hat.
Ich predige gern, aber ich weiß auch, was es heißt, Gemeindepfarrerin zu sein. Die langfristige Perspektive will gut überlegt sein.

So ohne Amt, wer spricht jetzt, wenn Margot Käßmann spricht?
Eine Pfarrerin aus Hannover.

Wenn man nicht mehr mit dem Amt im Rücken sprechen kann, sind das Momente, wo Sie traurig sind?
Nein! Was mich traurig macht, sind ganz andere Sachen.

Was denn?
Dass der Generationswechsel in der Kirchenleitung nicht geklappt hat. Mein Vorgänger Wolfgang Huber war 67 Jahre, ich 51, als ich das Amt antrat. Dann die Frauenfrage: Eine Bischöfin ist immer auch ein Zeichen, dass wir nicht nur theoretisch sagen, Frauen können alle Ämter erlangen, die es in unserer Kirche gibt.

Dieser Prozess ist ans Ende gekommen?
Nein, es gibt die nächste Generation Frauen, die zehn, 15 Jahre jünger sind als ich. Aber erst mal klafft da eine Lücke, weil das nur noch Bischöfin Junkermann in der EKD repräsentiert. Darüber bin ich ganz schön traurig. Da habe ich eben viele enttäuscht.

Was vermissen Sie jetzt besonders?
Die Festgottesdienste, die ich als Bischöfin erlebt habe. Auf dem Lande waren die allerschönsten. Da sind Junge und Alte, Arbeitslose und der Unternehmer vor Ort, und der Pfarrer grillt die Würstchen mit. Da ist Kirche lebendig, das ist Kirche »at its best«. Das habe ich besonders geliebt an dem Amt.

Ist es für Sie nicht auch gespenstisch, dass wir Sie hier im leer geräumten Büro treffen, in dem Sie noch mehr als fünf Jahre hätten sitzen sollen?
Ich habe hier gestern Abend gesessen bis halb elf, weil da noch Postberge lagen und Kisten. Als ich jetzt zurückkam, war es das erste Mal, dass das Büro so leer war. Da kamen mir doch ein bisschen die Tränen. Und die kommen jetzt auch. *(lange Pause)* Und dann höre ich die Stimme meiner Mutter: Reiß dich zusammen, Margot!

26. August 2010, *DIE ZEIT*

»Sie sehen die fotografische Umsetzung einer musikalischen Stimmung«: Anne-Sophie Mutter posiert für das Plattencover ihrer Mendelssohn-Einspielung mit dem Gewandhausorchester Leipzig, 2009.

»... doch, ich bin ein schwieriger Mensch«

Anne-Sophie Mutter

Wer mit Anne-Sophie Mutter sprechen will, erhält zunächst einmal Warnungen. Die Frau sei so eine Diva, man dürfe bloß nichts Falsches fragen, schon gar nicht ihr Privatleben ansprechen. Und obwohl Deutschlands bekannteste Geigerin im Gespräch selbst feststellte, dass sie ein »hypersensibler« Mensch sei, war mein Eindruck ein völlig anderer.

Für Anne-Sophie Mutter gilt etwas, was ich bei nahezu allen Gesprächspartnern erlebt habe, die als kompliziert verschrien sind: Sie sind es nicht – jedenfalls nicht im Interview. Sie lockern auf, sobald sie merken, dass man sich wirklich auf sie vorbereitet hat und dass kritische Fragen in keiner Weise eine Majestätsbeleidigung darstellen müssen. Anne-Sophie Mutter gab von der ersten Frage an ein Feuerwerk an Antworten von sich: selbstironisch, mit viel Lust an der Pointe und voller Temperamentsausbrüche.

Frau Mutter, es gibt Hunderte von Interviews mit Ihnen, haben Sie in etwa den Überblick, was Sie alles schon von sich gegeben haben? Es muss unzählige Dubletten geben, Gedankengänge, die sich über Jahre hinweg in erschreckender Weise nicht ändern, und andere, die sich sprunghaft ins Gegenteil umkehren – eine gespaltene Persönlichkeit sitzt vor Ihnen. *(lacht)* Seit 30 Jahren die gleichen Fragen und der verzweifelte Versuch, schlüssige Antworten zu finden!

Und dann gibt es noch die unzähligen Porträts und Rezensionen. Was haben Sie für ein Bild von sich, wenn Sie die Artikel über sich lesen?
Oh, ich will mir eigentlich gar kein Bild machen müssen.

Darf ich Ihnen schildern, welches Medienbild ich von Ihnen habe?
Bitte!

Es ist das eines Menschen, der wie von einem anderen Stern zu kommen scheint, so perfekt wirkt die Inszenierung.
(Lacht schallend) Nahezu perfekt – ich fühle mich hier ertappt! Wären wir nicht alle gern nahezu perfekt?

Es muss wahnsinnig anstrengend sein, immer perfekt sein zu wollen.
Es ist sinnlos zu denken, man könne auch nur in die Nähe davon kommen. Aber das Streben nach Perfektion finde ich durchaus spannend.

Kritiker werfen Ihnen vor, dass das Streben nach Perfektion sich bei Ihnen sogar musikalisch auswirkt, weil die Interpretationen manchmal ins Glatte abrutschten.
Musik kann man ja nicht in Worte fassen. Ich versuche eigentlich nur, mich einem Werk immer wieder aufs Neue zu nähern und dem Zuhörer etwas zu vermitteln, was unter die Haut geht, was eine Erinnerung an das Werk hinterlässt. Natürlich ist das immer ein subjektiver Blick auf das Werk, durch meine Lebenserfahrung gefärbt. Aber für Glätte und Oberflächlichkeit war in meinem Leben nie Platz, das hat meine Lebensgeschichte gar nicht zugelassen.

So einen Satz wie diesen sprechen Sie fast nie aus, Sie verbitten sich einen Blick in Ihr Inneres. Und doch spielt in den Rezensionen Ihre Person immer wieder eine Rolle.
Zuhören erfordert sehr viel Feingefühl und Offenheit. Es ist auch für mich als Zuhörer nicht leicht, unvoreingenommen, sozusagen reinen Ohres ins Konzert zu gehen. Natürlich sind wir alle vorbelastet: Was erwarten wir von dem Abend, in welcher Interpretation fanden wir

das Stück bislang besonders schön? Wir wollen dann zum Beispiel, dass es so klingt wie vor 30 Jahren, als wir Furtwängler hörten. Aber dann klingt es auf einmal ganz anders! Dann sind wir enttäuscht, vielleicht sogar schockiert.

Kann man den Hörgenuss wirklich komplett loslösen vom Erscheinungsbild eines Musikers?
Bei einem Dirigenten müssen Körperlichkeit und Charisma, das physische Einswerden mit der Musik, absolut untrennbar verbunden sein. Bei einem Sänger, der natürlich auch Schauspieler ist, trifft das ebenfalls zu. Bei uns Interpreten eher nicht – wir sind ja keine Schauspieler.

Aber einige haben Charisma und andere nicht.
Bei den Instrumentalisten kommt es am allerwenigsten auf die körperliche Umsetzung im Sinne von flamboyanten Gesten an. Charisma schadet nicht, aber es hat nichts mit langen blonden Haaren zu tun. Charisma ist der innere Wille, das dringende innere Mitteilungsbedürfnis, die persönliche Sichtweise, die sich unverrückbar und unentrinnbar mitteilt. Es ist die absolute Leidenschaft und Hingabe an die Sache, das Innere, was nach außen leuchtet. Das ist sehr wichtig für einen Geiger, eigentlich für jeden Musiker.

Warum sprechen Sie immer vom »Geiger« und nie von einer »Geigerin«?
Das ist für mich eine völlig geschlechtsfreie Bezeichnung. Für mich existiert diese Trennung zwischen einem weiblichen und einem männlichen Geiger nicht. Wenn ich Geiger sage, meine ich uns alle.

Gibt es keine spezifisch weibliche Art des Geigespielens?
Nein, das ist schon allein deshalb unmöglich, weil wir ja alle männliche und weibliche Eigenschaften in uns tragen, deren Kräfteverhältnis sich im Laufe des Lebens immer wieder verändert. Es gibt nichts spezifisch Feminines oder Maskulines in der Interpretationsweise. Die einzige geschlechtsspezifische Hürde, die in der Musik noch genommen werden muss, ist die des Dirigenten.

Da warten wir ja noch auf Sie.
(Lacht) Das ist ein bisschen spät, da besteht eigentlich wenig Hoffnung. Ich leite von der Geige aus, aber man darf das Dirigieren nicht unterschätzen: Es ist ja nicht nur mit dem Inspirieren getan und mit einer Klangvorstellung, die sich verbal in einer Probe vermitteln lässt. Es gehört dann schon mehr dazu, vor allen Dingen, wenn man das große sinfonische Repertoire in Angriff nehmen will. Da heißt es dann: Wie kontrolliere ich mit meiner Dirigiertechnik 120 Musiker, wenn das Erste Horn falsch einsetzt? Da muss ich genau die Zeichensprache beherrschen.

Männer haben also eine größere Neigung zum Dirigieren?
Vielleicht gehört zum Dirigieren, mehr als zum Leben eines Instrumentalisten, das Herrschenkönnen und Herrschenwollen. Ich will das einer Frau nicht absprechen, aber es ist vielleicht bei Männern dominanter. Im Übrigen sind wir es traditionsgemäß einfach nicht gewohnt, einer Frau beim Dirigieren zuzusehen. Das beginnt mit etwas so Oberflächlichem wie der Kleidung: Natürlich würde man sich als Dirigentin in einen Frack werfen, um möglichst wenig als Frau in Erscheinung zu treten.

Glauben Sie denn, dass Männer mehr Talent zum Komponieren haben als Frauen?
Hätte ich mich auf diese Frage vorbereiten können, wäre es mir eventuell gelungen, Ihnen eine umfangreiche Liste von guten Komponistinnen vorzulegen. Mozart hat für Regina Strinasacchi geschrieben in einer Zeit, in der es sich für Frauen nicht schickte, Geige zu spielen. Man musste damals als Frau noch in einer ganz anderen Haltung auf die Bühne gehen, mit angelegten Oberarmen, damit sich ja nicht irgendwas in Bewegung setzte, was vielleicht einen Zuhörer von der künstlerischen Ernsthaftigkeit hätte ablenken können. Aber Ihre Frage wird wahrscheinlich obsolet, wenn wir wirklich mal eine Liste erstellen.

Hätten Sie Angst davor, dass die Antwort »Männer können es vielleicht doch besser« politisch nicht korrekt klingt?
Nein, es gibt immer jemanden, der etwas besser kann, der klüger oder reifer ist. Aber man kann es nicht verallgemeinern. Ich glaube nicht, dass Kreativität geschlechtsspezifisch ist. Alles, was sich bislang zweifelsfrei zuordnen lässt, ist die Tatsache, dass allein Frauen Kinder kriegen können. Alles andere lässt sich auf beide Geschlechter verteilen. Komponieren hat, abgesehen von Können, natürlich auch ein bisschen mit göttlicher Gabe zu tun. Da sind manche besonders gesegnet, wie beispielsweise André Previn, der ja ein fabelhafter Dirigent ist, ein großartiger Komponist, ein fabelhafter Pianist. Bei ihm ist extrem viel auf einem Menschen gelandet. Dann gibt es wieder andere wie mich, die nur Geige spielen können. *(lacht)*

Abgesehen davon, dass Sie jetzt kokettieren, muss einschränkend gesagt werden, dass bei solchen Multitalenten immer die Gefahr besteht, dass sie auf keinem ihrer Gebiete den ganz großen Durchbruch schaffen.
Nun ja, gerade in seinem Fall ... lassen wir das!

Vor einem Jahr haben Sie angekündigt, dass Sie ein Sabbatical machen wollten. Sind wir noch mittendrin?
Da ist nichts daraus geworden. Mein Sabbatical hat sich am Ende auf drei Monate verkürzt. Ich bin jetzt tatsächlich noch mittendrin.

Und in diesem Minisabbatical haben Sie für uns Zeit, für Harald Schmidt und Reinhold Beckmann im Fernsehen – und dann haben Sie auch noch eine neue CD eingespielt!
Stimmt. Vier Tage lang habe ich die Brahms-CD und -DVD produziert, das war gerade letzte Woche. Abgesehen vom heißen Klima im Saal war es das reine Vergnügen.

Das einzige in diesen drei Monaten?
Ich hatte mir einen großen Stapel Noten bestellt und alles so weit vorbereitet, dass ich nur noch hätte zur Geige greifen sollen, müssen, wollen – doch daraus wurde zu großen Teilen nichts. Ich wollte auch

mit der Mistgabel durchs Haus und kräftig aufräumen, aber nach einem Zimmer habe ich aufgegeben: Es war einfach hoffnungslos. Was ist also aus dem Sabbatical geworden? Ich habe das Leben genossen, habe endlos viele private Reisen unternommen, ich war zum ersten Mal in Giverny im Monet-Garten und war hingerissen. Dann hatte ich das Riesenglück, in Wuppertal die größte Monet-Werkschau Deutschlands zu erleben, an einem Tag, an dem das Museum normalerweise geschlossen ist. Was für ein Luxus, durch ein Museum gehen zu dürfen und ganz alleine zu sein! Ich bin dann auch mit meinem Sohn zu Federer gereist.

Roger Federer, der Tennisspieler?
Ja.

Sie sind befreundet?
Befreundet nicht, wir kennen uns. Mein Sohn Richard und ich sind wirklich wahnsinnige Fans. Es gibt kein Spiel, das wir nicht auch nachts um zwei am Computer anschauen oder zu dem wir nicht fliegen. Letztes Wochenende waren wir in London; leider war Herr Federer dann nicht im Finale. Wenn man so gut ist wie er, ist es normal, dass man auch mal ein bisschen weniger als perfekt ist.

Würden Sie den Satz auch für sich gelten lassen: Es ist okay, wenn man ein bisschen weniger als perfekt ist?
Nö! *(lacht)* Und ich bin auch recht depressiv, wenn Federer nicht sein Maximum gibt. Aber natürlich gibt es Tage, an denen er weniger inspiriert ist, und es gibt auch Tage, an denen ich mich mehr motivieren muss, weil äußere Umstände einfach widrig und störend sind. Man will ja in diesen Flow hineinkommen, damit man abheben darf, damit man nicht mehr im Saal ist, sondern nur noch in der Musik.

Was brauchen Sie, um in diesen »Flow« zu kommen?
Ein Rezept für den Flow gibt es nicht, aber es gibt leider Dinge, die ihn verhindern: unpassende Temperatur zum Beispiel, zu große Hitze, zu hohe Feuchtigkeit. Es gibt Konzertsäle, die schwieriger sind als andere. Wenn es auf der Bühne auch noch 35 Grad heiß ist, fällt

es einem zumindest für die erste halbe Stunde schon sehr schwer, sich aus dieser unbequemen Körperlichkeit zu befreien und ganz abzutauchen. Routine kann aber dabei helfen, das einfach abzuschalten.

Sind Sie bedrückt, wenn es nicht hinhaut?
Also, glücklicher bin ich, wenn ich im Konzert fliegen kann und hinterher den Eindruck habe, ich konnte alle Ressourcen ausschöpfen, ich habe das Beste aus mir herausgeholt, und nicht nur das: Es war auch das Beste da! Manchmal gibt man das Bestmögliche, aber eine Woche vorher hätte man es besser hinbekommen. Und das heißt dann: Es war nicht gut genug.

Haben Sie viele Niederlagen dieser Art einstecken müssen?
Oh, ich habe künstlerisch nie voll erreicht, wovon ich träume. Vielleicht liegt es daran, dass ich ein so begabter, leidenschaftlicher Träumer bin, dass ich gern eine Interpretation weiter vertiefe, dass ich ein neugierig Suchender bin. Insofern sehe ich das Nichterreichen eines Idealzustandes nicht unbedingt als Scheitern an. Und jede Niederlage ist ein weiterer Schritt hin zu etwas Interessantem.

Wer definiert denn den Idealzustand?
Sofia Gubaidulina hat das sehr schön definiert, allerdings aus der Sicht des Komponisten, das ist noch einmal eine viel höhere Dimension: Als sie »In Tempus Praesens« schrieb, hatte sie den Urklang im Ohr. Dieser Urklang, dieser riesige Klangcluster ist da, und sie muss versuchen, ihn schnell niederzuschreiben, ihn auseinanderzudröseln, um ihn in eine Form zu bringen, die erkennbar und spielbar ist. Während des Niederschreibens verliert sie natürlich auch Details, sie notiert also nur einen Teil dessen, was in ihrem Kopf existiert. Der Urklang ist vergänglich, sie kann das Ideal nie erreichen. Und was viel tragischer ist: Es gibt auch Klänge, die man gar nicht mit unseren Instrumenten umsetzen kann.

Ähnlich ist es mit einer Interpretation?
Ja! Man kann nicht immer alles an einem Abend zeigen. Das ist wie mit einem sehr komplizierten Gemälde von Dalí, voller Symbolis-

mus, das menschliche Auge kann nicht alles auf einmal erfassen. Und so versucht man in jedem Konzert, zwar nicht zwangsläufig einen anderen Aspekt, aber doch eine andere Gewichtung zu zeigen. Alles ist nicht erfassbar.

Bei welchem Komponisten fühlen Sie dieses Gefühl der Unzulänglichkeit am stärksten?
Bei den großen Klassikern natürlich, da würde ich Mozart vielleicht an erster Stelle nennen. Mozart, der in seiner Schlichtheit immer wieder am schwierigsten zu spielen ist.

Ich hätte gedacht, dass Sie jetzt Bach nennen!
Solo-Sonaten von Bach habe ich so oft nicht gespielt. Sicher, in der Komplexität ist Bach Mozart überlegen – ohne Frage. (...)

Sie geben sich so viel Mühe, Ihren Interpretationen etwas Bleibendes zu verleihen. Ich erinnere mich noch gut an Ihre wunderbare Einspielung von Vivaldis »Vier Jahreszeiten«, Mitte der Achtzigerjahre. Trotzdem gibt es kein vergleichbares Werk, das sich inzwischen so abgenutzt hat.
Mir geht es bei den »Vier Jahreszeiten« persönlich natürlich nicht so. Auch ich sehe fern und nehme wahr, dass diese armen großen Werke zum Beispiel für Toilettenpapierwerbung verwendet werden. Aber ich kann mich dem Zauber der Musik nie entziehen.

Nie?
Nie! Nehmen wir einmal an, ich bin auf einer langen Tournee, innerhalb von drei Wochen zum 20. Mal geflogen und nehme mir fest vor: Heute in der Generalprobe halte ich mich zurück, damit ich abends wirklich völlig frisch bin. Es geht nicht. Das Orchester setzt ein, und ich kann nicht anders, es ist wie ein Sog: entweder alles oder gar nichts!

Und nichts kann Sie daran hindern, außer vielleicht ein zu warmer Konzertsaal?
An manchen Abenden ist das Publikum für mich eine größere Herausforderung, es ist dann zum Beispiel weniger konzentriert, schwe-

rer zu fassen, weniger leicht zu faszinieren. Das spüre ich sofort, es herrscht dann Unruhe.

Sie spüren das?
Ja, ich sehe, höre und spüre, während eines Konzerts bin ich sehr empfindsam. Ich kann ja auch nur dann die wirklich privaten Momente einer Komposition spielen – also die ganz leisen, die gehauchten Momente, die eine unglaublich angespannte Stille erfordern –, wenn die Leute das hören wollen. Die ersten drei Minuten eines Konzertes sind entscheidend, in dieser Zeit nimmt man auch wahr, wie die Atmosphäre im Publikum ist: Sind schon alle da, sind alle angekommen und auf derselben Wellenlänge? Es geht hier nicht ums Stören, es gibt Abende, an denen ein Publikum einen sehr viel stärker fordert, als man es gewohnt ist.

An denen man um die Konzentration kämpfen muss?
Ja, genau! Dann ist der Ansporn umso größer. Als ich beim NATO-Jubiläum spielte, war der Saal voller müder Politiker. Ich war zwar im siebenten Himmel, dass Präsident Obama im Publikum saß, aber beim ersten Werk war noch spürbare Unruhe im Saal. Nach der Einleitung der »Carmen-Fantasie« haben wir dann wirklich gespürt: Jetzt ist der Saal da. Und das ist ein wunderbares Gefühl, denn das Publikum gibt an einem solchen Abend sehr wohl etwas zurück, es arbeitet auch mit an der Interpretation: Die dynamische Skala hängt sehr von der Reaktionswilligkeit des Publikums ab. Wenn die Leute nicht zuhören wollen und husten, hat es gar keinen Sinn, ein Pianissimo überhaupt zu versuchen. Das ist wie in einem Dialog, in den ständig reingeredet wird.

Kennen Sie das Gefühl, das Theaterschauspieler manchmal beschreiben, dass Sie nur für den einen spielen, weil Sie das Gefühl haben, dem gefällt es nicht?
Ach mei, es gibt ja manchmal Zuhörer in der ersten Reihe, die beschließen, einzuschlafen und zu schnarchen. Dann hat es wenig Sinn, besonders wilde Akzente anzusetzen oder die Partitur rauszuknallen. *(lacht)*

In alten Rezensionen fällt immer wieder das Wort vom »Wunderkind«. Haben Sie damals mitbekommen, dass Sie so genannt wurden?
Ich bin mit dieser Bezeichnung aufgewachsen, mag sie aber bis heute nicht und verstehe sie auch nicht als Kompliment. Das Etikett »Wunderkind« steht für mich für arme kleine Wesen, die von ihren Eltern aus Eitelkeit und Geltungssucht gedrillt werden. Wer ein guter Musiker sein will, braucht schon etwas mehr.

Karajan hat über Sie immer nur als von einem »Wunder« gesprochen.
Wie Pinchas Zukerman so schön gesagt hat: »Das Wunder ist gegangen, und das Kind ist geblieben.« Das stimmt! *(lacht)*

Sie wurden ja auch vom Schulunterricht freigestellt. Fanden Sie das schön oder grausam?
Na ja, ich hatte auch schon in der Grundschule immer Privatunterricht und musste nur zu den Prüfungen in der Schule auftauchen, ich war das also gewohnt. Meine Brüder gingen zur Schule und brachten ihre Freunde nach Hause. Fast alles hat seine Vor- und Nachteile, aber die Vorteile haben in meiner Kindheit sicher überwogen. Ich habe mir damit ja auch täglich viele Stunden des freien Spielens erhalten.

Sie haben zwei Brüder, die ebenfalls musiziert haben, sogar ganz erfolgreich. Der eine ist dann Jurist geworden, der andere Journalist. Waren Sie die Begabteste in der Familie?
Ich war jedenfalls die Leidenschaftlichste. Außerdem bin ich immer ausgesprochen borniert gewesen und hatte mir in den Kopf gesetzt, ein Leben als Musiker leben zu wollen.

Obwohl Sie das nicht vorgelebt bekommen haben?
Nein, aber vielleicht erschien es mir gerade deshalb so spannend.

Ich stelle mir vor, Sie haben die Welt schon damals so erlebt, dass alles um Sie gekreist ist.
Ich merke schon, Sie wollen mich provozieren. *(lacht)* Ich wollte mich hier eigentlich an öffentlicher Stelle einmal beklagen, dass das nie so war. Ich bin nicht interessant genug, um darauf ernsthaft antworten zu können.

Jetzt kokettieren Sie wieder!
Ja, aber in Relation zu Mozart oder Brahms bin ich nun mal ein Sandkorn in der Geschichte der Musik. Insofern ist es irrelevant.

Glauben Sie nicht, dass Sie die beste Geigerin Ihrer Generation sind? Oh, Entschuldigung: dass Sie der beste Geiger Ihrer Generation sind?
(Lacht) Die Frage stellt sich doch gar nicht, es ist ja nicht so wie bei olympischen Rekorden, obwohl ich das »Guinness Buch der Rekorde« gern kaufe. Nein, ich bin schon so lange Mutter, dass ich völlig das Gefühl dafür verloren habe, wie das Leben sein könnte, wenn sich alles um mich drehen würde. Meine Kinder stehen an erster Stelle. Und dann dreht sich bei mir fast alles darum, optimale Bedingungen für meine Musik zu schaffen.

Ist das schwerer geworden, seitdem Sie Kinder haben?
Als berufstätige Mutter lernt man, alles den Bedürfnissen der Kinder unterzuordnen und den Beruf irgendwann einzufügen, wenn es halt passt – zwischen fünf und sieben Uhr morgens zum Beispiel oder spätnachts. Das ist eine tolle Lebensschule, weil man zum ersten Mal lernt, sich selbst nicht so ernst zu nehmen, und weil man für zwei Menschen da ist, die viel wichtiger sind als alles andere. Die rufen einen um fünf vor acht an, wenn man um acht Uhr auf die Bühne muss, und man muss noch mal schnell ans Telefon, um das Drama so zu balancieren, dass man es bis abends um zehn, bis zum nächsten Telefonat, erträglich macht.

Können Sie es denn selbst so lange balancieren?
Wenn ich auf die Bühne gehe, muss und kann ich das ausschalten. Aber es ist sofort wieder angeknipst, sobald ich von der Bühne runter bin. Also von wegen, es dreht sich alles um den Künstler! Nee, ich finde es widerwärtig, wenn man seinen Beruf in den Vordergrund stellt, egal, wie wichtig er ist! Was ein Musiker macht, ist nun wirklich nicht so weltverändernd, dass es nicht irgendeinem menschlichen Bedürfnis untergeordnet werden könnte. Und ich war auch nie ein komplizierter Mensch.

Maurizio Pollini, für mich vielleicht der beste lebende Pianist, befürchtet, dass große Talente es heute nicht mehr bis ganz nach oben schaffen, wenn sie nicht in die Vermarktungsstrategien der Musikindustrie passen.
Das ist interessant, genau darüber habe ich heute Morgen mit André Previn gesprochen. Man muss das ein wenig relativieren und in die Musikgeschichte einordnen: Es hat immer Talente gegeben, die es verstanden haben, auch mit mittelmäßigem Können eine diabolische Karriere zu schaffen. Und es hat immer den verzweifelten genialen Künstler gegeben, der verhungert ist. Auch heute gibt es sicherlich einige Musiker, die gute Werbeverträge und dadurch einen steilen Aufstieg geschafft haben, den ihre Begabung allein nicht zugelassen hätte. Ich bin aber immer noch der vielleicht infantilen Meinung, dass sich wahres Talent beim Zuhörer irgendwann durchsetzt, dass die Ernsthaftigkeit und die Tiefe der Empfindung, die aus der Seele geschöpfte Innigkeit irgendwann doch ihren Platz finden. Allerdings braucht man dafür auch gute Zuhörer – und ich befürchte fast, dass es ohne die Schulung des Gehörs, ohne die Schulung für die schönen Künste immer schwerer werden wird, das Subtile in der Kunst zu erkennen.

Wie kommt es, dass sich die Hörkultur so verändert?
Viele Kinder beschäftigen sich heute nicht mehr früh genug mit Musik – im Elternhaus, im Kindergarten, in der Grundschule. In den weiterführenden Schulen ist es dann oft schon zu spät: Der Geschmack ist bereits definiert, man empfindet die klassische Kultur als

zu elitär und zu fremd, als dass man sie noch an sich heranlassen möchte. Man ist auch zu sehr mit Selbstfindung und Rebellion gegen das Elternhaus beschäftigt.

Waren Sie jemals in dieser Phase, die man auch Pubertät nennt?
Ich glaube, ich bin jetzt gerade in der Pubertät! *(lacht schallend)* Wissen Sie, ich wollte mit fünf anfangen, Geige zu spielen, und ich habe zwischen meinem fünften und zehnten Lebensjahr sicher wichtige technische Bausteine gelernt. Das hat mir das spätere Leben als Musiker sehr erleichtert. Ich war aus diesem langweiligen Stadium »noch 50 Kniebeugen machen« Gott sei Dank schon herausgewachsen und konnte mich dem Interessanten in der Musik widmen, nämlich den Klangfarben, der Architektur, der Gestaltung.

Sie vertrauen wirklich darauf, dass jemand, bei dem sich Leidenschaft, Neugier und Talent mischen, am Ende auch entdeckt wird?
Dass er sich durchsetzt, wenn auch vielleicht erst nach längerer Zeit, das hoffe ich. Dass die Vermarktungsmaschinerie gnadenlos ist und nicht nur auf die sogenannte Qualität des Produktes – ein widerliches Wort! – setzt, ist uns allen klar. Es ist eine schreckliche Entwicklung, gegen die wir aber nichts tun können. Es sei denn, wir sorgen für breite musikalische Bildung und versuchen immer wieder, Musiker privat zu fördern, die es todernst meinen.

Wenn Sie an die deutschsprachigen Geiger Ihrer Generation zurückdenken, an Frank Peter Zimmermann oder Christian Tetzlaff zum Beispiel: Warum sind die nie so populär wie Sie geworden, obwohl sie auch großartige Musiker sind? Waren die zu sperrig für eine Vermarktung?
Beide sind doch aber international konzertierende Musiker, die sehr ernst genommen werden!

Wenn wir beide jetzt aber von diesem Hotel auf die andere Straßenseite zu Käfer rübergehen und die Menschen danach fragen würden: Zimmermann und Tetzlaff kennt da niemand, Sie aber kennt jeder.
Aber nur, weil ich da einkaufe! *(lacht)* Und außerdem ist das doch auch wurscht, Popularität macht uns ja nicht zu besseren oder schlechteren Geigern. Nehmen Sie Gidon Kremer, den ich endlos bewundere: Ihm ist es, glaube ich, völlig egal, ob er populär ist oder nicht. Und meine Kollegen haben ja auch nicht nach Popularität geschielt, und ich im Übrigen auch nicht. Das passiert halt, oder es passiert nicht.

Es gibt eigentlich keinen Bericht, in dem Ihr Aussehen keine Rolle spielt.
Na ja, irgendwann wird sich das ja von selbst erledigen, altersbedingt, meine ich. Dann können wir das schon mal aus den Interviews rausnehmen.

Empfinden Sie es als herabsetzend, wenn betont wird, dass Sie gut aussehen?
Das kommt darauf an. Wenn man mir das privat sagt, dann freut es mich natürlich enorm, das ist ganz klar. Als Künstler empfinde ich es eher als störend, weil es nichts mit meiner Kunst zu tun hat. Ich möchte als ernsthafter Künstler, als Interpret verstanden werden. Insofern sind Debatten über das Aussehen eher störend als der Musik dienlich.

Wenn Äußerlichkeiten Sie so stören, warum verwenden Sie persönlich dann so viel Mühe auf die optische Inszenierung Ihrer CD-Cover?
Ich bin ein großer Ästhet in allem, was ich tue, und die Gestaltung einer CD ist in gewisser Weise der Versuch der Umsetzung des Inhalts in eine Visualisierung. Es ist ja die einzige Chance, dem Käufer zu vermitteln: Das ist Mendelssohn – was nicht heißt, dass ich Mendelssohn in blauen Farben höre, weil das Cover blau ist.

Sie wollen doch nicht behaupten, dass es sich bei diesem Mendelssohn-Cover um eine Interpretation des Werkes handelt: Man sieht Sie in einer blauen Robe wie eine Fee in einer pinkfarbenen Seenlandschaft stehen.
Wir haben uns an Caspar David Friedrich orientiert ...

Ich sehe aber auch nicht Mendelssohn, ich sehe Sie!
Jaahaa, aber wir wollten schon die Leichtigkeit, die Duftigkeit der Musikassoziation – kein reduziertes Cover, schwarz-weiß, ernsthaft, uneitel. Sie sehen die fotografische Umsetzung einer musikalischen Stimmung. Dass ich nun unvermeidlicherweise Teil des Covers bin, nun ja. Aber die Anmutung soll doch wenigstens der Stimmung der Komposition entsprechen.

Herbert von Karajan war in den Achtzigern der wohl größte Popstar unter den Klassikern. Haben Sie sich bei ihm abgucken können, wie man zum Zuhörer durchdringt?
Man dringt ja nicht zum Zuhörer durch, indem man Autorennen fährt, ein wunderschönes blondes Model heiratet und die größte Segeljacht neben dem spanischen König hat. Das hatte Karajan auch, klar. Aber an ihm war nichts Aufgesetztes; er war ein absolut wahrhaftiger, an Technik interessierter, im Übrigen ausgesprochen introvertierter und bescheidener Mann.

War Karajans Klangfarbe auch einer Mode unterworfen, die bei manchen Interpretationen inzwischen ein wenig aus der Zeit gefallen ist?
Ja, natürlich. Die Klangrezeption ist sehr stark an Jahrzehnte gebunden: Der Klang der Achtziger- und Neunzigerjahre unterscheidet sich von dem der Sechziger, und die Ästhetik, die Karajan gepflegt hat, ist eine ganz andere als die der Originalklang-Bewegung, bei der alles auf historischen Instrumenten gespielt wird. Ich halte Karajan für einen der zwei oder drei größten Dirigenten des letzten Jahrhunderts, und es gibt vieles, was man tatsächlich nicht schöner, nicht spannungsvoller, nicht differenzierter interpretieren kann als das, was er uns hinterlassen hat. Aber sein Klangkonzept, das er den frühen Haydn-

Werken, Mozart oder speziell der Barockmusik zugrunde gelegt hat, ist an eine bestimmte Zeit gebunden. Ich würde es zwar nicht als démodé bezeichnen, aber es ist natürlich ein Kind der Achtzigerjahre.

Sie meinen den bombastischen Klang?
Ich möchte dem Werk kein Etikett anheften. Es ist eben nicht völlig zeitlos. Letztlich ist es mein Lebensziel, Interpretationen zu schaffen, die so zeitlos wie möglich sind – und dem Werk dadurch vielleicht auch zu einer generationenübergreifenden Faszination verhelfen.

Sie haben vorhin gesagt, Sie seien nie kompliziert gewesen ...
... doch, ich bin ein schwieriger Mensch! Ich bin nicht anspruchsvoll in dem Sinn, dass ich viel bräuchte, um mich wohlzufühlen. Aber ich bin sicherlich im persönlichen Umgang ein hypersensibler und deshalb auch extrem schwieriger Mensch. Es ist für die Umwelt nicht leicht, mit einem Menschen, mit einer Mutter zu leben, die alles auf die Goldwaage legt. Ich bemühe mich um eine dickere Haut, aber es gelingt mir nicht gut. Die Empfindlichkeit nimmt eher zu, das ist das Erschreckende.

Wir haben jetzt viel über Marketing gesprochen. Aber Sie haben nicht einmal einen Manager, Sie machen alles selbst, und es hilft Ihnen nur eine Mitarbeiterin in München.
Ja. Und? Ich bin ein Musiker, der sein Repertoire gern selbst bestimmt, und meine musikalischen Partner suche ich auch gern selbst aus. Und so erscheint es mir völlig normal, dass ich dann auch meine Konzerthalle selbst aussuche.

Sie sind da eine absolute Ausnahme!
Als der Vater meiner Kinder vor fast 15 Jahren starb, spätestens da musste ich erwachsen werden und wirklich alles in die eigenen Hände nehmen. Es gab ja sonst niemanden mehr! Das war ein wichtiger Reifeprozess für mich, nicht nur als Künstler, sondern auch als Mensch. Ich würde es heutzutage nicht anders haben wollen, ich würde nichts von dieser Verantwortung abgeben wollen, besonders nicht von der künstlerischen. Vielleicht habe ich auch deshalb den Vermarktungs-

strategien ohne Probleme widerstanden. Dadurch, dass ich alle Details kenne und Konzerte und Programme selbst gestalte, kann ich mir meine künstlerische Integrität und Freiheit bewahren.

Sie besitzen zwei Stradivari-Geigen, treten aber seit Jahren nur noch mit der Lord Dunn-Raven auf. Warum eigentlich?
Na ja, die Lord Dunn-Raven aus dem Jahr 1710, die ich seit fast 25 Jahren spiele, ist einfach das Instrument mit dem größeren Potenzial. Sie hat eine größere dynamische Bandbreite und mehr Geheimnisse als die Emiliani, die ich irgendwann ausgeschöpft hatte.

Kriegt die alte Emiliani-Stradivari ein Gnadenbrot bei Ihnen?
Es ist tatsächlich eine wichtige Aufgabe, dass man so eine Geige auch weiter regelmäßig spielt, damit das Holz in Schwingung gehalten wird. Diese Aufgabe hängt ein bisschen wie ein Damoklesschwert über mir, ich mache das viel zu selten.

Kann man die nicht mal jemandem ausleihen?
Nein, auf keinen Fall! Würden Sie Ihre Lieblingsfrau verleihen? Na also!

Können Sie sich erinnern, dass Sie vor 20 Jahren für das *ZEITmagazin* schon einmal fotografiert wurden – von Helmut Newton?
Ja, dieses Schreckensbild wurde mir heute im Studio gezeigt.

War das ein Schreckensbild?
Ich fand schon. Es war von heftiger, brutaler Leidenschaft. Helmut Newtons Blickwinkel auf Frauen. Der Ansatz mit dem schwarzen Leder gefiel mir jedenfalls nicht so gut.

Sie haben es aber damals mitgemacht.
Oh ja! *(lacht)*

Hat er mit Ihnen geredet?
Auch, ja! Ich wurde mit einigen Worten bedacht. Ich durfte Gott sei Dank Geige spielen. Ich halte eine Fotosession am besten aus, wenn

ich die Zeit nutzen kann, um ein bisschen zu üben, während fotografiert wird, und ich kann vergessen, was um mich herum passiert.

Und wie reagieren die Leute am Set?
Meistens ziemlich ertaubt!

Sie haben dieses Jahr den Klassik-Echo bekommen. Im Vorfeld der Veranstaltung hieß es, Sie hätten nicht gewollt, dass neben Ihnen ein zweiter Geiger, nämlich Daniel Hope, bei der Preisverleihung auftritt.
Ich wolle das nicht? Das ist Schwachsinn! Bis ich da war, wusste ich gar nicht, wer in der Sendung war, außer Plácido Domingo. Herr Hope hat doch eine Laudatio gehalten.

Ja, er habe aber auch spielen wollen, und das hätten Sie nicht so lustig gefunden.
Das ist erfunden!

Ich habe mich schon gewundert, Sie waren doch auch schon in Sendungen, in denen André Rieu gespielt hat!
Ja, unbedingt, immer noch, er ist mein Zwillingsbruder! *(lacht)* Also, das ist eine sehr unschöne Ente, die durch den Raum flattert, die wird sofort abgeschossen und geschrotet. Was ich beim Echo diesmal bedenklich fand, war die Tatsache, dass die »Hebriden-Ouvertüre« von Mendelssohn gnadenlos gekürzt werden musste, sonst hätte sie nicht ins Sendeformat gepasst.

Jesus!
Genau: Jesus! Ich habe in meiner Dankesrede dann sinngemäß gesagt, dass ich froh bin, dass mein Mendelssohn-Part nicht unter die Zeitschere gefallen ist. Das wurde dann rausgeschnitten, war vielleicht auch besser so. Aber wie kann man im öffentlich-rechtlichen Fernsehen eine Sendung präsentieren, in der es um Musik geht, und dann von einem Dirigenten erwarten, dass er die Mendelssohn-Ouvertüre verkürzt? Das ist so, als ob ein Museumsdirektor sagt: Die Wand da

verträgt nur ein Bild von 1,20 mal 1,80 Meter, wir müssen ein Stück vom Monet abschneiden.

Ich habe noch eine Frage, die Sie vielleicht als unbotmäßig empfinden und nicht beantworten werden.
Ah, am Schluss kommen immer die Knaller, ich merke es schon.

Es ist eine Frage, die sowohl auf das Private als auch auf das Berufliche abzielt: Warum suchen Sie sich immer ältere Männer als Bezugspersonen?
Das wollen Sie wirklich wissen? Also gut: Erstens teile ich Menschen nicht in Alt und Jung ein, zweitens liebe ich alte Bäume, und drittens liebe ich Menschen mit Lebenserfahrung. Das können aber auch Menschen sein, die jünger sind als ich, Menschen mit einem ungewöhnlichen Blickwinkel auf das Leben oder einer hohen moralischen Kompetenz. Geht das unbedingt mit dem Alter einher? Nein, aber öfter als mit einem 20-Jährigen.

22. Dezember 2009, *ZEITmagazin*

Der türkische Schuhputzer Halil Andic an seinem Arbeitsplatz im Hamburger Flughafen, 2008

»Ich mag Nietzsche«

Halil Andic

Das Gespräch mit Halil Andic fand noch zu einer Zeit statt, in der die bloße Erwähnung von Missständen bei der Integration von Migranten in einem liberalen Blatt etwas Anstößiges war. Wer immer so etwas schrieb, setzte sich dem Vorwurf aus, der Xenophobie Vorschub zu leisten, wenn nicht gar das Geschäft der Rechtsradikalen zu betreiben. Der türkische Schuhputzer mit der Statur eines Leichtgewichts im Ringen war mir am Hamburger Flughafen aufgefallen, weil er genau diese Missstände so furchtlos ansprach. Halil Andic arbeitete damals noch am Gate C 16, zwischen Terminal 1 und Terminal 2. Heute geht er seiner Arbeit zwar an einem anderen Ort am Flughafen nach, aber – gemessen an der deutschen Dienstleistungsmentalität – weiterhin mit geradezu unerhörtem Enthusiasmus. Auf seine Landsleute in Deutschland hat er einen wohlwollenden, aber unsentimental-kritischen Blick.

Nachdem ich Andics Bereitschaft erkundet hatte, sich einem Gespräch zu stellen, schlug ich vor, ein Interview mit dem damals 38-Jährigen im Politikteil der *ZEIT* zu drucken. Es ist im Nachhinein an keiner Stelle inhaltlich redigiert worden, wohl aber behutsam in der Form. Andics Deutsch ist, wie er selbst sagt, ausbaufähig. Bis zum Beweis des Gegenteils behaupte ich: Er dürfte der einzige Schuhputzer auf der Welt sein, der im Laufe einer Unterhaltung ganz selbstverständlich auf einen deutschen Philosophen zu sprechen kommt.

Schämen sich manche Leute, wenn sie sich von Ihnen die Schuhe putzen lassen?
Ja. Ich denke, das hängt mit der deutschen Mentalität zusammen.

Wie ist die deutsche Mentalität?
Sie sitzen da oben, während der Schuhputzer unten ist; sie schämen sich, aber sie zahlen natürlich. Für Leute allerdings, die das bereits im Ausland gesehen haben, in England zum Beispiel, ist das kein Problem. Die setzen sich ganz locker hin und sehen das als einen ganz normalen Service an, wie in einem Restaurant.

Die anderen aber haben das Gefühl, sie selbst stünden ganz oben – Sie jedoch ganz unten?
Ja, ich denke schon. Vielleicht denken sie aber auch, dass jeder Mensch sich die Schuhe selbst putzen kann.

Die haben vielleicht Angst vor den Blicken der Leute, die am Gate vorbeigehen.
Vielleicht ist es das, ja. Aber manche schämen sich auch nur beim ersten Mal. Beim zweiten Mal ist es in Ordnung, beim dritten Mal geht alles locker. Ich muss aber ehrlich sagen: 99 Prozent meiner Kunden sind sehr nett, meistens sind es Deutsche.

Sie machen überhaupt nicht den Eindruck, als ob Sie sich ganz unten fühlten.
Nein, für mich ist das eine ganz normale Arbeit. Ich fühle mich perfekt. Ich könnte nach sechs Jahren aber besser Deutsch sprechen, richtig?

Ja. Warum fällt Ihnen das so schwer?
Ich lerne schnell, ich bin kein dummer Mensch, aber ich bin faul.

Wie reden Sie denn mit Ihrer Frau?
Jetzt geht es, aber das erste Jahr war so schwer. Sie kann kein Türkisch, und ich konnte nur ein paar Worte Deutsch. Im ersten Jahr

haben wir halb Englisch, Deutsch und Türkisch und halb in Zeichensprache geredet.

Neben Ihrem Schemel liegen immer türkische Tageszeitungen.
Ja, das stimmt. Ich habe mal Friedrich Nietzsche gelesen, aber mein Deutsch reichte dafür nicht aus, da gibt es so viele schwierige Wörter.

Wie kommen Sie auf Nietzsche? Die meisten Deutschen finden den zu schwierig.
Ich mag Nietzsche. Ich hatte eine Freundin, die einer linken Partei angehörte. Sie kannte Nietzsche sehr gut. Sie hat mir mein erstes Nietzsche-Buch gegeben.

Wenn jetzt ein Türke am Flughafen ankäme und zu Ihnen sagte: Ich möchte hier in Deutschland leben – was würden Sie ihm raten?
Bevor man nach Deutschland kommt, sollte man sehr gut Deutsch sprechen. Ich habe das nicht gemacht, das war mein Fehler. Ich bin manchmal sehr sauer mit mir.

Was war Ihr erster Eindruck von Deutschland?
Regen. Ich fand auch die Leute auf der Straße zuerst ein bisschen komisch. Jeder in der Türkei sagt Hallo und Guten Tag, aber hier ist das nicht so.

Haben Sie sich abgelehnt gefühlt?
Die ersten fünf, sechs Monate ein bisschen, aber dann habe ich Deutschland und die deutsche Mentalität langsam kennengelernt, und ich dachte, die deutsche Kultur ist eben etwas ganz anderes. Ich bin gut angekommen. Und Hamburg ist eine sehr schöne Stadt.

Was mögen Sie an Deutschland?
Ich mag das Kulturleben. Ich komme aus einem kleinen türkischen Dorf, wo es davon nichts gab: keine Theater, keine Kinos. Ich mag auch die deutsche Sauberkeit, das ist ein großer Unterschied. Und auch die Bildung ist ganz anders als in der Türkei.

Hatte Ihre Mutter etwas dagegen, dass Sie eine Deutsche heirateten, oder war sie nur ängstlich, weil Sie weggehen wollten?
Meine Mutter geht am Tag fünfmal in die Moschee. Sie ist ein sehr gläubiger Mensch, aber sie ist auch modern. Sie hat mir gesagt, wenn du glücklich bist, ist es egal, wo du lebst. Dann habe ich versucht, ein Visum zu bekommen.

War das schwierig?
Ja. Die Behörden in der Türkei sind eine Katastrophe.

Durften Sie in Deutschland arbeiten?
Ich habe erst mal ein dreijähriges Visum bekommen und später ein unbefristetes. Ich habe dann schnell Arbeit gefunden und vier Stunden pro Tag für eine Reinigungsfirma gearbeitet. Das war mein erster Job. Ich habe das Geld gespart und meiner Mutter eine Waschmaschine gekauft.

Als Sie das Angebot bekamen, Schuhputzer zu werden, mussten Sie sich da überwinden?
Ich habe sofort Ja gesagt. Ich kannte den Job schon, ich hatte das auch in der Türkei schon gemacht. Ich dachte, das ist was für mich.

Was hat Ihre Frau gesagt?
Sie hat gesagt, wenn du glücklich bist, mach es!

Warum ist es für viele Türken hier so schwer, Ihren Rat zu befolgen? Sie haben oft auch in der zweiten oder dritten Generation keinen Schulabschluss, sie können die deutsche Sprache nicht richtig, sie haben keine Berufsausbildung.
Nicht alle Türken sind so, es gibt natürlich auch ganz clevere Typen. Aber meistens kommen sie ohne Ausbildung. Und viele türkische Familien, die in Deutschland leben, mit zwei Töchtern und einem Sohn, die würden die Töchter nicht zum Sportunterricht schicken. Der Sohn, der darf hier alles machen, aber die Töchter dürfen das nicht.

Kennen Sie selbst solche Familien?
Ja, ich kenne ein paar.

Und wenn Sie die fragen, warum sie das so handhaben, was antworten die dann?
Sie sagen, es ist nicht erlaubt, es ist nicht unsere Kultur. Ein türkischer Mann hat gelernt, dass ein Mädchen nicht ausgehen darf. Er trägt Scheuklappen. Leider. In der Türkei wurde voriges Jahr ein Journalist ermordet. Die Täter dachten, der Mann ist Armenier, der liebt die Türken nicht. Daher wurde er umgebracht. Ist das normal?

Das fragen Sie nicht im Ernst!
Nun, für diese Menschen ist es definitiv normal. Es gibt viele kranke Menschen. Ich habe einen Freund, der mir gesagt hat, dass es die Deutschen waren, die das Feuer in Ludwigshafen gelegt haben. Ich habe gesagt, Moment, erstens, es sind nicht »die Deutschen«, zweitens, niemand hat gesehen, wer es war. *(Bei einem Brand eines Wohnhauses in Ludwigshafen am Rhein starben im Februar 2008 neun türkischstämmige Frauen und Kinder; die Ursache ist bis heute ungeklärt.)*

Es wäre schon die halbe Lösung, wenn es genug Türken gäbe, die ihren Kindern und Enkeln beibringen könnten, dass sie die Sprache und einen vernünftigen Beruf lernen müssen.
Ich denke, das ist ein soziales Problem. Sie sind keine Deutschen, aber auch keine Türken mehr. Sie können den Islam nicht richtig lernen, und sie können die deutsche Kultur nicht richtig lernen. Sie leben zwischen den Welten.

Man hat aber den Eindruck, dass viele Türken hier weiter so leben wie in ihrer Heimat – mit türkischem Fernsehen, türkischen Zeitungen und ausschließlich unter türkischen Freunden.
Aber das Leben in den eigenen vier Wänden ist etwas ganz anderes als das öffentliche Leben auf der Straße. Und das verunsichert sie. Die türkischen Jugendlichen leben außerhalb der Familie ganz anders, sie haben andere Freunde. Die Kinder gehen zur Schule, aber

wenn sie wieder nach Hause kommen, kommen sie zurück in eine andere Welt. Sie werden von der Familie unterdrückt.

Was könnten denn die Deutschen machen, um es diesen Türken zu erleichtern, ihre Grenzen hier zu überwinden?
Die Deutschen können gar nichts machen. Das müssen die Türken selbst machen. Kennen Sie Wilhelm Reich? Er hat ein Buch geschrieben, »Rede an den kleinen Mann«. Ein tolles Buch, kennen Sie das?

Ich erinnere mich dunkel. Es geht um die Unmündigkeit und Gemeinheit des kleinen Mannes, der eigentlich klug, aber feige ist. Ich fand es ehrlich gesagt ein bisschen verwirrend.
Wenn ich Ihnen das jetzt erkläre, dann bringen mich die Türken um. *(lacht)* Lesen Sie es, dann werden Sie mich verstehen: Man könnte denken, dass Wilhelm Reich die türkischen Menschen gut kennt.

Die jedenfalls, die Sie kritisieren.
Ja, kleiner Kopf bleibt immer klein.

Wenn Angela Merkel sagt, ich bin die Kanzlerin aller Menschen, die hier leben, auch der Türken, fühlen Sie sich angesprochen? Oder ist Herr Erdoğan Ihr Ministerpräsident?
Ich mag Erdoğan nicht. Und ich kann es annehmen, wenn Angela Merkel sagt, ich bin auch dein Kanzler, warum nicht.

Werden Sie irgendwann den deutschen Pass beantragen?
Ich weiß nicht. Beide Pässe geht leider nicht. Wenn ich meine Frau hier nicht hätte, also ... Ich liebe Deutschland, aber ich weiß nicht, ob ich dann hierbleiben würde.

Will Ihre Frau, dass Sie einen deutschen Pass haben?
Welchen Pass ich habe, ist meiner Frau egal, aber wir waren einmal zusammen in Ägypten, sie mit dem deutschen, ich mit dem türkischen Pass – mit dem deutschen ging es leichter.

Sie machen auch unabhängig vom Schuheputzen den Eindruck eines Mannes, der glücklich ist. Sind Sie das?
Ja, ich war immer auch ein Lebenskünstler.

Was heißt das?
Wenn man sich selbst gar nicht liebt, kann man auch die anderen Menschen nicht lieben.

10. Juli 2008, *DIE ZEIT*

»Ich bin in Schuld verstrickt«

Helmut Schmidt

Im Sommer 2007 war ich ziemlich genau drei Jahre bei der *ZEIT*. Genau zwölf Mal war die Rubrik »Auf eine Zigarette mit Helmut Schmidt« im Magazin erschienen. Schmidt und ich hatten also schon ein wenig Übung mit unseren Interviews (wenn auch nur in der Kurzform), und ich hatte ihn dabei als einen eloquenten und zugänglichen Gesprächspartner kennengelernt. Immer wieder aber hatte ich ihn geradezu bedrängt, sich über die dramatischsten Tage in seiner Zeit als Bundeskanzler zu äußern: über den Deutschen Herbst und die Schleyer-Entführung. Diesem Austausch stellte er sich nur mit erkennbarem Widerwillen. Und als wir endlich sprachen, fiel er in eine Rolle, die ich bei ihm als Herausgeber der *ZEIT* nicht kannte: Er war plötzlich wieder ganz und gar Politiker und ich der journalistische Gegenpart, von dem er sich falsch verstanden und verzeichnet fühlte. Nie hatte ich ihn so aufbrausend und gereizt erlebt.

Das lange Gespräch fand an einem sommerlichen Nachmittag in seinem sagenumwobenen Ferienhaus am Brahmsee statt. Es war mein erster Besuch dort. Überraschend blieb nach der kurzen Begrüßung und einer gemeinsamen Tasse Kaffee auch Loki Schmidt auf der Terrasse sitzen. Mehrmals schaltete sie sich in das Gespräch ein, sodass das Interview am Ende den Deutschen Herbst aus ihrer beider Perspektiven erzählte. Als ich das Tonband abhörte, schnappte ich eine komische, auch anrührende Bemerkung auf. Ich hatte um eine kurze Unterbrechung gebeten, um mir die Hände zu waschen. Als ich mich entfernte, hört man Helmut Schmidt seine Frau fragen: »Sind auf deinem Gäste-Lokus auch Papier und so was und Seife?«

Helmut und Loki Schmidt († 2010) im Botanischen Garten Hamburg

Herr Schmidt, um dieses Gespräch mussten wir Sie lange bitten. Man hat den Eindruck, dass es Ihnen auch 30 Jahre nach diesen schicksalhaften Tagen schwerfällt, über den Deutschen Herbst zu sprechen.
Helmut Schmidt (HS): Es ist nicht so, dass mir das schwerfällt. Aber ich habe wenig Lust, darüber zu reden.

Was verdrießt Sie so?
HS: Einer der Gründe hat mit euch Journalisten zu tun: Fast alle beschäftigen sich mit den Terroristen, ihren Motiven und deren persönlicher Entwicklung und kümmern sich überhaupt nicht um die Opfer dieser entsetzlichen Verbrechen.

Wie kommen Sie darauf? Die meisten Deutschen haben doch mit Schleyer gelitten!
HS: Ich habe nicht gesagt, dass die Deutschen kein Mitgefühl gehabt hätten, ich habe auch nicht gesagt, die Journalisten hätten kein Mitgefühl. Was mir missfallen hat, ist die einseitige Beschäftigung mit den Terroristen.
Loki Schmidt (LS): Für die bekannten Opfer wie Ponto und Schleyer ist ein gewisses Mitgefühl gekommen, aber all die Unbekannten, die Polizisten und die Fahrer, die umgekommen sind, um die hat sich doch kein Mensch gekümmert, auch nicht um die seelischen Qualen der Familien.
HS: Das mache ich mir zu eigen, was meine Frau gesagt hat.

Schauen wir zurück auf den 5. September 1977, den Tag, an dem Hanns Martin Schleyer entführt wurde. Sie waren damals gut drei Jahre Bundeskanzler, Ihre Regierung hatte mit Bravour die erste Ölkrise gemeistert. Die Arbeitslosenquote lag bei 4,5 Prozent, Tendenz sinkend. Es war ein Montag, als um 17.25 Uhr der Überfall auf Schleyer geschieht. Woran erinnern Sie sich?
HS: (Pause) An gar nichts.

An gar nichts?
HS: Ich kann nur rekonstruieren, dass ich in Bonn war, im Amte, wo ich – aber das ist jetzt nicht meine Erinnerung – innerhalb von Minuten erfuhr von dem, was da in Köln geschehen war.

Vielleicht können wir mit ein paar Details nachhelfen: Vier Stunden nach der Entführung, es war 21.30 Uhr, wurde Ihre etwa fünfminütige Erklärung gesendet, die kurz zuvor im Bonner ARD-Studio aufgezeichnet worden war. Ein Satz ist in die Geschichtsbücher eingegangen: »Der Staat muss darauf mit aller notwendigen Härte antworten.« Hatten Sie den Text selbst formuliert?
HS: Ja, aber ich vermute, dass ich nicht sehr lange über den Text nachgedacht habe. Dazu war wahrscheinlich in der Aufregung dieses Nachmittags gar keine Gelegenheit. Ich erinnere mich an den Wortlaut nicht. Wenn ich eine Nacht darüber geschlafen hätte, wäre wahrscheinlich meine Erklärung im Fernsehen etwas ausführlicher gewesen.

Verzeihen Sie, aber es handelte sich um einen der dramatischsten Tage Ihrer Amtszeit. Und Sie wollen daran keine Erinnerung haben?
HS: Es hat viele dramatische Tage gegeben. Es gab zuvor schon die Entführung von Peter Lorenz, den Überfall auf die Botschaft in Stockholm, die Ermordung Jürgen Pontos.

Sie waren also nicht sonderlich überrascht, dass der Terrorismus in Deutschland mit der Entführung des Arbeitgeberpräsidenten und der Ermordung seiner vier Begleiter Ihre Regierung noch weiter herausgefordert hatte?
HS: Man musste mit solchen Anschlägen rechnen. Deswegen haben ja auch alle gefährdeten Personen damals Begleitschutz bekommen. Hanns Martin Schleyer zum Beispiel ist von Sicherheitsleuten begleitet gewesen.

Es gab ein Begleitfahrzeug, das auf den Wagen Schleyers auffuhr.
HS: Leider hat er aber nicht in einem gepanzerten Wagen gesessen; den gab es vielleicht noch nicht. Hier können Sie die ganze Amoralität dieser Terroristen sehen, die Polizeibeamte und den Kraftfahrer erschießen, um Schleyer zu kriegen – völlig unbeteiligte Menschen, die auch in den Augen der Terroristen keine Kapitalisten und Ausbeuter waren, sondern kleine Leute.

Kannten Sie Schleyer gut?
HS: Er ist sicherlich zwei-, dreimal bei uns zum Abendessen gewesen.

Mochten Sie ihn?
HS: Ich war nicht mit ihm befreundet, aber wir konnten gut miteinander umgehen. Er war ein sachlicher Mann, und er war kein reaktionärer Arbeitgeber. Von seiner Geschichte bis 1945 habe ich damals nichts gewusst.

Von seiner Zeit als SS-Offizier haben Sie erst im Zuge der Entführung erfahren?
HS: Das kam viel später.
LS: Nach dem Überfall auf die Botschaft von Stockholm sind Helmut und ich im Dunkeln durch den Park gegangen. Nachdem wir uns über diese Sache unterhalten hatten, fassten wir den Entschluss: Wir gehen morgen zum Kanzleramtschef und lassen schriftlich niederlegen, dass der eine nichts Besonderes tun dürfe, um den anderen zu retten.
HS: Wenn du schon darüber redest, dann musst du es auch exakt sagen. Dieser Vermerk muss heute noch in den Akten des Kanzleramts sein. Darin ist festgehalten: Falls Frau Schmidt oder Herr Schmidt gekidnappt werden sollten, soll der Staat nicht austauschen.

Entschuldigung, aber das klingt furchtbar: Zur Rettung eines geliebten Menschen muss man doch alles versuchen!
HS: Ja, aber wir waren anders, weil ich Verantwortung trug für andere Menschen.
LS: Sie sind nie in dieser Situation gewesen!

HS: Das ist auch nur eine Antwort auf Ihre Frage, ob wir uns bedroht gefühlt haben. Selbstverständlich waren wir bedroht. Und wir haben uns auch bedroht gefühlt.
LS: Aber der Staat war auch bedroht, und das war uns – und meinem Mann natürlich noch mehr – genauso klar.

Zurück zum September 1977: Hanns Martin Schleyer ist gerade drei Tage entführt. Da haben Sie bei sich im Kanzlerbungalow die sogenannte Kleine Lage versammelt. Sie sagten: »Ich bitte die Herren, doch jetzt auch einmal exotische Gedanken auszusprechen, was wir machen sollen.« Hatten Sie das Gefühl, dass das bewährte Instrumentarium des Rechtsstaates in dieser Situation nicht mehr ausreichen würde?
HS: Ich bin nicht sicher, ob das erst am dritten Tag gewesen ist. Aber ich hatte den Eventualgedanken, möglicherweise hat jemand 'ne verrückte Idee, wie man die Terroristen irreführen, wie man sie in eine Falle locken könnte. Wobei für mich das Gesetz in der ganzen Zeit immer eine unverrückbare Grenze war. Wir haben ein oder zwei Gesetze geändert, aber nicht par ordre du mufti, sondern durch Gesetzgebungsbeschluss des Bundestages, das heißt in einer verfassungsmäßig einwandfreien Weise.

Die Eingriffe zwischen 1975 und 1977 waren gravierend. Es wurden die Befugnisse der Staatsanwaltschaft ausgeweitet, die Befugnisse der Verteidigung aber eingeschränkt: Ein Anwalt konnte fortan durch Gerichtsbeschluss vom Prozess ausgeschlossen werden, wenn der Verdacht bestand, dass er an Straftaten beteiligt ist; eine Hauptverhandlung konnte in Abwesenheit des Angeklagten weitergeführt werden; und das Anfang Oktober 1977 erlassene Kontaktsperregesetz machte es möglich, dass die Gefangenen für eine bestimmte Zeit selbst von ihren Anwälten isoliert wurden. Es ist übrigens heute noch in Kraft.
HS: Ja, aber wir haben später erfahren, dass die Anwälte tatsächlich Waffen ins Gefängnis geschmuggelt hatten. Unser Instinkt, das Gesetz zu machen, war richtig.

Aber Sie hatten ja um verrückte Vorschläge gebeten, die bekamen Sie dann auch. Der damalige Generalbundesanwalt Kurt Rebmann wurde vom *Spiegel* mit dem Vorschlag zitiert: »Der Bundestag ändert unverzüglich Artikel 102 des Grundgesetzes, der lautet: ›Die Todesstrafe ist abgeschafft.‹ Stattdessen können nach Grundgesetzänderungen solche Personen erschossen werden, die von Terroristen durch menschenerpresserische Geiselnahme befreit werden sollen.« Ausgerechnet der Generalbundesanwalt zog Maßnahmen in Erwägung, die nur in einer Diktatur denkbar sind.
HS: Wenn es in meiner Anwesenheit ausgesprochen worden wäre, würde ich mich daran erinnern, denn dann wäre ich aus der Haut gefahren. Ich hätte das niemals getan.

Franz Josef Strauß, neben Helmut Kohl der wichtigste Vertreter der Opposition in Ihrem Krisenstab, soll den Vorschlag eingebracht haben, Standgerichte zu schaffen und für jede erschossene Geisel einen RAF-Häftling zu erschießen. Und da soll einem nicht bange werden um den Rechtsstaat in Zeiten von Krisen?
HS: Ich rede darüber ungern, man soll über Tote nur dann reden, wenn man was Gutes über sie sagen kann. In der Tat hat Strauß eine Äußerung getan, die ich sehr befremdlich fand, aber nicht in dem Wortlaut, den Sie da eben zitiert haben. In meiner Anwesenheit war die Formulierung, die Strauß wählte und an die ich mich einigermaßen deutlich erinnere, sehr viel vorsichtiger als der Wortlaut, den Sie eben zitiert haben.

Lief sie nicht auf das Gleiche hinaus?
HS: Sie hätte vielleicht darauf hinauslaufen können. *(lange Pause)* Ich meine, dass er gesagt hat: »Wir haben doch auch Geiseln.« Und nicht mehr als das.

Wen aus dem Krisenstab haben Sie als besonders hilfreich in Erinnerung?
HS: Jeder Einzelne war ehrlich bemüht, tief betroffen, voller Zorn, den er mühsam bändigen musste. Die wichtigste Aufgabe für uns war, das Versteck zu finden, in dem die Verbrecher Herrn Schleyer

gefangen hielten. Das war eine riesenhafte Operation, die sich über erhebliche Teile Deutschlands erstreckte, bis hin zu den ehemaligen Bunkern aus dem Zweiten Weltkrieg in der Eifel, die einer nach dem anderen durchsucht wurden. Der Mann, der dies alles geleitet hat, mit den doch beschränkten Befugnissen eines Chefs des Bundeskriminalamtes, war Horst Herold. Außerdem war Herold ein wichtiger Ratgeber, weil er sich, besser als jeder andere von uns, in die Gehirnwindungen der Terroristen versetzen konnte. Das war sehr wichtig, denn wir haben ja doch diese Terroristen beinahe fünf oder sechs Wochen an der Nase herumgeführt. Wir haben sie glauben gemacht, dass wir möglicherweise austauschen würden. Das war aber niemals unsere Absicht. Herold hat immer neue Tricks gefunden. (...)

Ich kann es immer noch schwer fassen, dass Sie an den Beginn der Schleyer-Entführung keine Erinnerung mehr haben. Wie kann ein so dramatisches Ereignis aus Ihrem Gedächtnis fallen?
HS: Jetzt werde ich Ihnen was sagen: Die dramatischste Sache, die ich erlebt habe, war gegen Ende des Krieges. Ich war inzwischen Oberleutnant und Batteriechef. Wir waren im Rückzug aus der Ardennen-Offensive begriffen. Wenn wir ein Flugzeug abgeschossen hatten, mussten wir sofort raus aus unserer Stellung, weil sie dann von der amerikanischen Artillerie in Schutt und Asche gelegt wurde. Ich hatte schon ein paar Soldaten verloren, da kriegte einer eine Artilleriegranate ab, die ihm im Unterleib explodierte. Der Mann schrie schrecklich, und die Sanitäter, die wir hatten, trauten sich nicht an ihn heran. Ich war der Vorgesetzte, also habe ich das gemacht. Ich habe den Mann verbunden, und wir haben ihn noch bis zum Hauptverbandsplatz geschafft, aber da ist er dann am selben Tag noch gestorben. In den Jahrzehnten vor dem RAF-Terror habe ich viele dramatische Dinge erlebt.

Wie dramatisch waren denn die 44 Tage der Schleyer-Entführung für Sie?
HS: Diese Epoche des deutschen Terrorismus hat ein viel zu großes publizistisches Gewicht bekommen in diesem zweiten deutschen De-

mokratieversuch von 1949 bis zum heutigen Tage. Es ist ein wichtiger Zeitabschnitt, aber weiß Gott nicht der wichtigste.

Hätte der Rechtsstaat weiter Schaden genommen, wenn es noch schlimmer gekommen wäre?
HS: Meines Wissens hat es eine einzige Verletzung des Rechtsstaates gegeben, und zwar durch mich.

Das Kontaktsperregesetz!
HS: Nein! Damit ist der Rechtsstaat nicht verletzt worden, das hat der Bundestag mit Mehrheit beschlossen! *(haut mit der Hand auf den Tisch, das Geschirr scheppert)* Das war verfassungsrechtlich völlig in Ordnung, und es war auch, wie vorhin ausgeführt, völlig gerechtfertigt.

Wo war also der Rechtsbruch?
HS: Als das entführte Lufthansa-Flugzeug inzwischen im Mittleren Osten war, möglicherweise schon im Südjemen zwischengelandet war, hatten wir die GSG 9 in einem anderen Flugzeug hinterhergeschickt. Es musste auch überall aufgetankt werden. Das heißt, viele Leute konnten das beobachten. Natürlich haben unsere Leute im Innenministerium mit dem Oberst Wegener und seinen Leuten von der GSG 9 im Flugzeug telefoniert. Ich habe mit Wischnewski telefoniert, ich habe mit dem Diktator in Somalia, Siad Barre, telefoniert. Und ein Hobbyfunker – wenn ich mich richtig erinnere, in Israel – hat irgendeines der Telefonate mitgekriegt und daraus den richtigen Schluss gezogen, dass die Deutschen versuchen werden, das Flugzeug zu kapern. Eine Nachrichtenagentur hatte auch schon Wind davon bekommen. Die Bonner Redaktion der *Welt* erfährt davon und druckt das auf Seite eins. Irgendjemand ist zufällig abends in der Stadt Bonn, vielleicht war es Klaus Bölling, und sieht an den Kiosken diese groß aufgemachte Ausgabe der *Welt,* die bereits am Vorabend am Bahnhof verkauft wird; er kommt voller Aufregung zu mir gelaufen. Ich rufe den gerade verantwortlichen Redakteur Hertz-Eichenrode an und drohe ihm Schreckliches an, wenn er es nicht fertigbringt, sofort alle bereits ausgegebenen Zeitungen wieder einzu-

sammeln. Und er hat es getan. Das ist nach meiner Erinnerung der einzige Verstoß gegen das Gesetz.

Das könnte man auch als Beleg dafür heranziehen, dass während der Schleyer-Entführung nicht nur die Kontrolle der Regierung durch die Opposition außer Kraft gesetzt worden war, sondern auch die Medien weitgehend das taten, was ihnen der Krisenstab nahelegte.
HS: Das ist Quatsch! Natürlich haben Journalisten alles Mögliche mitgekriegt. Hätten sie es preisgegeben, wäre zum Beispiel den Baader-Meinhof-Leuten klar geworden, dass wir sie an der Nase herumführten. Aber sie haben es nicht getan, ich würde sagen, aus patriotischer Selbstdisziplin.

Eine Woche nach der Entführung erreichte Helmut Kohl eine bewegende Botschaft Schleyers. Können Sie sich an die Kernsätze erinnern?
HS: Nein, da sind im Laufe der Zeit mehrere Botschaften gekommen.

Auf Tonband ließ Schleyer Sie alle wissen: »Ich habe immer die Entscheidung der Bundesregierung, wie ich ausdrücklich schriftlich mitgeteilt habe, anerkannt. Was sich aber seit Tagen abspielt, ist Menschenquälerei ohne Sinn.« Sind Ihnen diese Worte nicht nahegegangen?
HS: Die waren geschrieben von der RAF. Schleyer hat nichts schreiben oder sagen können, was denen nicht gepasst hat. Davon mussten wir ausgehen.

Und wenn das, was auch der RAF passte, genau das war, was Schleyer sagen wollte – und zutiefst fühlte?
HS: Diese Reaktionen waren doch ganz natürlich, und das haben die Terroristen sicher auch in ihrem Kalkül gehabt. Ich erinnere bitte an einen Parallelfall: Die armen Menschen, die in dem Lufthansa-Flugzeug auf dem Flughafen von Mogadischu standen, mit dem Tode bedroht – die Lokusse des Flugzeuges längst vollgeschissen, alle verkabelt und zur Sprengung vorbereitet. Dann wurde ihnen Alkohol über

die Köpfe und über die Kleidung gegossen, damit sie schön brennen. Die haben natürlich die deutsche Regierung verdammt, an sie appelliert, alles Mögliche von ihr erwartet und uns für ihre Mörder gehalten oder zumindest für die Verursacher ihrer Not, in der sie sich befanden. Denken Sie an die Stewardess, die kleine Gaby ...

... Gaby Dillmann, ich habe ihren verzweifelten Funkspruch an den deutschen Botschafter über den Flughafentower in Mogadischu griffbereit: »Ich habe nicht gewusst, dass es Menschen in der deutschen Regierung gibt, die mitverantwortlich sind. Ich hoffe, Sie können mit dieser Schuld auf Ihrem Gewissen leben.«
HS: Sie hat so gesprochen wie Schleyer auch. Das war doch selbstverständlich – so ist das Leben! Das Leben ist auch so, dass die Geiseln der »Landshut« einem wenige Stunden später voller Begeisterung um den Hals gefallen sind, weil wir sie befreit hatten. Das wäre bei Schleyer auch so gewesen, wenn wir ihn denn gefunden und befreit hätten.

Aber wenn man die Not und Angst dieser Menschen spürt, wie kann man so unbeirrt bei seiner Position bleiben?
HS: Wir waren ja erwachsene Männer und keine Jugendlichen. Wir hatten alle die Kriegsscheiße hinter uns. Strauß hatte den Krieg hinter sich, Zimmermann hatte den Krieg hinter sich, Wischnewski hatte den Krieg hinter sich. Wir hatten alle genug Scheiße hinter uns und waren abgehärtet. Und wir hatten ein erhebliches Maß an Gelassenheit bei gleichzeitiger äußerster Anstrengung der eigenen Nerven und des eigenen Verstandes. Der Krieg war eine große Scheiße, aber in der Gefahr nicht den Verstand zu verlieren, das hat man damals gelernt.

Wenn Sie sagen, dass Sie im Krisenstab die Erfahrung des Krieges geeint habe, meinen Sie die Erfahrung des Todes?
HS: Zum Beispiel. Die Erfahrung des Todes, die Erfahrung der Todesgefahr.

Ist es auch die Erfahrung des Getötethabens?
HS: (Spricht sehr leise und verhalten) Das ist dasselbe.

Danach waren Sie alle also erwachsen, abgehärtet?
HS: Ja.

Auch verroht?
HS: Jeder Krieg bringt Verrohung mit sich, auf allen Seiten.

Ich meine, als Folge.
HS: Nein, nicht als Folge, sondern unmittelbar.

Sind gewisse Gefühle dann nicht einfach abgestorben?
HS: Nee. *(Pause)* Das stellt sich der junge Mann so vor, der selber den Krieg und die Angst nicht kennt.

Ich weiß. Aber das muss kein Fehler sein.
HS: Für mich ist neben dem Krieg noch eine andere Erfahrung von schlüsselhafter Bedeutung. Das war im Jahre 1975, da wurde der Berliner CDU-Politiker Peter Lorenz von Terroristen entführt. Und die Entführer verlangten, sechs inhaftierte Terroristen freizulassen; die sollten ins Ausland ausgeflogen werden. Wir haben damals ausgetauscht, es gab nämlich ein Präjudiz, das war der islamistisch-terroristische Angriff auf die israelische Olympiamannschaft in München am 5. September 1972. Einige Wochen später wurde ein deutsches Flugzeug entführt. Die Forderung war, die Geiselnehmer von München rauszulassen. Die Regierung Brandt hat das getan. Jetzt, wir sind wieder im Jahr 1975, kam ein ähnlicher Fall, und erneut entschied die Regierung so, wie sie es 1972 schon einmal getan hatte. Ich war an dem Tag krank ...

Sie hatten 40 Grad Fieber, Tropenfieber.
HS: Ja, und am nächsten Morgen – ich war inzwischen wieder halbwegs klar im Kopfe, weil mich mein Arzt wieder verhandlungsfähig gemacht hatte ...

LS: Nein, deine Frau! Ich habe mit dem Arzt telefoniert, habe Fieber gemessen und die Medikamente gegeben. Der Arzt konnte doch nicht danebensitzen.
HS: Wie auch immer, der Austausch von Peter Lorenz war inzwischen eingeleitet, der friedensbewegte Heinrich Albertz hatte sich als Zwischengeisel zur Verfügung gestellt. Und an diesem Morgen wusste ich ...
HS und LS (gemeinsam): ... das war verkehrt!

Das wussten Sie schon vor dem Ende der Entführung?
HS: Ja, und ich habe beschlossen, das machst du nie wieder! Tatsächlich haben die in Berlin freigelassenen Leute weiterhin terroristische Taten begangen. Das war also schon die zweite geglückte Erpressung. Mir schwante, jetzt gibt es eine Kette von Entführungen und Erpressungsversuchen.

Die Darstellung der Historiker ist demnach korrekt, dass Sie vom ersten Tag der Schleyer-Entführung an entschlossen waren, den Terroristen nicht nachzugeben?
HS: Die Darstellung ist falsch, denn dazu war ich schon seit der Lorenz-Entführung entschlossen. Ich hatte ja danach auch in Stockholm nicht nachgegeben. Und ich wollte das auch in einem dritten oder vierten Fall nicht mehr tun.

Sandra Maischberger haben Sie immerhin verraten: »Die enorme Verantwortung für das Leben anderer habe ich als existenziell bedrückend empfunden.«
HS (überlegt lange): Man kann auch auf Hamburgisch sagen: Das geht einem ans Magere.

Wäre es denn in Ihren Augen ein Zeichen von Schwäche, wenn Sie erklärten, dass diese Zeit ungeheuer belastend für Sie war?
HS (lacht leise): Belastung ist ein freundliches Wort. Aber ich will Ihnen noch etwas sagen. Es ist ein Irrtum zu glauben, dass dieser sogenannte Deutsche Herbst eine ganz ungewöhnliche Aufregung für die Regierenden gewesen sei. Glauben Sie man ja nicht, dass der NATO-

Doppelbeschluss etwas Einfacheres war! Glauben Sie ja nicht, dass es einfach war, in den Jahren 1969 und 1970 die Verlegung von über einhundert atomaren Landminen quer durch Deutschland zu verhindern! Es gibt viele aufregende Dinge im Laufe des Lebens.

Sie wollen nicht über Ihre Gewissensnöte in diesen 44 Tagen der Schleyer-Entführung sprechen!
HS: Hören Sie, auf die Fragen, ob man Lorenz rauskaufen soll dadurch, dass man Terroristen freilässt; ob man Botschafter und Botschaftsangehörige freikaufen soll dadurch, dass man Verbrecher rauslässt; ob man Schleyer freikaufen soll dadurch, dass man Verbrecher rauslässt; oder ob man Menschen in einem Flugzeug freikauft dadurch, dass man Verbrecher rauslässt, die dann neue Verbrechen begehen – auf all diese Fragen findet sich im Grundgesetz keine Antwort und auch nicht in der Bibel, und im Koran und in der Thora auch nicht! Es gibt auch keinen vernünftigen Menschen, der behauptet, wir hätten das Grundgesetz dadurch verletzt, dass wir Schleyer nicht ausgetauscht haben.

Sie haben 1989 geschrieben, dass zu Ihren schlimmsten Erinnerungen jene Stunde gehört, als Sie während der Trauerfeier neben der Witwe Schleyer saßen.
HS: Ja, mir war natürlich immer klar, dass ich nicht nur in den Augen von Frau Schleyer oder ihres gemeinsamen Sohnes Hanns-Eberhard Schleyer, sondern auch in meinen eigenen Augen mitschuldig war am Tode von Hanns Martin Schleyer. *(spricht sehr leise)* Das war mir immer klar. Das war mir auch klar in den ganzen Wochen, in denen wir ihn gesucht haben. Wenn es nicht gelingt, bist du selbst mitschuldig.

Furchtbar, damit zu leben.
HS: Es ist jedenfalls nicht leicht.

Haben Sie danach noch den Kontakt zu Frau Schleyer gehalten?
HS: Was heißt danach?

Nach dem Tod Schleyers.
HS: Das weiß ich nicht mehr. Brieflich sicher, aber persönlich, glaube ich, eher mit dem Sohn.

Am 20. Oktober 1977, einen Tag nachdem man Schleyer tot aufgefunden hatte, hielten Sie eine Rede vor dem Deutschen Bundestag. Zum Schluss sagten Sie: »Gott helfe uns!« Haben Sie dieses Wort davor oder danach je wieder gebraucht?
HS: Ich glaube, ich habe es nur ein einziges Mal in meinem Leben gesagt.
LS: Das glaube ich auch.
HS: Und diese Schlussformel war wohl spontan, ich vermute, ähnlich spontan wie Brandts Kniefall im Warschauer Getto. Das hatte er auch nicht geplant.

Hat Ihnen das Brandt selbst gesagt?
HS: Ja. Und so war es auch mit dem »Gott helfe uns«. Das war Ausdruck der tiefen inneren Erschütterung. Ich bin kein religiöser Mensch und glaube in Wirklichkeit nicht an den lieben Gott und seine Gerechtigkeit.

Das alles hätte Ihnen erspart werden können: Zwei Tage nach der Entführung gab es den Hinweis eines Polizeihauptwachtmeisters auf die Wohnung Zum Renngraben 8, Appartement 104, dritter Stock links, in dem die Entführer Schleyer tatsächlich gefangen gehalten hatten. Die Meldung ging von der Polizeistation Erftstadt-Liblar zum Oberkreisdirektor in Bergheim, von dort wurde sie erst nach zwei Tagen an den Koordinierungsstab in Köln weitergeleitet, und ein Beamter legte das Fernschreiben in einen falschen Kasten. Die Spur wurde einfach nicht weiterverfolgt. Erst im Februar 1978 wurde die Wohnung von der Polizei geöffnet. Wenn Sie sich das vergegenwärtigen, was sagen Sie da: Shit happens?
HS: Ja, shit happens. Solche Pannen passieren bei der Aufklärung eines Verbrechens.

Aber Sie hätten wahrscheinlich alles innerhalb von zwei Tagen lösen können. Das ist eine Tragödie unvorstellbaren Ausmaßes.
HS: Das ist ganz richtig. Auf der anderen Seite waren das kleine Provinzpolizisten.

Eine geheime Aktennotiz eines Beamten des Bundesnachrichtendienstes ist später aufgetaucht, die besagt, dass es als Spitzenverbindung einen BND-Agenten gab, der eine verdeckte Operation zur Bekämpfung des internationalen Terrorismus vorschlug. Die lautete folgendermaßen: »Eliminierung des europäischen Führungskaders« sowie »Liquidierung« der Aktionseinheit, also des Kommandos. Solche haarsträubenden Details hat Stefan Aust in seinem Buch »Der Baader Meinhof Komplex« dokumentiert. Ich frage Sie: Darf Ihrer Meinung nach jemand, der für den Geheimdienst eines demokratischen Staates arbeitet, solche Vorschläge unterbreiten?
HS: Ich will die Frage nicht beantworten. Ich will dazu was ganz anderes sagen: Ich traue inzwischen überhaupt keinem Geheimdienst mehr. Punkt.

Wie sind Sie denn zu dieser Einsicht gekommen?
HS: Das sind arme Schweine. Die leiden unter zwei psychischen Krankheiten: Die eine Krankheit beruht darauf, dass sie für das, was sie tatsächlich leisten, niemals öffentliche Anerkennung bekommen. Es ist unvermeidlich so, sie müssen ja im Verborgenen arbeiten. Das deformiert die Seele. Die andere Krankheit beruht darauf, dass sie tendenziell dazu neigen, zu glauben, sie verstünden die nationalen Interessen des eigenen Landes viel besser als die eigene Regierung. Diese letztere Krankheit ist der Grund dafür, dass ich ihnen nicht traue. Ich war 13 Jahre lang Mitglied einer Bundesregierung. Ein einziges Mal habe ich den Chef des BND für zehn Minuten empfangen; das war einer, den ich kannte.

In dieser Rede vom 20. Oktober 1977 sagten Sie auch: »Ich weiß, dass viele junge Menschen die Überbetonung materiellen Lebensgenusses missbilligen, die angesichts unseres hohen Lebensstandards bei manchen eingetreten ist.« War das ein Versuch, auf Sympathisanten oder zumindest auf den damaligen Zeitgeist einzugehen?
HS: Das kann sein, dazu müsste ich aber die Rede noch mal lesen. Mir war ja klar, dass es eine ganze Menge junger Leute gab, die in Wirklichkeit die »klammheimliche Freude« des Mescalero nach der Ermordung von Generalbundesanwalt Buback geteilt haben. *(Ein Student mit dem Pseudonym »Mescalero« hatte 1977 in Göttingen einen berühmt-berüchtigten Text veröffentlicht, in dem er eine »klammheimliche Freude« über Bubacks Ermordung zum Ausdruck brachte.)*

Sie waren von den Selbstmorden in Stuttgart-Stammheim überrascht. Warum?
HS: Um Selbstmord im Gefängnis zu begehen, bedarf es einiger Anstrengung. In einem angeblichen Hochsicherheitsgefängnis, wieso gibt es da Tauwerk oder dergleichen, mit dem man sich erhängen kann, wieso gibt es darin Pistolen? Das habe ich nicht für möglich gehalten. Das Gefängnis Stammheim muss ein Saustall gewesen sein!

Gudrun Ensslin hat sich mit einem Lautsprecherkabel erhängt. Ulrike Meinhof, die sich schon im Mai 1976 ebenfalls in ihrer Zelle erhängt hatte, benutzte dazu ein in Streifen gerissenes Handtuch. Können Sie eine verlässliche Aussage darüber machen, ob die Gefangenen abgehört wurden?
HS: Das weiß ich nicht.

Das Erstaunliche war ja, dass Sie einerseits das Kontaktsperregesetz auf den Weg gebracht haben und die Gefangenen andererseits die ganze Zeit über manipulierte Verstärker und die Kopplung der Radios ans Stromnetz weiterkommuniziert haben. Wie ist es möglich, dass so eine Anlage angeblich nicht entdeckt worden ist? Wurde sie vielleicht doch dazu genutzt, die Gefangenen auszuspionieren?
HS: Das müssen Sie den entsprechenden Gefängnisdirektor oder den Justizminister in Baden-Württemberg fragen. Das weiß ich nicht.

Wenn Sie sich das Ganze vom Ende her anschauen, nach diesen 44 Tagen: Da sind die Geiseln der »Landshut« befreit, Hanns Martin Schleyer ist geopfert, die Entführer sind nicht gefasst, die drei wichtigsten RAF-Gefangenen, die vor Gericht verurteilt werden sollten, haben sich durch Selbstmord dem Prozess entzogen. Der Staat hatte nicht nachgegeben. Aber hatte der Rechtsstaat auch gesiegt?
HS: Der Rechtsstaat hat nicht zu siegen, er hat auch nicht zu verlieren, sondern er hat zu existieren!

Und was ist bei Ihnen zurückgeblieben?
HS: Ich würde das wiederholen, was ich in der von Ihnen zitierten Rede vor 30 Jahren im Bundestag gesagt habe. Ich bin verstrickt in Schuld – Schuld gegenüber Schleyer und gegenüber Frau Schleyer und gegenüber den beiden Beamten in Stockholm – dem Militärattaché Andreas Baron von Mirbach und dem Wirtschaftsattaché Heinz Hillegaart, die umgebracht wurden.
LS: Ich weiß nur noch, dass kurze Zeit nach Stockholm die Frau des deutschen Botschafters in Bonn war und mich beinahe beschimpft hat. Da habe ich ihr von unserem nächtlichen Spaziergang erzählt und dem, was wir schriftlich festgelegt haben. Da hat sie mich ganz groß angeschaut und ist mir plötzlich um den Hals gefallen. Und sie hat verstanden, dass alles etwas anders aussieht, wenn man mittendrin steckt. Sie hat nichts Böses mehr gesagt.

Sie haben immer behauptet, es sei eine Mär, dass sich die Terroristen wegen staatlicher Repressionen radikalisiert hätten. Haben Sie die tödlichen Schüsse eines Polizisten auf Benno Ohnesorg vergessen?
HS: Nein, aber das war nicht der Staat! Es war auch nicht die Polizei, sondern es war die Fehltat eines Polizisten. Und dass einzelne Beamte auch schweren Mist machen können, auch Polizeibeamte, das ist tägliches Brot.

Glauben Sie wirklich, dass Polizeibeamte nicht als Vertreter des Staates gesehen werden?
HS: Doch, mit Recht. Aber es ist doch keine Verletzung des Rechtsstaates, wenn zum Beispiel ein aufgeregter Polizist aus Versehen einen Einbrecher erschießt. Das ist eine schlimme Sache, das ist eine Tragödie, der Mann, der geschossen hat, gehört vor Gericht, alles richtig. Aber deswegen ist doch der Rechtsstaat nicht in Gefahr!

Dann kamen 1968 die Notstandsgesetze hinzu, von 1972 an galt der Radikalenerlass, dann noch die Rasterfahndung – waren das nicht alles Argumente für Leute, die dem Staat ohnehin kritisch gegenüberstanden?
HS: Argumente ja, aber keine stichhaltigen. Ich habe mich weiß Gott wegen der Kiesinger-Regierung zu verteidigen. Es waren lauter ehemalige Nazis drin: Kiesinger war Nazi, Lübke war zumindest Mitläufer, Schiller war auch Mitläufer. Unter Adenauer strotzte das ganze Bundeskanzleramt vor Nazis – so war das. Aber zu behaupten, der Rechtsstaat sei in Gefahr gewesen, ist dummes Zeug!

Soll ich Ihnen mal vorlesen, was Sie vier Tage nach dem Tod von Benno Ohnesorg, also am 6. Juni 1967, vor der SPD-Bundestagsfraktion gesagt haben?
HS: Bitte sehr.

»Wenn Studenten demonstrieren, dann schickt man nach Möglichkeit nicht die Polizei, sondern geht als Politiker hin und spricht mit ihnen.« Und Sie sagten auch: »Wegen der falschen Reaktion des Staates« auf die Demonstration würden sich »hundert- oder tausendmal mehr Leute« mit den »wilden SDS-Leuten« solidarisieren. Klingt anders als das, was Sie heute sagen.
HS: Entscheidend ist der erste Satz. Dazu will ich mich äußern. Fünf Jahre vorher, es war 1962, war die *Spiegel*-Affäre. *(Helmut Schmidt war damals Innensenator in Hamburg.)* Die Bundesanwaltschaft ließ damals die Büros des *Spiegels* besetzen – in demselben Gebäude, in dem Sie und ich heute bei der ZEIT sitzen. *(Helmut Schmidt ist Herausgeber der* ZEIT, *die Redaktion in Hamburg befindet sich im*

Pressehaus am Speersort 1.) An dem Tag der Durchsuchung kommt es zu aufgeregten Demonstrationen, die Studenten wollen zum Untersuchungsgefängnis, um Augstein rauszuholen. Schmidt hört davon, setzt sich mit seinem Freund Peter Schulz in einen Polizeiwagen mit Lautsprecher und Mikrofon und hält denen eine Rede unter freiem Himmel – und dirigiert sie um in das nahe gelegene Audimax der Universität. Da habe ich noch eine Rede gehalten, und alles endete in Friede, Freude, Eierkuchen.

Ich habe gesammelt, was Sie zwischen 1967 und 1972 sonst über Studenten gesagt und über ihren Protest von sich gegeben haben: »irrational«, »schrecklich versimpelnde polemische Rhetorik«, »Selbstüberheblichkeit und Hybris«, »gefährliche Sozialromantiker«, »exklusive Arroganz«. Getoppt wird das nur noch von dieser Widmung: »Während wir hier im Kabinett reden, hauen die in Kiel dem Rektor auf die Fresse und scheißen im Gerichtssaal auf den Tisch.« Bereuen Sie diese Worte?
HS: Heute würde ich mich ein bisschen anders ausdrücken. Aber noch heute würde ich sagen, dass das Leute waren, die auf die antifaschistische Propaganda der Moskauer und der Ostberliner hereingefallen sind, auch auf verschiedene Spielarten von Vulgärmarxismus. Es kommt etwas Besonderes dazu: Tatsächlich sind wir Deutschen unter Adenauer und später unter Erhard und Kiesinger, auch noch unter Brandt mit den schlimmen Nazis ein bisschen zu menschenfreundlich umgegangen.

Also können Sie diese Seite des Protestes verstehen?
HS: O ja! Ich bin wegen meines jüdischen Großvaters nie in Gefahr gewesen, ein Nazi zu werden. Dieser Zufall oder die Genealogie – möglicherweise nur der Zufall – hat mich davor bewahrt. Ansonsten war die Masse derjenigen, die dann nach 1949 die deutschen staatlichen Büros bevölkert haben, Nazi-Mitläufer – und einige waren schlimme Nazis. Am schlimmsten waren diese Nazi-Mitläufer in der Justizverwaltung, als Richter wie als Staatsanwälte.

Sie waren als junger Vorsitzender des SDS auch nicht immer brav. In einem Rundschreiben von 1948 haben Sie geschrieben: »Der konservative, beharrende Charakter der deutschen Universitäten beruht zu einem Teil auf ihrer traditionellen Verfassung, welche die jüngeren Dozenten nur einen sehr geringen Einfluss auf die inneren Angelegenheiten ausüben lässt.« Das klingt fast schon wie die 68er-Parole »Unter den Talaren – Muff von 1000 Jahren«.
HS: An der Kritik der 68er an der damaligen Universität ist nichts auszusetzen, sie war im Prinzip und in der Sache durchaus gerechtfertigt. Manche der deutschen Professoren haben 1968 und folgende noch einmal bewiesen, was sie für Feiglinge waren. Sie haben nämlich den Kopf eingezogen, statt sich hinzustellen und zu sagen: Gewalt gibt es hier nicht in meinem Seminar! Sie haben den Kopf eingezogen *(wird laut)* und sich genauso benommen wie zuvor unter den Nazis. Doch die Angst, der Faschismus stehe wieder bevor und die Große Koalition sei eine Art Wegbereiter, die war großer Quatsch. Aber die Kritik der jungen Leute an den Universitäten war absolut gerechtfertigt.

Ist das überwiegende Unverständnis gegenüber kritischen, engagierten jungen Leuten nicht auch der Hauptgrund dafür gewesen, dass aus dem Fleisch der Sozialdemokratie eine neue politische Kraft entstehen konnte – die Grünen, die bis heute die Sozialdemokraten schwächen?
HS: Das ist abwegig. Wenn Sie bei uns und in den meisten anderen europäischen Ländern das Verhältniswahlrecht haben, dann ist es zwangsläufig so, dass Sie mit der Zeit viele Fraktionen und Parteien im Parlament haben – und nicht nur zwei Volksparteien. Wir können noch von Glück sprechen, dass wir nur sechs Parteien im Bundestag haben.

Trifft Sie der Vorwurf, Sie hätten damals nicht integrierend genug gewirkt?
HS: Ich werfe mir das nicht vor – das ist Unsinn! Außerdem, bitte sehr, ich bin 1974 ans Ruder gekommen. Wenn Willy Brandt 1974 am Ruder geblieben wäre, wäre er bei der Wahl 1976 mit Pauken

und Trompeten unterlegen. Und dann hätte eine Linksradikalisierung der Sozialdemokratie zwangsläufig stattgefunden. Ich habe immerhin 1976 und 1980 zwei Wahlkämpfe mit jeweils knapp 43 Prozent für die SPD gewonnen, wir lagen nicht wie heute unter 30 Prozent.

Gab es denn eine besondere Form des Terrorismus in Deutschland durch Baader, Meinhof und die anderen?
HS: Ich habe den Verdacht, dass sich alle Terrorismen, egal, ob die deutsche RAF, die italienischen Brigate Rosse, die Franzosen, Iren, Spanier oder Araber, in ihrer Menschenverachtung wenig nehmen. Sie werden übertroffen von bestimmten Formen von Staatsterrorismus.

Ist das Ihr Ernst? Wen meinen Sie?
HS: Belassen wir es dabei. Aber ich meine wirklich, was ich sage.

30. August 2007, *DIE ZEIT*

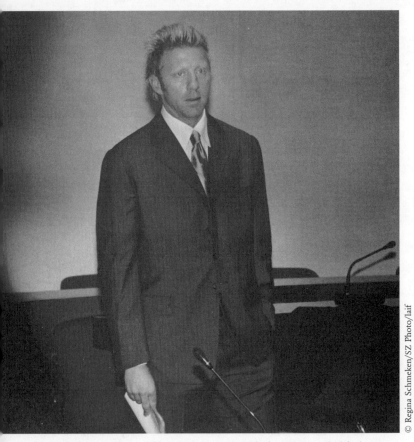
Abstieg eines Tennishelden: Boris Becker im Oktober 2002 vor Gericht in München

»Per Du mit dem Kanzler, das passt nicht«

Boris Becker

Als mein Kollege Christoph Amend und ich Boris Becker im Frühjahr 2002 im Hotel Bayerischer Hof in München trafen, hatte sein Image durch private Affären schon gelitten. Er steckte auch mitten in einer Steueraffäre, wegen der er einige Monate später vom Landgericht München I zu zwei Jahren Haft auf Bewährung verurteilt werden sollte. Und trotzdem war Boris Becker zu diesem Zeitpunkt immer noch vor allem der ganz große deutsche Tennisspieler, der sich erst drei Jahre zuvor aus dem aktiven Sportlerleben verabschiedet hatte. Beim Versuch, sein Leben danach zu gestalten, fand er sich als Nebendarsteller in dem Kinofilm »666 – Traue keinem, mit dem du schläfst« auf der Leinwand wieder, was ein Anlass für das Gespräch war.

Beckers Weg in den Boulevard war unaufhaltsam, der Abstieg zur Karikatur seiner selbst aber noch nicht voraussehbar. Er zeigte sich im Gespräch ganz im Gegenteil von seiner menschlich-gewinnendsten Seite, schlagfertig, nachdenklich, an einigen Stellen auch blitzgescheit: ein Mann, der in großer Klarheit seine Situation analysierte, der von den wichtigsten Intellektuellen des Landes als Held gefeiert worden war. Mit deren Lobeshymnen konfrontiert, entgegnete er uns: »Diese unmenschliche Erwartungshaltung kann niemand erfüllen.«

Boris Becker heute, mehr als zehn Jahre später, für die *ZEIT* zu interviewen, würde wahrscheinlich bei vielen Lesern Proteste hervorrufen, noch bevor sie auch nur eine einzige Zeile gelesen hätten: »Wie kann man einer solchen Figur nur ein Forum geben?« Aber eigentlich wäre eine Revision auch dieses Urteils fällig: Kann all das, was ein ganzes Land an ihm geliebt hat, einfach spurlos verschwinden?

Herr Becker, wir wollen mit Ihnen über Rollenspiele reden, im Kino und in der Wirklichkeit. Können Sie sich gut verstellen, wenn Sie jemanden nicht mögen?
Fünf Minuten lang.

Und dann?
Es gibt ja einige Nachteile des Älterwerdens: Haarausfall, Speck um die Hüften, schlecht hören und sehen. Aber der große Vorteil ist: Man ist häufiger so, wie man wirklich ist. Man nimmt weniger Rücksichten, sagt sich öfter mal: I don't give a shit. Als Teenager kommt man ja eher in eine Situation, in der man sich, wegen vertraglicher Verpflichtungen oder aus Respekt dem Alter gegenüber, zurücknimmt, sich gehörig benimmt. Man hat ja auch Angst vor Fehlern. Je älter man wird, das beobachte ich bei mir, umso häufiger sagt man geradeaus und deutlich Nein.

Ein Mensch, der Sie gernehat, sagt: Wenn es ein Wort gibt, das Becker selten benutzt, dann ist es »Danke«.
Mmh. Ich will versuchen, das an einem Beispiel zu erklären. Ich hasse meine Geburtstage nicht, weil ich Geburtstag habe, sondern wegen all diesem oberflächlichen Einladen und Geschenke-Bekommen. Ich treffe mich oft mit Freunden, und wenn der Anlass mein Geburtstag ist, meinetwegen gerne. Aber tut ja nicht so, als hättet ihr euch etwas überlegt oder etwas für mich ausgesucht. Ich werde nicht Danke sagen.

Warum nicht?
Ich sage nur in einem Ausnahmefall Danke, wenn ich es wirklich meine. Dann ist es mir Ernst und kein Blabla. Das passiert dann, wenn es angebracht ist. Danke ist für mich ein viel zu wichtiges Wort.

Zur Liveübertragung Ihrer Vernehmung in Miami, kurz vor Ihrer Scheidung von Barbara Becker, haben Sie später gesagt: »Ich habe mich gefühlt wie im falschen Film.«
Ich habe da eine Rolle gespielt. Und ich habe mich damals ganz wohlgefühlt.

Wie bitte? Sie sahen verzweifelt aus, haben den Kopf hektisch hin und her gedreht, man konnte richtig Mitleid mit Ihnen haben.
Genau das wollte ich erreichen. Ich hatte mich entschieden, da hinzugehen. Ich habe im Gerichtssaal eine komplette Rolle gegeben, bis zum Ende, ohne Aussetzer.

Der Anwalt Ihrer Frau hat Sie nie verunsichert?
Nach einer Viertelstunde habe ich gemerkt, der meint es ernst, und deine Aussage steht unter Eid. Ich habe mir gedacht: Du bist in einem wichtigen Match, du musst die Konzentration halten bis zum Schluss.

Sie vergleichen so etwas mit einem Tennismatch?
Immer.

Im Gerichtssaal dachten Sie an einen vergleichbaren Moment etwa aus einem Halbfinale? Im Ernst?
Ich würde das schon eher als Finale bezeichnen. Ich habe mich dabei sehr wohlgefühlt, denn alles war gespielt. Ich hatte nur ein Ziel an diesem Tag: Ich wollte einen bestimmten Eindruck erwecken ...

Sie sind ein geborener Schauspieler.
Das kommt ganz auf die Rolle an. Bei der Gerichtsverhandlung ging es um einen Teil meines Lebens, und ich musste mich da nur erinnern, um was geht es hier eigentlich? Wie wichtig ist mir das? Wenn mir das gelingt, kann ich es glaubhaft spielen, ja.

Der Film über Ihr Leben: Wie müsste der aussehen? Haben Sie einen Titelvorschlag?
Er könnte nur zur Hälfte gedreht werden, die andere kommt erst noch. In diesen Tagen ist ja der Film über Muhammad Ali in die Kinos gekommen, und viele fragen mich nach einer Autobiografie über mein Leben, aber das ist mir zu früh. Ein Titel dafür? Mmh.

»Einer kam durch«?
Der Titel müsste mein Leben beschreiben, und sicher wähle ich immer den schwierigsten Weg. Ich hätte es einfacher haben können, ja, vielleicht wäre es das: »Ich hätte es mir leichter machen können.«

Haben Sie für den schwierigsten Weg ein Beispiel?
Ich hätte auch die Überschrift zu diesem Kapitel: »Die Vereinnahmung der Person B.B. in den Achtzigerjahren.« Ich habe mich damals in eine bestimmte politische Richtung vermarkten lassen. Ich hatte einen Werbevertrag mit der Deutschen Bank, mit BASF, ich stand für all die konservativen Werte im Land. Ich habe teilweise andere Ansichten, trotzdem habe ich mitgemacht. Ich habe mich nie wiedergefunden in dem öffentlichen Bild von mir. Mein berufliches Umfeld ...

... allen voran Ihr damaliger Manager Ion Tiriac ...
... fand mein Image absolut logisch. Also habe ich angefangen, gegen den Strom zu schwimmen. Ich habe in einem Interview gesagt, dass ich die Aufregung über die Hafenstraße in Hamburg, über die paar Hausbesetzer, nicht verstehen kann.

Lothar Späth, damals Ministerpräsident Ihres Heimatlandes Baden-Württemberg, sagte: »Becker ist zu weit gegangen. Ab sofort bin ich Fan von Carl-Uwe Steeb.«
Mein Management schlug die Hände über dem Kopf zusammen: Boris, bist du wahnsinnig? Du bist auf einem wunderbaren Weg, du kannst noch zehn Werbeverträge bekommen, und dann so was? Meine Antwort war: Schon toll, aber wenn ich den ganzen Tag lügen muss, fällt das irgendwann auf mich zurück.

Sie haben Ihre Situation Ende der Achtziger mit dem Schicksal von James Dean und Marilyn Monroe verglichen, jung, erfolgreich – und kurz vor dem Selbstmord.
Nicht, dass tatsächlich Gefahr bestanden hätte, aber ich hätte aufhören müssen, Tennis zu spielen, und das hätte für mich quasi Selbstmord bedeutet. Ich war leer, ich bin abends ins Hotelzimmer und zusammengebrochen. Ich habe gesagt: Ion, so geht es nicht weiter. Ich bin ein junger Kerl und habe keine Freiheit. Ich merkte, dass die Luft immer dünner und dünner wurde. Irgendwann kommt es zur Explosion.

Empfinden Sie sich eigentlich als Helden?
Oh Gott, nein. Für was? Für wen?

Sie kokettieren. Selbst Franz Beckenbauer sagt: »Es gibt in Deutschland nur einen Helden, der größer ist als Schmeling, größer als ich: Boris Becker.«
Das ehrt mich. Aber solche Sätze muss ich wegschieben. Beim Thema »Helden« besteht eine Gefahr: Hat man den Titel verliehen bekommen, geht man am besten in einen Tiefkühlschrank, wird vereist und bleibt so die nächsten 30 Jahre. Man hätte mich am liebsten als den ehemaligen Wimbledon-Sieger, der für den Rest seines Lebens mit dem Satz »Da ist Boris Becker, der ehemalige ...« auf Empfängen herumgereicht wird. Das macht es manchmal für mich schwierig. Jeder meiner Schritte wird nach einem Wimbledon-Sieg bewertet, selbst der

Kurzauftritt in »666« ... Man gibt mir kaum eine Chance, ohne dass mir – wuff! – mit dem Hammer auf den Kopf gehauen wird. Nach dem Motto: Das kann er überhaupt nicht. (...)

Der Schriftsteller Martin Walser, kennen Sie den?
Ja.

Er hat einmal geschrieben: »Wenn Boris Becker gewinnt, sieht er aus wie ein Sohn von Kirk Douglas und Burt Lancaster. Wenn er verliert, sieht er aus wie er selbst.«
Beides stimmt nicht.

Weiter Walser: »Wenn Tennis eine Religion ist, dann ist Boris Becker ein Gott.«
Ich kenne das Buch. Der Satz stimmt auch nicht.

Aber er geht gut runter.
Er geht gut runter, na klar.

Und die ZEIT hat 1985 den schönsten Satz geschrieben: »Wenn ein 17-Jähriger Wimbledon gewinnen kann, dann ist alles möglich, sogar die Wiedervereinigung.« Fünf Jahre später war es so weit.
Und jetzt versetzen Sie sich mal in meine Lage. Fangen Sie mal an, damit zu leben. Mit diesen Überschriften. Die *ZEIT*. Martin Walser. Geht's noch ein bisschen höher? Diese unmenschliche Erwartungshaltung kann niemand erfüllen. Ich musste mir die Frage stellen, habe ich genügend Mut, etwas zu riskieren, oder habe ich zu viel Angst vor dem Sturz?

Wer hat Ihnen die Frage beantwortet?
Auf die Gefahr hin, dass es für die meisten Menschen merkwürdig klingt: Es gibt nicht viele, mit denen ich offen reden kann, von denen ich Ratschläge annehmen könnte, weil die ein ähnliches Leben haben wie ich und schon fünf, zehn Jahre weiter sind. Ich bin ja wegen der Familie oft in Florida, und da gibt es einen Footballspieler, Dan Marino, der beste Quarterback aller Zeiten, eine Legende. Wenn der in

Amerika rumläuft, ist ein Geschrei wie bei Michael Jackson. Wir sind uns mal begegnet, haben Telefonnummern getauscht, aber ich war zu schüchtern und habe ihn nie angerufen. Später haben wir uns noch mal gesehen, da hat er mich umarmt: »You're my hero.« Der ist ja ein Schrank, noch größer als ich und breiter. Nach einer halben Stunde lagen wir uns in den Armen, wir sind seelenverwandt, das habe ich selten bei einem Menschen erlebt. Heute holen wir uns schon mal vom Flughafen ab. Der Typ ist ein absoluter Gott in Amerika, und doch will er ganz normal sein. Das kann ich nachvollziehen. Deshalb verstehen wir uns so gut.

Welche Film- und Fernseh-Helden hatte der kleine Boris? Durften Sie überhaupt fernsehen?
Ich war extrem. Unter der Woche durfte ich nur die Vorabendserien anschauen, am liebsten »Bonanza«, da fand ich Hoss Cartwright am besten. Seine Gemütlichkeit, seine Geduld, aber auch, dass alle wussten, er ist der Stärkste. Um 19 Uhr hat mein Vater Nachrichten gesehen, um Punkt 19 Uhr 30 gab's Abendbrot. Am Wochenende saß ich den ganzen Tag vor der Glotze, zwölf Stunden nonstop. Ich habe es geliebt. Ich konnte dir am Montag sagen, wann welche Filme am nächsten Sonntag laufen. Die besten Sendungen habe ich in der Programmzeitschrift dick unterstrichen.

Und im Kino?
Ich war ein Fan von Cowboyfilmen, wobei ich für die Indianer war, weil sie mir leidtaten. Sie hatten nie wirklich eine Chance. Mein erster Leinwandheld war aber Gary Cooper, den fand ich cool, der hatte einen Ehrenkodex. Der hat einen nicht von hinten umgebracht, sondern im Duell: Wer von uns beiden schießt schneller? »High Noon« war mein Lieblingsfilm.

Manche unterstellen Ihnen, dass Sie ähnlich cool mit Menschen umgingen, wenn sie Ihnen nicht mehr nützlich sind. Frühere Freunde ...
Wenn ich jemandem auf die Schliche komme, dass er mich nur benutzt für seine eigenen Interessen, mich auch noch anlügt und hintergeht, dann gibt es einen Cut, und der ist brutal.

Wie sieht ein solcher Becker-Cut aus?
Du wirst plötzlich ein Fremder, wie tot.

Klingt nach einem echten Western-Fan. Traurige Filme sind also nichts für Sie.
Oh, ich kriege schon nasse Augen. Geweint habe ich zum letzten Mal bei »Schindlers Liste«. Tragische Geschichten, Lovestorys ohne Happy End mag ich sehr. Happy Ends im Film mag ich überhaupt nicht.

Warum nicht? Tröstet Sie das nicht?
Es ist eine Lüge. Ich fühle mich dann betrogen. Das Leben ist nicht fair.

Ein Filmkritiker hat mal gesagt, das Schlimmste sei, wenn er mit einer Frau ins Kino geht, und sie sagt danach etwas Fürchterliches.
Sie hat es nicht verstanden, dann kann sie nicht meine Frau sein, ja, das kenne ich. Wobei ich leider selten dazu komme, aktuelle Filme im Kino zu sehen, eigentlich seitdem ich 17 bin. Dafür habe ich mir jetzt einen riesigen Fernseher gekauft, der ist so groß wie der lange Tisch, an dem wir gerade sitzen. Wobei das gerade zur Folge hat, dass mein Großer gerne den ganzen Tag davor sitzen und darauf Playstation spielen würde. (...)

Haben Sie ein gutes Gespür dafür, ob jemand, dem Sie begegnen, Ihnen eine Rolle vorspielt?
Ja. Das ist einerseits Instinkt und andererseits Erfahrung nach den ungefähr zehn Millionen Menschen, die ich getroffen habe. Natürlich liege ich manchmal auch falsch, aber ich finde solche Rollenspiele nicht immer unangenehm. Spielt jemand einen netten Part, dann bin ich trotzdem gerne mit ihm zusammen.

Und wenn, wie es Ihnen passiert ist, Gerhard Schröder auf Sie zukommt und Sie duzt? Weil er sagt, er fühle sich sonst so alt? Nehmen Sie ihm das ab?
Erstens: Er ist ja deutlich älter als ich, also könnte es sein, dass ihm so wohler ist. Zweitens: Er spielt garantiert eine Rolle, weil wir uns nicht wirklich kennen.

Den Bundeskanzler duzen. Ist das nicht komisch?
Man macht es ungern. Wenn wir uns sehen, sieze ich ihn, auch wenn er mich immer duzt. Irgendwie passt das nicht: Per Du mit dem Kanzler. Ich tue mich mit dem Duzen generell schwer, weil es oft ein Zeichen falscher Nähe ist. Ich habe damit früher negative Erfahrungen gesammelt. Ein paar Jahre lang hat mich ja das ganze Land geduzt! Mit Verlaub, aber jedes Arschloch hat geglaubt, mich mit dem Vornamen anreden zu dürfen. Damit meine ich jetzt nicht Herrn Schröder! Noch mal anders formuliert: Ich würde nie auf die Idee kommen, den bayerischen Ministerpräsidenten Stoiber plötzlich Edmund zu nennen.

Ist Stoiber wirklich ein Sportfan, oder muss ein Politiker heutzutage damit Volksnähe zeigen?
Der ist ein echter Fan, Fußball, Tennis. Vor ein paar Tagen habe ich ihn auf dem Flughafen getroffen. Das Erste, was er fragt: Wie hat Tommy Haas gespielt? Zu Stoiber muss man sagen, dass er privat gewinnt, nur im Fernsehen manchmal anders rüberkommt.

Vor drei Jahren haben Sie Gerhard Schröder unterstützt, es ging um die doppelte Staatsbürgerschaft. Würden Sie ihm im Wahlkampf wieder helfen?
Das ist ja ein Thema, das mich drei Jahre später bei meiner Scheidung viel gekostet hat ... Ich habe gelernt. Wenn ich heute eine Frau kennenlerne, ist die zweite Frage immer, welchen Pass hast du?

Und die erste Frage?
Die bleibt ein Geheimnis.

Boris Becker im Wahlkampf wäre etwas Neues.
Ich würde gerne eine Partei unterstützen, so wie das in den USA oder in England üblich ist. In Deutschland hat das eher Nachteile. Til Schweiger hat sich vor Kurzem zur SPD bekannt. In der Filmbranche sind die meisten links. Als Künstler rechts zu sein, das wäre überraschend. Oder wenn ich jetzt sagen würde, ich bin ein Alternativer.

Was halten Sie denn von Joschka Fischer? Er ist ja trotz aller Wandlungen fast so beliebt wie Sie.
Ich verstehe nur nicht, wie er noch bei den Grünen sein kann. Ich habe ihn ein-, zweimal kurz getroffen und gar kein Gespür für ihn bekommen. Er war eher distanziert. Ich will ihn nicht nach diesem Blitzeindruck beurteilen. Viele, die uns beide kennen, sagen, dass wir uns gut verstehen würden.

Herr Becker, wer Ihr Rollenspiel aus der Distanz beobachtet, könnte den Eindruck gewinnen: Sie geben ein perfektes Beispiel dafür ab, dass man alles mit Geld regeln kann – auch die ganz großen Tragödien.
Wollen wir uns etwas vormachen? Geld spielt eine dominante Rolle in unserer Gesellschaft. Wenn Sie mit Ihrer Zeitung nicht genügend Auflage machen, sind Sie in einem halben Jahr weg. Dabei vertreten Sie persönlich sicher nicht jede Meinung, die bei Ihnen gedruckt wird. Das geht mir nicht anders. Ich bin auch nicht immer d'accord

mit meinen Partnern. Trotzdem spielen Geld, Quote, Auflage eine wichtige Rolle. Das ist nicht erst seit heute bekannt. Die wirklich wesentlichen Dinge des Lebens kann man aber nicht kaufen. Und das spüre ich jedes Jahr deutlicher.

3. Februar 2002, *Der Tagesspiegel*

»Na selbstverständlich grüße ich Helmut Kohl noch«

Angela Merkel

So sympathisch, humorvoll und überzeugend Angela Merkel in der persönlichen Begegnung wirkt – sobald ein Tonband mitläuft, ist die Bundeskanzlerin für Journalisten eine schwere Prüfung. Nicht nur, dass sie den nach ihr bereits benannten Stil pflegt, möglichst so zu formulieren, dass sich daraus alles, aber bloß keine Schlagzeile stricken lässt: Das Wenige, das man ihr außerplanmäßig entlocken kann, wird im Kanzleramt beim Autorisieren bis auf die letzte Präposition abgeschmirgelt.

Da ist es mir nie anders ergangen als einer Armada von Kollegen. Ein Interview allerdings, im Dezember 1999, fiel deutlich aus dem Rahmen: Da war die Bundeskanzlerin noch CDU-Generalsekretärin und durchlebte mit Sicherheit die risikoreichste Phase ihrer ganzen Karriere. Ausgelöst durch den Haftbefehl gegen den früheren Schatzmeister Walther Leisler Kiep war kurz zuvor die CDU-Spendenaffäre aufgeflogen; nach und nach kamen die Schattenkonten und die illegale Spendenpraxis in der Ära Kohl ans Licht. Gerade erst hatte der frühere Bundeskanzler im ZDF erklärt, zwischen 1993 und 1998 Spenden in Höhe von 1,5 bis zwei Millionen Mark erhalten zu haben – ohne dass sie in den Rechenschaftsberichten aufgetaucht waren.

Vorsichtig war Angela Merkel auch in diesem Gespräch, das ich mit ihr für den Berliner *Tagesspiegel* führte. Und doch probierte sie erkennbar etwas aus, etwas für damalige Verhältnisse Unerhörtes: die Ablösung vom Übervater Helmut Kohl, dem sie selbst ja viel verdankt. Gemeinhin gilt als deutlichstes Dokument dieser Emanzipation ein Gastbeitrag Merkels in der *Frankfurter Allgemeinen Zeitung*,

Als die Bundeskanzlerin noch Generalsekretärin war: Angela Merkel im September 1999.

der nur drei Tage nach dem Interview veröffentlicht wurde und in dem Merkel ihre Partei auffordern sollte, »sich wie jemand in der Pubertät von zu Hause zu lösen«. Im Rückblick war das Gespräch im *Tagesspiegel* für den großen Paukenschlag wohl so etwas wie eine Generalprobe.

Ihre Ausdrucksweise ist schon damals Merkel vom Feinsten – zumindest in der CDU wurde ihre Botschaft aber genauso rezipiert, wie sie gemeint war. Die ihr Wohlgesinnten sahen es als Vorzeichen, dass aus dieser Frau etwas ganz Großes werden würde. Die Kohl-Vertrauten reagierten mit Abscheu und Empörung. Merkel ging dabei wohlüberlegt bis an die äußerste Grenze dessen, was sie in der damaligen Situation überhaupt aussprechen konnte, ohne sich die ganze Partei zum Feind zu machen. Sie erwähnt zum Beispiel den Namen Kohl in den kritischen Passagen nie, stattdessen spricht sie von ihm – typisch gestelzt – in indirekter Form und in Passivkonstruktionen.

Es geht schon damit los, dass sie die Frage, ob die Union eine »geistig-moralische Wende« brauche (so das geflügelte Wort aus Kohls ersten Kanzlerjahren), relativ unsentimental konterte: Sie halte »nichts davon, dass wir unentwegt Wenden propagieren«. Ein kaum noch verstecktes Foul gegen Kohl und die alte Garde. Sodann kommt sie immer wieder auf den eigentlichen Skandal zu sprechen, wobei sie eine geradezu tollkühne dialektische Begründung dafür schafft, dass man sich den Fehlern zu stellen habe: Die »historischen Leistungen« (Kohls) seien umso größer, je klarer man auch die Fehler benennt. Sonst sei der Erfolg nicht viel wert. Frau Merkel gibt sich also auch bei ihrem unmissverständlichen Versuch, Helmut Kohl zu historisieren (also mit ihm abzuschließen), als besonders gute Kohl-Versteherin.

Merkel selbst hat nach der Veröffentlichung mal erklärt, in der Partei seien viele der Meinung gewesen, dass dieses Interview vielleicht doch gereicht hätte und der Gastbeitrag in der FAZ eine Umdrehung zu viel gewesen sei. Wie auch immer: Sosehr ich mich über dieses kleine Dokument der CDU-Parteigeschichte freue, so sehr bedaure ich es noch heute, dass leider vertraulich bleiben muss, was Merkel im Anschluss an eine Livesendung der Talkshow 3nach9 in Bremen in der gleichen Zeit von sich gab. Da fragte sie ein anderer Gast ganz arglos, ob sie denn nicht so etwas wie Angst kenne, wenn sie sich mit so einem mächtigen Mann wie Helmut Kohl anlege. Die Reaktion kam unglaublich spontan, aber es bleibt eben einer der Sätze für ein Traumprojekt, das ich gerne mal realisieren würde: Antworten von Politikern, die nie zum Abdruck freigegeben worden sind.

Was dürften wir Ihnen denn zu Weihnachten schenken, ohne dass Sie danach Angst vor Enthüllungen haben müssen?
Zehn Stunden Schlaf.

Darf es auch etwas mehr sein?
Im öffentlichen Dienst ist genau geregelt, ab wann Geschenke der Allgemeinheit zur Verfügung zu stellen sind. Bei Bundesministern liegt die Grenze bei 300 Mark. Im Umgang mit Journalisten kann man ein gutes Essen annehmen. Wenn man das ab und an auf Gegenseitigkeit wiederholt.

Braucht die Union eine geistig-moralische Wende?
Wir brauchen eine Weiterentwicklung unserer Wertevorstellung, angesichts einer veränderten Welt. Aber ich halte nichts davon, dass wir unentwegt Wenden propagieren. Wir hatten eine Wende 1990 von einer wirklich diktatorischen zu einer demokratischen Politikform. Und bemerken, dass das Hineinwachsen schwierig ist. Was diese Gesellschaft braucht, ist eine Grundorientierung, mehr als ein materielles Verständnis von der Gesellschaft. Aber dafür braucht man keine Wende.

Das gilt insbesondere für Ihre Partei!
Politik kann nur auf Ehrlichkeit aufbauen. Für unsere 640 000 Mitglieder sind es schwere Wochen: Wir müssen innerlich zu akzeptieren lernen, dass Fehler passiert sind, dass aber gleichzeitig historische Leistungen auch historische Leistungen bleiben. Um das zu schaffen, müssen die Fehler genannt werden, um nicht den Eindruck zu

vermitteln, dass der geleistete Erfolg keine Kritik und auch nicht die Benennung von Fehlern verträgt. Die Mehrzahl unserer Mitglieder weiß: Wir brauchen neue Glaubwürdigkeit, weil viele Menschen von uns enttäuscht sind.

Zur Glaubwürdigkeit gehört Transparenz. Wenn Sie die dann haben sollten – welche Schlussfolgerungen sind daraus zu ziehen?
Das kann ich zurzeit noch nicht ermessen, weil die Ergebnisse noch nicht vorliegen. Ich kann nur sagen, dass die Alternativen »Aufklärung« oder »Erbe bewahren« zwei sich nicht ausschließende Alternativen sind. Das zu bestreiten, halte ich für einen total falschen Ansatz. Wenn es um Helmut Kohl oder auch um die CDU in diesen Zeiten geht, gilt: Auf einem falschen Fundament kann kein richtiges historisches Bild entstehen.

Würden Sie immer noch sagen, dass Sie überrascht waren von den Dingen, die sich in Ihrer Partei getan haben?
Von der Tatsache, dass wir in unseren Rechenschaftsberichten nicht über alle Konten Bericht erstattet haben, bin ich überrascht.

Hätten Sie das Ihrer Partei zugetraut?
Ich finde Zutrauen ein völlig falsches Wort. Zutrauen ist ein gutes Wort in der Politik, aber es passt nicht im Zusammenhang mit einem vielleicht nicht legalen Vorgang. Es geht ja nicht um eine Mutprobe. Es geht hier eher um eine Verfehlung.

Sind Sie jetzt auch enttäuscht worden?
Betroffen.

Betroffen?
Ich habe gerade nach etwas Rationalerem gesucht.

Darf da keine Emotion entstehen?
Ja und nein. Im Falle von sachlicher Aufklärung sollte man nicht allzu emotional sein. Aber dass da nun keine jauchzende Freude dabei ist, das ist doch klar.

An Ihnen fällt dennoch eine bemerkenswerte Gelassenheit, ja fast Heiterkeit in diesen letzten Wochen auf. Wie machen Sie das?
Wenn ich ironisch wäre, würde ich sagen, das ist meine Antwort. Ich bin ja nicht eine neutrale Nachrichtensprecherin, ich will, dass wir aus dieser Phase heraus auch wieder eine Zukunft sehen.

Würden Sie sagen, dass in der jetzigen Krise Ihrer Partei auch eine Chance steckt?
Ich glaube schon, dass der Spruch »In jeder Krise liegt eine Chance« gut und richtig ist. Manchmal sieht man mitten in der Krise die Chance noch nicht so genau. Man weiß aber, dass sich die Chance nie eröffnen wird, wenn man die Krise als solche nicht annimmt. Und ich glaube, dass die CDU alle Voraussetzungen für eine Chance hat. Insofern bin ich gelassen.

Worin liegt die? Viele der jüngeren Parteifreunde sagen in vertraulichen Gesprächen immer wieder, das ist die Chance, endlich aus dem Schatten des Alten herauszutreten.
Ich finde es keine besonders bemerkenswerte emanzipatorische Leistung, wenn man aus dem Schatten von jemandem, der sehr bestimmt ist, nur heraustreten kann, wenn dieser einen Fehler begeht.

Vielleicht ist das nicht besonders emanzipatorisch, aber verständlich.
Die Dominanz und den Einfluss von Helmut Kohl haben wir ihm doch auch ermöglicht und gerne in Anspruch genommen. Von 50 Jahren Bundesrepublik war er 25 Jahre Vorsitzender der CDU Deutschland, das ist die halbe Geschichte der CDU. Nach einer so langen Zeit sollte man doch die eigene Kraft im Miteinander mit der bestimmten Persönlichkeit einsetzen. Insofern bin ich erstaunt, wenn es zu solchen Äußerungen kommt.

Heißt das, dass Sie manche Kritik an Helmut Kohl aus der CDU nicht gutheißen?
Mein Stil als Generalsekretärin ist es nicht, unentwegt die Äußerungen anderer zu bewerten.

Gibt es in der Sache einen Unterschied in der Kritik?
Wir müssen es als CDU lernen, eine Diskussionskultur zu entwickeln, bei der sich nicht unentwegt einer persönlich angegriffen fühlt, wenn in der Sache ein Streit ausgetragen wird. Das ist eine ganz notwendige Form, um aus den alten Schützengräben herauszukommen, sonst werden sich wieder die gleichen Konstellationen herausbilden. Das reicht für die Politik im nächsten Jahrhundert mit Sicherheit nicht mehr aus (...).

Kann eine Partei auch durch Geld zusammengehalten werden? Spenden oder wie?

Ja, oder auch vom Zugriff auf das Geld?
Das ist doch jetzt wieder die falsche Vorstellung, Helmut Kohl hätte den Zusammenhalt der CDU durch materielle Gaben geschafft.

Nicht den Zusammenhalt, aber vielleicht gelegentlich die Geschlossenheit.
Ich glaube nicht, dass das funktioniert.

Was heißt hier glauben?
Sie haben in der politischen Möglichkeit des Führens einer Partei ja immer verschiedene Möglichkeiten, Wohlwollen oder weniger Wohlwollen auszudrücken. Sie können das machen durch Besuche in einem Wahlkreis oder durch Besuche von Versammlungen oder durch die Organisation von Landesparteitagen.

Aber wenn es wirklich nicht funktioniert, wozu dienten dann die Zuwendungen des Parteivorsitzenden?
Es kann, wenn ich es einmal aus der Sicht der neuen Bundesländer betrachte, auch eine Hilfe zum Überleben sein für die, die es aus eigener Kraft nicht schaffen. Die neuen Länder wären nie auf die Beine gekommen, das kann ich auch für meinen Landesverband sagen, wenn wir nicht in besonderer Weise unterstützt worden wären. Und dann würde ich immer noch sagen, dass die Sozialausschüsse

vielleicht mehr Unterstützung benötigen als die Wirtschaftsvereinigung, das liegt in der Natur der Sache.

Sie schließen es im Ernst aus, dass Helmut Kohl die Gelder auch verteilt hat zum eigenen Machterhalt?
Da würde ich noch einmal auf das von Wolfgang Schäuble angesprochene patriarchalische Verständnis von Parteiführung verweisen. Ich glaube, dass ein solches Verständnis in meiner Generation nicht mehr zeitgemäß ist. Und dennoch ist es eines, das ich nicht nur mit Abscheu bedenken würde. Damit wir uns da nicht missverstehen: Trotzdem ist das alles keine Rechtfertigung dafür, dass man Dinge außerhalb des Rechts macht.

Und dennoch liegt in dem Wort patriarchalisch so eine Art Entschuldigung.
Nein, aber das ist ein denkbarer Erklärungsversuch. Eine Partei hat eine Seele. Und Sie werden mit den im Rechenschaftsbericht verschwiegenen Konten die 25 Jahre Parteigeschichte der CDU mit Sicherheit nicht ausreichend beschreiben. Das reicht vielleicht für das Finanzamt oder für jemanden beim Bundesrechnungshof. Aber für ein Mitglied der Gemeinschaft CDU gibt es ganz andere Erfahrungen und Erinnerungen an Helmut Kohl.

Was mag einen so intelligenten, instinktsicheren Politiker wie Kohl geritten haben, Konten außerhalb des Rechts anzulegen?
Das kann ich nicht beantworten.

Können Sie es nicht, oder dürfen Sie es nicht?
Ich kann es nicht.

Wenn jetzt auch vom Realitätsverlust des Altkanzlers die Rede ist – halten Sie das für eine zulässige Interpretation?
Die psychologische Interpretation anderer Personen meiner Partei vorzunehmen, ist nicht meine Aufgabe. Es ist ja zurzeit sehr modern, die Frage zu diskutieren, wer kann unter Preisgabe welcher Charaktereigenschaften Macht ausüben? Und da ich mich auch schon beteiligt

habe an den Fotoserien von Herlinde Koelbl »Spuren der Macht«, habe ich mich dies natürlich auch gefragt. Die Bereitschaft, für etwas Verantwortung zu übernehmen - das ist ja eine sehr positive Umschreibung dessen, was wir tun -, diese Bereitschaft führt natürlich dazu, dass Sie unentwegt entscheiden müssen und dabei niemals die gesamte Ihnen bekannte Realität berücksichtigen können. Sie wissen, es gibt 55 Prozent Ja, und Sie wissen, es gibt 45 Prozent Nein, aber sie müssen sich für eine Weggabelung entscheiden. In diesem Entscheidungszwang liegt auch ein Wegdrängen eines Teils der Realität. Wenn man sich dann zu wenig reflektierend - ich spreche jetzt nur über mich - über die ausgeblendeten und nicht mehr vollzogenen Weggabelungen informiert, dann könnte man der Versuchung erliegen, zu glauben, dass die Weggabelungen, die man selber kennt, die einzigen sind, die es überhaupt noch gibt. Deshalb muss man die Kraft aufbringen, Kritik zu ertragen.

Gibt es Politiker, die sich diese Frage noch stellen?
Sonst könnte ich sie ja nicht beantworten.

Haben Sie in den letzten Wochen irgendwann einmal befürchtet, die Union könnte den Weg anderer christdemokratischer Parteien gehen, bis hin zur Auflösung wie im Falle der Democrazia Cristiana?
Nein, aber ich habe voriges Jahr nach der Wahlniederlage darüber nachgedacht, was ist die Aufgabe der CDU eigentlich, wenn die deutsche Einheit geschafft ist, wenn die europäische Einigung auf einem guten Weg ist, wenn jetzt sogar die Grünen für die NATO sind, wenn die Leute nicht mehr so an katholische und evangelische Milieus gebunden sind? Nach einer solchen Wahlniederlage ist für so eine Ortsbestimmung schon die richtige Zeit. Aber nicht im Sinne der Democrazia Cristiana. Wenn Herr Ströbele uns dies jetzt jeden Tag einhämmert und immer wieder auf den Plan ruft, dann ist das vielleicht sein Wunsch. Aber je öfter er das sagt, umso weniger ist das richtig.

Wie kommen Sie denn im Moment mit Ihrem öffentlichen Bild zurecht: Sie haben es immerhin schon zur Titelheldin der *Bild-Zeitung* gebracht?
Das ist nicht nur ein Vergnügen.

Wieso?
Ich bin da nicht so scharf drauf, mir reicht die Titelseite im *Tagesspiegel*.

Auch nicht in der Rolle der Hoffnungsträgerin?
Ich bin durch mein Physikstudium eine Freundin von Erhaltungssätzen.

Was sind Erhaltungssätze?
Erhaltungssätze gelten normalerweise für Masse und Energie. Im übertragenen Sinne heißt das, auf positive Ausschläge folgen negative und umgekehrt. Wenn man viele Wahlerfolge hat, hat man später auch wieder Niederlagen. Und nach Niederlagen geht es auch wieder aufwärts. Immer, wenn Sie hoch gelobt werden, müssen Sie also eigentlich schon an das Gegenteil denken, und darauf bin ich im Moment nicht so erpicht ...

Macht es Ihnen zu schaffen, als die bezeichnet zu werden, die jetzt eine Art Vatermord begehen muss?
Das muss ich nicht. Wir müssen uns vor einseitigem Rollenverständnis hüten. Es wäre falsch, wenn die einen Kohls Leistungen würdigen und die anderen aufklären wollen. Jeder, auch ich, muss es schaffen, beide Zusammenhänge zu sehen, weil sie das Seelenleben der gesamten Partei irgendwo widerspiegeln.

Haben Sie sich manchmal wie Steffi Graf gefühlt?
Wenn man überhaupt eine Partei mit einer Familie vergleichen kann, dann ist meine Aufgabe als Generalsekretärin etwas anderes als die eines unabhängigen Journalisten oder eines sezierenden Staatsanwalts. Ich will gleichzeitig wahrhaftig sein, auch wenn das vielleicht ein etwas großes Wort ist, und trotzdem das eigene Gefühl und auch die

Betroffenheit aller Beteiligten in irgendeiner Weise zeigen. Das ist eine ganz andere Aufgabe, und deshalb geht manches auch in einem anderen Tempo, und deshalb geht manches auch mit anderen Worten, und deshalb treffen auch bestimmte klare Bewertungen von Außenstehenden unsere Gefühle nicht.

Trotzdem die Frage, grüßen Sie sich noch?
Wen – Helmut Kohl? Na, selbstverständlich!

Reden Sie auch noch?
Helmut Kohl hat durch seine Erklärung, die ihm mit Sicherheit nicht leichtgefallen ist, doch auch dem ganzen CDU-Präsidium etwas gesagt, was ihn in eine ganz andere Rolle gebracht hat als die, die er viele Jahre hatte. Daran zeigt sich auch, dass wir eine Gemeinschaft sind. *(Kohl hatte am 30. November 1999 sowohl vor dem Präsidium als auch in einer Pressekonferenz erstmals Verstöße gegen das Parteiengesetz eingeräumt.)*

Glauben Sie, dass der Auftritt im ZDF Helmut Kohl genutzt hat?
Es spricht für ihn, dass er das auch in der Öffentlichkeit getan hat.

Kann die Erneuerung der CDU ohne Wunden und Zerwürfnisse vonstattengehen?
Persönliche Zerwürfnisse gibt es natürlich auch in der CDU. Tragisch ist das nur dann, wenn man aus Zerwürfnissen nie wieder einen Ausweg findet. Solche dauerhaften Zerwürfnisse sind für jüngere Leute auch gar nicht so spannend. Natürlich geht es in solchen Zeiten nicht ohne Wunden ab, wir sind alle verletzbar. Aber ich bin ein unerschütterlicher Optimist im Bezug auf die Heilbarkeit der Wunden, wenn man ordentlich mit ihnen umgeht. Danach ist der Organismus zwar verändert, aber es wird der gleiche Organismus sein, und daran liegt mir. Wir wollen die Oppositionszeit nutzen, das Selbstverständnis der CDU weiterzuentwickeln: eine Mischung aus Bewahrenswertem, aber auch aus neuen Erfahrungen, nach der Ära des Parteivorsitzenden Helmut Kohl. Und da sind wir etwas in Eile, im Jahre 2002 ist wieder eine Bundestagswahl.

Wie lange werden Sie dabei noch von der Spendenaffäre aufgehalten?
Je weniger wir recherchierenden Journalisten Gelegenheit geben, etwas herauszubekommen, was wir nicht aus eigener Kraft aufdecken.

19. Dezember 1999, *Der Tagesspiegel*

Sogar die Jungs von der Vatikanstadt hat er trainiert: Vom Fußball kann Giovanni Trapattoni nicht lassen, obwohl er heute weit über 70 ist (hier beim Uefa-Cup 2005 als Trainer vom VfB Stuttgart).

»Es tut mir wirklich leid«

Giovanni Trapattoni

Fast alle Prominenten leben mit einem Medienbild, das mit dem wahren Charakter und der Ausstrahlung des real existierenden Menschen nur noch sehr vage etwas zu tun hat. Besonders irritierend wirkt dabei, dass Leute, die ihrem Image nach absolute Kotzbrocken sein sollen, in der persönlichen Begegnung oft gewinnend und liebenswürdig sind.

Bei Giovanni Trapattoni verhält es sich genau umgekehrt: Er scheint so nahbar zu sein wie kaum ein anderer im Fußballbetrieb, aber im Gespräch ist er dann nicht besonders sympathisch. Als wir uns im Juni 1995 auf dem Vereinsgelände des FC Bayern an der Säbener Straße trafen, war er von einer penetranten Besessenheit und machte den Eindruck, sehr auf seine Außenwirkung bedacht zu sein. Gerade ging seine erste Amtszeit als Trainer in München zu Ende. Seine legendär gewordene Pressekonferenz, die bis heute die deutsche Sprache bereichert (»Was erlauben Strunz?«, »schwach wie eine Flasche leer«, »Ich habe fertig!«), fand erst in der zweiten Amtszeit statt.

Die genauen Umstände seines Abschieds vom FC Bayern waren damals unklar: Wollte ihn der Verein nicht mehr? Oder wollte Trapattoni, wie es hieß, aus privaten Gründen zurück nach Italien? Zweifelsfrei erkennbar war aber, dass der bis dahin erfolgreichste Vereinstrainer der Welt dies unbedingt bleiben wollte – und offenbar kann er bis heute nicht ohne Fußball leben. Seine Karrierestationen in der Zwischenzeit waren: Cagliari Calcio auf Sardinien, noch mal FC Bayern, AC Florenz, die italienische Nationalmannschaft, Benfica Lissabon, VfB Stuttgart, Red Bull Salzburg, die irische Nationalmannschaft und, ja, die Fußballauswahl der Vatikanstadt. Die jüngste Nachricht, die uns gerade, 2014, von Trapattoni erreichte, war sein vergeblicher Versuch, im Alter von 75 Jahren noch Coach der Nationalmannschaft Marokkos zu werden.

Signor Trapattoni, es gibt durchaus ein paar Münchner, die traurig sind, dass Sie morgen Ihr letztes Spiel beim FC Bayern haben ...
Ich muss gestehen, die Schwierigkeiten begannen schon, kurz nachdem ich bei Bayern angefangen hatte. In den Monaten August bis November im letzten Jahr bin ich leider Gottes in eine ziemlich belastende psychologische Situation geraten. Zunächst einmal natürlich auf dem Spielfeld, wo ich mit dem bekannten Verletzungspech meiner Spieler konfrontiert wurde, wo ich Niederlagen hatte, die doch zumindest einige Zweifel gegenüber dem Trainer aufkommen ließen. Ich habe hart gearbeitet. Nach dem Training musste ich ziemlich viele Pressekonferenzen geben. Im Anschluss an die Pressekonferenzen hatte ich einen Privatlehrer, dann musste ich noch Hausaufgaben erledigen. Jeden Abend sah ich mir außerdem eine oder zwei Videoaufzeichnungen von Bundesligaspielen an. Plötzlich ist mir bewusst geworden, dass ich in meinem Alter – ich bin jetzt 55 Jahre alt – niemals so schnell Deutsch lernen würde, dass ich niemals in der Lage sein würde, eine Pressekonferenz allein zu bewältigen, dass ich mich nicht hundertprozentig würde entfalten können.

Haben Sie dann die Notbremse gezogen oder der Verein?
Die Vereinsführung wollte für die Zukunft planen. Das ist in Ordnung. Es war ja alles ganz schnell gegangen. Dass ich zu Bayern München kommen würde, hat sich innerhalb einer Woche entschieden! Mein Sohn besuchte damals die vorletzte Klasse eines naturwissenschaftlichen Gymnasiums. Na gut, haben meine Frau und ich uns gesagt, da wird auch er eben ein Opfer bringen müssen.

So schlimm ist die Internationale Schule in Starnberg nun auch wieder nicht.
Aber es gab auch für Alberto ein neues Problem: Das Englisch, das man in Italien in der Schule lernt, ist nicht so gut wie das in Starnberg. Mein Sohn hat zwar seine Englischkenntnisse erheblich verbessern und auch mit dem Deutschunterricht beginnen können. Aber den Abschluss hätte er nicht geschafft.

Aber Sie verlassen München doch nicht nur wegen der Englischkenntnisse Ihres Sohnes?
Lassen Sie mich ein wenig ausführen: Alles in allem hat mir die Vereinsführung große Freiheiten gewährt. Ich hatte etwa das Bedürfnis, alle zwei Wochen nach Mailand zu fahren, wo mein Zuhause ist. Aber mein größtes Problem blieb die Sprache. Ich sagte dem Verein: Wenn ich nicht hundertprozentig Trapattoni sein kann, dann lassen wir es lieber sein.

Wie oft hatten Sie denn Deutschunterricht?
Zweimal die Woche, jeweils zwei Stunden! Sie verstehen, zweimal zwei Stunden! Und dann diese Verben! Die Verben sind fürchterlich. Ich und Schule, in meinem Alter! Ich wollte zwar nicht unbedingt als dumm dastehen, aber mein Gehirn, wissen Sie … Der Verein hat dennoch viel Geduld gehabt und gesagt, dass man nach der Winterpause entscheiden werde. Sie haben mich gebeten zu bleiben und auch ein Gespräch mit den Spielern veranlasst. Die haben gesagt, sie seien mit meiner Arbeit sehr zufrieden. Das war für mich ein großartiger Beweis des Vertrauens und der Achtung – vielleicht sogar ein übertriebener Beweis.

Das hat Sie aber nicht umstimmen können?
Irgendwann hat meine Frau gesagt: »Wenn du hierbleiben willst, kannst du bleiben. Ich muss mit Alberto zurück, denn er muss mit der Schule weitermachen und sie zu Ende führen. Wir sind vor zehn Monaten Großeltern geworden. Und ich kann hier mit niemandem reden. Immer bin ich alleine. Du kannst reden, gehst in die Schule.

Also, was sollen wir tun?« Da habe ich gesagt: »Ich glaube, mit 55 lässt sich nicht ohne Weiteres ein neues Leben anfangen.« Das war der Stand der Dinge im Januar, im Februar.

Und wie ist der Stand heute?
Mir wird langsam bewusst, dass ich vielleicht doch lieber in aller Ruhe die nächste Stufe des Sprachunterrichts hätte abwarten sollen, um dann festzustellen, dass das hier eine tolle Welt ist, nicht nur wegen dieser sehr schönen Stadt, sondern auch wegen der professionellen Fußballwelt, die mir von Anfang an sehr, sehr gut gefallen hat.

Sagen Sie bloß, man hätte Sie halten können!
Nun, der Winter hier war nicht so dramatisch, wie ich ihn mir vorgestellt hatte. Ich fürchtete ja diesen Winter, mit Schnee und Kälte. Aber im Grunde war es ein Winter wie in Mailand. Da habe ich gesagt: Wenn der Verein diese ganze Thematik etwas gelassener behandelt hätte. wäre ich vielleicht doch bereit gewesen zu bleiben.

Der FC Bayern hat Sie also zu schnell zu einer Entscheidung gedrängt?
Ich will dem Verein keine Schuld geben. Die Vereinbarung war, dass wir das Thema nach der Winterpause abschließend behandeln, und so ist es geschehen. Der ganze Entscheidungsprozess ging schon im vergangenen Dezember los, als wir uns in einer ziemlich chaotischen Situation befanden. Bei einer späteren Entscheidung hätte ich durchaus zur nächsten Stufe des Deutschunterrichts übergehen können. Bis dahin hatten wir bei den Verben lediglich das Präsens durchgenommen, nun wären die trennbaren Verben dran gewesen *(auf Deutsch):* aufmachen, zumachen, abwarten.

Sind Sie denn ganz sicher, dass Otto Rehhagel nicht verpflichtet worden wäre, wenn Sie nur fest zugesagt hatten?
Ja, denn zuerst haben sie mich gefragt, und zwar mehrmals. Als ich dann definitiv Nein sagte, haben sie Rehhagel verpflichtet. So gesehen war ihr Verhalten absolut korrekt.

Und München hat Ihnen also auch gefallen.
Ja, fantastisch! Ich wohne in München etwa hundert Meter von der Oper entfernt und beobachte, wie die Leute da Abend für Abend hingehen. Diese Stadt hat auch kulturell einiges zu bieten.

Sie haben sich ja auch eine besonders schöne Wohnung ausgesucht.
Nicht nur die Wohnung ist schön. Wenn wir aus dem Fenster blicken, sehen wir die Türme der Frauenkirche. Wir wohnen hinter dem Marienplatz, mitten im Stadtzentrum, in der Fußgängerzone.

Es heißt aber, Sie hätten Ihre Wohnung nie richtig eingerichtet, ganz so, als hätten Sie in dieser Stadt nie wirklich bleiben wollen.
Als Professor Scherer, Uli, Kalle und Franz zum ersten Mal zu mir kamen, haben sie mich gefragt, was mir denn zum Wohnen vorschwebe. Ich habe gesagt: »Lernen wir uns doch erst mal kennen, im Laufe des Jahres werden wir dann schon sehen.« Die ersten Monate waren für mich eben sehr schwer. Hätte ich versucht, in die italienischen Kreise in München hineinzukommen, hätte ich kein Deutsch gelernt. Allgemein bin ich gern unter Leuten. Selbst in einer etwas gefühlskalten Stadt wie Turin konnte ich mir einen Bekanntenkreis aufbauen und auch ein gewisses gesellschaftliches Leben führen. Ich gehe gern in die Oper, ins Konservatorium, in Restaurants. Hier waren wir nur einmal in der Oper.

Was haben Sie sich angeschaut?
Diese französische Oper, wie hieß sie nur ... Ach ja, »Carmen«! Eine sehr schöne Oper, in der Inszenierung von Lina Wertmüller. In jeder Stadt, in der ich bisher lebte, habe ich versucht, mich zu integrieren. Auch hier. Wenn meine Frau und ich aber in München mal etwas vorhatten, brachten wir wegen des Durcheinanders mit den Sprachen manchmal keinen Ton heraus. Bei der Weihnachtsfeier des FC Bayern saßen wir stundenlang richtiggehend isoliert da, ohne den Hauch einer Chance, uns mit jemandem zu unterhalten. Diese fehlende Kommunikation war für mich eine ungeheure psychologische Bremse. Auch deswegen habe ich mir keine Pflanze in meine Woh-

nung gestellt. Du bist eine Woche weg, im Winter sogar zwei Monate, da musst du zwangsläufig einen Nachbarn bitten. In dem Haus, in dem ich lebe, gibt es jedoch außer unserer Wohnung nur Büros. Aber unsere Gegend ist wunderschön, von größter Ordnung und Sauberkeit. Das muss ich ausdrücklich sagen, auch wenn ich damit nicht übertreiben möchte. Gestern hatte ich wieder Freunde aus Italien zu Besuch, und das Erste, was ihnen aufgefallen ist, war die Ordnung auf den Bürgersteigen und Straßen. Es ist zweifelsohne ein anderer Begriff von Ordnung, als wir ihn kennen.

Es gibt sogar Deutsche, denen diese Ordnung unheimlich ist.
Mag sein, aber für einen, der aus Italien kommt ... Wo haben Sie denn gelebt?

Zuletzt in Rom, ist schon länger her.
Rom! Also bitte: Meine Frau kommt auch aus Rom, und jedes Mal, wenn ich nach Rom fahre, kommt mir die Galle hoch; der eine ignoriert das Stoppschild, der andere schert plötzlich aus – und schert sich einen Dreck um dich. Dagegen München: Ich sitze im Auto und unterhalte mich gerade mit Massimo, meinem Übersetzer. Da sagt der: »Passen Sie auf, da ist ein Radweg.« Dann klingelt auch noch das Telefon. Irgendwann schaltet die Ampel auf Grün. Das Auto vor mir fährt los. Da ist auch ein Radfahrer. Ich könnte genauso losfahren, aber der Radfahrer kümmert sich gar nicht drum und startet einfach. Gewiss, es ist sein gutes Recht, so loszufahren. Wenn so etwas aber in Rom passierte, würden wir im Durchschnitt zwanzig Radfahrer pro Tag ins Jenseits befördern. In Mailand ebenso. Da muss nämlich der Radfahrer auf den Autoverkehr achten. Na gut, das ist ein kleines Beispiel für die Art, wie unterschiedlich man hier und dort Probleme bewältigt.

Waren Ihnen die Sitten und Bräuche völlig unbekannt?
Ich war schon vor vielen Jahren mit dem AC Mailand hier. Seit damals kommt mir die Stadt verändert vor. Es gibt zum Beispiel inzwischen viele Italiener hier, die es zu etwas gebracht haben. München ist ja auch eine Stadt, die eine nahezu perfekte Mischung bieten

kann: ein wenig von unserer italienischen, südländischen Fantasie, gepaart mit einer bestimmten Art des Gemeinschaftslebens. Wenn wir diese zwei Zutaten zusammenbringen, erhalten wir ein wertvolles Endprodukt, bestehend aus Intelligenz, Fleiß, Fantasie, technischem Know-how und auch Planung. Wir Italiener sind allerdings im Allgemeinen etwas flexibler, wenn wir ein Problem lösen wollen.

Wann könnte denn italienische Improvisationskunst ein deutsches Problem lösen?
Die Deutschen denken und handeln nach einer soliden, bewährten Methodik. Auch ich orientiere mich ja an bestimmten Grundsätzen wie Fleiß, Seriosität, Planung. Es gibt aber auch Situationen, die ganz unvermittelt entstehen und einen zur Erkenntnis führen, dass es im Leben manchmal auch andere Wege zum Erfolg gibt. Da ist man hier etwas begriffsstutzig.

Was könnten wir denn von Ihnen lernen?
Hier geht man nach einem festgelegten Plan vor, der langfristig gewiss auch zum Erfolg führt. Man sieht das an der Stärke der Mark, an der politischen und wirtschaftlichen Stabilität des Landes, am allgemeinen Reichtum. Aber zumindest in einem Bereich wie dem Fußball spielen auch Genialität, Fantasie und Kreativität eine Rolle. Die Welt entwickelt sich weiter, gewisse Werte verändern sich. Daher glaube ich, dass dieser Gesellschaft etwas mehr Flexibilität nicht schaden würde.

Haben Sie hier vielleicht auch etwas schätzen gelernt, das Sie gar nicht mehr missen möchten?
Ich komme aus einem Land, in dem die Menschen weniger Achtung voreinander zeigen. Ich habe im italienischen Fernsehen gerade einen starken Ausdruck gebraucht, der nicht nur auf den Fußball in meinem Land zutrifft. Ich habe gesagt: Um in Italien die Öffentlichkeit zu beeindrucken, muss man inzwischen sehr anmaßend, ungezogen und laut auftreten. Die Lage ist unerträglich geworden. In Italien herrscht mittlerweile das Gesetz des verbalen Übergriffs. Dadurch, dass ich jetzt in Deutschland war, fällt mir das besonders übel auf.

Und Sie finden den Ton hier angenehm?
Auch wenn ich nicht alles verstehen kann: Nehmen Sie nur die Bundestagswahl im vergangenen Oktober. Da hat doch Kohl mit einem geringen Vorsprung das Rennen gemacht. Ich habe das Ganze im Fernsehen verfolgt, inklusive der Erklärungen der unterlegenen Parteien. Da herrschte eine andere politische Kultur als bei uns.

In Deutschland hat man zuweilen den Eindruck, dass sich dieser von Arroganz und Anmaßung geprägte Ton auch mit Persönlichkeiten wie Silvio Berlusconi verbreitet hat.
Er hatte die Möglichkeit, die audiovisuellen Medien auch für seine politischen Zwecke einzusetzen – und er hat es getan. Das hat dazu geführt, dass gegen Berlusconi inzwischen ein allgemeiner Aufstand stattgefunden hat, eine Reaktion, an der nicht alleine unsere PDS *(die Partei der ehemaligen Kommunisten)* beteiligt war. Das ist verständlich, wenn man bedenkt, dass in anderen Ländern viel stärkere Beschränkungen gelten. Die Lage muss sich nun normalisieren; vielleicht geschieht das schon mit den bevorstehenden Volksentscheiden, sodass wir – ähnlich wie in den USA und in England – Regelungen zur Chancengleichheit im Informationsbereich bekommen. Als ich noch Trainer in Italien war, habe ich erlebt, dass die Berichterstattung im öffentlich-rechtlichen Fernsehen manchmal kritisch, doch ziemlich ausgewogen war. Die privaten Sender dagegen erwiesen sich nicht selten als parteiisch.

In der Fußballwelt Italiens gelten Sie als seriös und anständig.
Als anständig zu gelten, ist mir noch wichtiger als der Ruf, ein guter Trainer zu sein.

Empfinden Sie Ihren Abschied aus München gar nicht als persönliche Niederlage?
Nein, die Ursache für meinen Weggang ist nicht Erfolglosigkeit, ich fühle mich nicht besiegt. Eines werde ich jetzt zum ersten Mal verraten: Nehmen wir an, ein deutscher Verein tritt in etwa einem Jahr an mich heran. Um mich da zu entscheiden, würde ich mir viel weniger Bedenkzeit ausbitten als bei der Entscheidung, hierzubleiben oder

nach Italien zurückzugehen. Meine Entscheidung vom Februar dieses Jahres, den FC Bayern zu verlassen, tut mir leid. *(Auf Deutsch:)* Das tut mir wirklich sehr leid. (...)

Sie starteten Ihre Arbeit beim FC Bayern mit dem Image des Königs unter den Fußballtrainern. Dann aber kam ein Kaiser dazu.
Wissen Sie, ich habe schon an anderen Höfen gedient. Bei einem war Gianni Agnelli Vereinspräsident *(bei Juventus Turin)*. Ein Mensch, der Kissinger kennt, der mit den Kennedys befreundet war. Ich war mir seiner Bedeutung voll bewusst – und trotzdem habe ich mich davon nicht erdrücken lassen. Er war Agnelli, ich Trapattoni.

Sogar beim FC Bayern gibt es einige, die hinter vorgehaltener Hand sagen, dass Trapattoni mit seinem Konzept recht hatte, nur dass die Spieler es leider nicht verstanden haben.
Ich glaube, dass die Bundesliga ein Generationsproblem hat. Noch vor fünf Jahren waren deutsche Mannschaften siegreich, aus Deutschland kamen wahre Fußballgrößen. Heute gibt es diese großen Spieler nicht.

Warum nicht?
Bei vielen fehlt heute das fußballerische Grundgerüst. Früher war es eher die Vielseitigkeit der Spieler, die die Mannschaft zum Erfolg führte. Dagegen hat sich heute eine gehobene Fußballschicht gebildet, die viel Wert auf die Taktik legt. Meine Rede ist, dass man eine gewisse Ordnung braucht, man muss aufpassen, dass man die Kräfte nicht vergeudet. Die Mannschaften, die dies beherzigen, weisen neben einer großen Klasse und exzellenter Ballbeherrschung auch ein Höchstmaß an Ordnung auf. (...)

Waren Sie eigentlich nicht in der Lage, den Spielern Ihre Ideen zu vermitteln, oder sind Ihre Spieler zu dumm gewesen, um Sie zu verstehen?
Für vieles, was ich erklären wollte, fehlt hier das Verständnis. Und das liegt daran, dass man es versäumt, mit der notwendigen Aufklärungsarbeit bereits bei den Jugendmannschaften zu beginnen. Ich stand

die ganze Zeit in einem Dialog mit vier oder fünf Spielern: Matthäus, Helmer, Sutter oder auch Jorginho, allesamt Fußballer mit internationaler Erfahrung. Ein Konzept, was sie nicht begreifen konnten, war das, was ich unter dem Verdoppeln der Manndeckung verstehe. Einen bestimmten deutschen Begriff dafür gibt es nicht. Deswegen musste ich selbst einen erfinden. Mir fiel nichts Besseres ein als »Sandwich«.

Und das haben die Spieler nicht geschluckt?
Irgendwann kam ein Spieler auf mich zu, der die Problematik aus seiner Zeit in Italien kannte. Er sagte: »Wissen Sie, die Spieler verstehen das Konzept nicht.« Auch an meinem Training gab es Kritik. Er sagte: »Hier wird so etwas seit Jahren nicht mehr praktiziert.« Und noch etwas: Ich fand es nicht gut, dass das Publikum beim Training anwesend war. Man kann einfach nicht vor 8000 Menschen Spielzüge, Aufgabenverteilung auf dem Spielfeld und sonstige Konzepte diskutieren. Das Trainingsgelände ist unsere Werkstatt.

Und hätten Sie da nicht italienisch flexibel reagieren und mehr die bereits vorhandenen Qualitäten fördern können?
Als ich vor etwa einem Jahr nach München kam, hatte ich mir mindestens zehn Videos der Bayern aus der vergangenen Saison geben lassen. Ich rede eigentlich nicht gern darüber, aber ich habe damals zu den Spielern gesagt: Ich beglückwünsche euch zum Gewinn der Meisterschaft. Aber ihr hättet einige Spiele ebenso gut verlieren können, auch mit 1:5 oder 3:5. Ein Sieg kann sehr wohl dadurch zustande kommen, dass die gegnerische Mannschaft Torchancen nicht verwertet. (...) Die deutschen Spieler versieben an jedem Spieltag unzählige Torchancen, in Italien sind es sicher achtzig Prozent weniger. Dass die Versagerquote in Deutschland so hoch ist, liegt an einer gewissen Naivität der Spieler.

Aber für den Zuschauer ist dieses Spiel oft sehr viel schöner anzusehen als das taktische Geplänkel der Italiener.
Nun ja, das Schöne hier in Deutschland ist für mich etwas anderes: Man kann gewinnen oder verlieren, geht dann zu einer Pressekonferenz, wo eine entspannte, lustige Atmosphäre herrscht. Man dis-

kutiert über einen nicht gegebenen Elfmeter, dann geht man nach Hause, wo man sich im Fernsehen einen sachlichen, unparteiischen Kommentar über das Spiel anhört. Und dann kann man ruhig schlafen gehen. In Italien verlässt ein Trainer das Stadion schon mal im gepanzerten Wagen, unter Polizeischutz.

Das ist doch schrecklich!
Das ist zum Verzweifeln, einerseits ... Andererseits hat die hohe Spannung dort auch eine stimulierende Wirkung.

Einige deutsche Spieler sind in Italien jedenfalls ganz offenbar besser geworden.
Ich will nicht als überheblich gelten. Gewisse Dinge müssten von Leuten wie Häßler, Völler oder Klinsmann gesagt werden, Spieler, die die italienischen Verhältnisse aus erster Hand kennen.

Finden Sie auch, dass die Profis der Bundesliga zu verwöhnt sind, wie oft beklagt wird?
Vor zehn Jahren durfte man dem einen oder anderen Spieler gelegentlich auch einen Tritt in den Arsch geben, man konnte ihm zum Beispiel verbieten, nach Schwabing zu gehen. Heute fahren die Spieler nach Schwabing, die Einstellung hat sich nach und nach verändert. In Italien ist man schon wieder 15 Jahre weiter. Ich habe den Eindruck, dass man dort einem Profi eher zutraut, dass er sich selbst managen kann. Stellen Sie sich mal vor, ich würde einem Spieler wie Roberto Baggio sagen, dass er um zehn Uhr abends zu Hause sein soll! In Deutschland herrscht generell die Einstellung, dass jeder – das gilt auch für Fußballspieler – problemlos austauschbar ist. Das finde ich nicht richtig, denn jeder hat auch seine Stärken. Auf diese Stärken muss ich als Trainer erst einmal bauen. Ich muss mit meinen Spielern reden. Das war immer meine Einstellung. Man muss korrekt sein. Das ist alles. Das ist Giovanni Trapattoni. (...)

Wussten Sie übrigens, dass dem FC Bayern eine gewisse Nähe zur CSU nachgesagt wird?
CSU? Ist das die Partei vom Kohl oder von dem anderen da ... Scharping?

Nein, der spielt in einem anderen Verein, das ist ein Sozialdemokrat.
Ah, die Sozialdemokratie setzt auf die Freiheit und die Achtung aller Menschen. Ich meine, dass jeder in der Gesellschaft seine Chance haben sollte. Von meinen Idealen her bin ich ein Sozialist. Unglücklicherweise haben die Sozialisten in Italien einige Schäden angerichtet. Leider gibt es eben immer wieder Menschen, die schlechte Trainer sind.

Und der Trainer geht jetzt wirklich nach Cagliari auf Sardinien, haben Sie sich schon festgelegt?
Solange das Wort des Präsidenten gilt, dass ich mit der Mannschaft arbeiten kann, die ich mir vorstelle. Andernfalls ...

Würden Sie Ziege und Scholl gern nach Italien mitnehmen?
Sehr gern sogar. Nur dass Cagliari sich keine Spieler leisten kann, die auf sieben oder acht Millionen Mark geschätzt werden. Das kann vielleicht noch Juventus zahlen.

Ist die mythische Lira-Liga nicht mehr flüssig?
Das ist vorbei.

Was werden Sie machen, wenn morgen das Spiel gegen Werder Bremen abgepfiffen ist?
Ich werde mich mit einem italienischen Essen vom Verein verabschieden. Ich möchte in guter Erinnerung bleiben. Mein Bankkonto hier bleibt bestehen, also komme ich bestimmt wieder. Und sei es auch nur, um hier einen schönen Spaziergang zu machen.

Gibt es ein deutsches Wort, das Sie im zurückliegenden Jahr gern beherrscht hätten, aber bis heute nicht gelernt haben?
Das deutsche Wort für »crapone«, das ist lombardischer Dialekt. Crapone heißt Dickschädel, Sturkopf. Will sagen: Verdammt noch mal, wieso will das nicht in euren Kopf, obwohl ich euch seit sieben Monaten dasselbe sage.

16. Juni 1995, *SZ Magazin*

»Zum König habe ich nur die Stimme, nicht die Statur«

Rudolf Augstein

Die Chance, Rudolf Augstein zu interviewen, war für mich mit so viel Aufregung besetzt, als müsste ich Abitur, Magister- und Führerscheinprüfung an einem einzigen Tag absolvieren. Die Gelegenheit bot sich im Herbst 1993, kurz vor dem 70. Geburtstag des *Spiegel*-Gründers. Nie zuvor und nie danach hatte ich so viel Ehrfurcht vor einem Gesprächspartner. Die gesamten Sommerferien waren von den Vorbereitungen überschattet. Wir trafen uns in seinem Büro im alten *Spiegel*-Hochhaus an der Brandstwiete.

Der Verleger selbst, für uns Jüngere damals die höchste Instanz im deutschen Journalismus, gab sich vergleichsweise gütig und aufgeschlossen. Nur beim Autorisieren soll er an einer Stelle – das erzählte mir später seine langjährige Mitarbeiterin Irma Nelles – aufgestöhnt haben: Ich hatte bei der Abschrift den Nachnamen Ludwig Erhards falsch geschrieben. »Diese jungen Leute!«, soll er geschimpft haben. Die Stelle flog später raus. Und die Passagen über Israel hat er vergleichsweise stark redigiert. Als das Gespräch vorbei war, hatte ich das seltsame Bedürfnis, mich zu belohnen: Ich kaufte mir spontan eine gebrauchte Altherrenuhr, gebaut in meinem Geburtsjahr.

Sie werden in wenigen Tagen siebzig. Wenn Sie auf Ihr Lebenswerk zurückschauen, gestatten Sie sich so etwas wie Stolz?
Von der Mentalität her eigentlich nicht. Und ich denke auch, dass Stolz einen verführt, unberechtigt stolz zu sein.

Spiegel-Gründer Rudolf Augstein gab sich im Gespräch vergleichsweise gütig.

Würden Sie es merken, entbehrlich geworden zu sein?
Ich denke, ich habe immer noch ein ganz gutes Sensorium. Wenn ich nicht mehr gebraucht werde, werde ich es rechtzeitig merken, und dann ziehe ich mich zurück. Ich lese viel englische Geschichte, und da ist der »rex inutilis« eine stehende respektive liegende Figur. Ein König, der abgesetzt ist, der ist so gut wie tot. Der braucht nicht mehr lange ...

Gustaf Gründgens wurde einmal von einem Schauspieler angesprochen: Er hatte die Rolle des Königs erhalten und wollte wissen, wie er ihn am besten spielen solle. Gründgens sagte ihm: Nicht du musst den König spielen, die anderen spielen den König.
(Lacht) Gründgens war vielleicht nicht der beste Schauspieler, vielleicht nicht der beste Regisseur, aber der beste Zirkusdirektor auf höchster Ebene. Und von Natur aus gefährdet, weil die Dinge damals noch nicht so leichtgenommen wurden wie heute.

Wer sollte Sie im Ernst absetzen können?
Die Gesellschafter können mich absetzen. Ich hab kein Stimmrecht, wenn ich abgesetzt werde. Nur wird es bis dahin natürlich nicht kommen. Das würden die mir sagen. Und dann würde ich sagen, ich bin ja so furchtbar krank. Und dann würde ich weggehen. Ich würde nicht wie andere Gründer gegen mein eigenes Haus prozessieren, obwohl ich den Prozess gewinnen würde.

Es wird so weit nicht kommen ...
Nein, natürlich nicht. Aber Sie sehen ja: Leute, von denen man es überhaupt nicht erwartet, immer gesund gelebt – mit 55 tot am Tennisnetz! Kann passieren. Die haben sich nicht krank gefühlt, gar nicht. Man weiß nicht, was man seinem Körper zumuten kann. Ich weiß es auch nicht. Wenn man die Geschichte sieht, wird klar, dass Exzesse, die damals als solche nicht bekannt und bewertet wurden, vielen Leuten zu einem frühen Tod verholfen haben. Da brauchen Sie nur nach England zu schauen. Ich glaube, die beiden Pitt sind nicht über 45 Jahre alt geworden. Ich glaube, man weiß, warum.

Syphilis und Alkohol. Nach dem Laster die Rache des Körpers.
Tja, früher sah man das ja anders ...

Nämlich?
Man hat gedacht, das ist der Herrgott im Himmel und was weiß ich was. Richtig gesund gelebt haben die Leute damals bestimmt nicht – soweit sie Geld hatten. Wenn sie keines hatten, mussten sie ja gesund leben. *(lacht)* Stimmt ja auch nicht. Haben selber gerne Schnaps gemacht und sind daran zugrunde gegangen.

Ist es da nicht besser, den Herrgott vorzuschieben?
Finde ich nicht. Ich bin immer für Wahrhaftigkeit gewesen, auch mir gegenüber. Und ich denke nicht, dass der große Uhrmacher so viele Räder kontrollieren kann.

Sie brauchen keinen Trost?
Nein. Ich verstehe Leute, die ihn brauchen, aus dem Kriege her. Die Leute wussten, dass ich nominell katholisch war. Und da haben die Kameraden mich doch gefragt, wo der nächste Priester ist, obwohl sie gar nicht krank waren. Die hatten solche Angst. Da hab ich gesagt, besorg ich euch, der kommt. Ich brauchte ihn nicht, aber die brauchten ihn, bitte. Wenn die Kirche Trost spendet und kein Unheil anrichtet, was soll man dann gegen sie haben.

Sie wurden ja auch schwer verletzt im Krieg. Polnische Zwangsarbeiter haben Sie vor dem Verbluten gerettet.
Ja, ja, die hätten mich totschlagen können. Ich hätte nichts machen können. Und da haben die gesagt, setz dich aufs Fahrrad, wir schieben dich zum nächsten Arzt. Fünf Kilometer entfernt. Die haben mich auf beiden Seiten festgehalten.

Und Sie haben nur an Ihre Verletzung gedacht und ans Überleben?
Ja. Außerdem bin ich solche Grenzsituationen gewohnt. Das ist für die Leute, die den Krieg nicht miterlebt haben, heute unverständlich.

Ja.
Für mich war das niemals ein Problem. Neulich bin ich mit dem Hubschrauber geflogen, die Tür war offen. Hätte ich nie gemacht, wenn jemand bei mir gewesen wäre. Aber für mich alleine lohnt sich das nicht. Wenn der Pilot runterstürzt, kann ich ja mit, aber doch sonst niemand.

Wir sind beim Unvorstellbaren: Woher hatte einer in so jungen Jahren das Selbstbewusstsein, den *Spiegel* aus der Taufe zu heben?
Ich musste das nicht um jeden Preis machen. Ich konnte ja jeden Tag nach Göttingen zu Herrn von Weizsäcker. Der studierte dort Jura. Da hätte ich auch hingekonnt. Ich hätte neben ihm gesessen. Das Bewusstsein, es nicht zu müssen, das macht einen natürlich stärker als den Partner.

Hat es Sie wirklich nie gewurmt, dass Sie nicht studiert haben?
Nie. Ich habe studiert im Arbeitsdienst, im Krieg, bei den Engländern. Ich habe beim *Spiegel* studiert. Ich bin juristisch nicht ganz schlecht. Ich bin historisch nicht ganz schlecht. Das hat gereicht.

Ist der Rat, den Väter ihren Kindern zu geben pflegen – studiere, sonst tut es dir eines Tages noch leid –, also falsch?
Nein. Ich hab meiner Tochter gesagt, sie soll ihren Doktor machen, weil Frauen wohl erst in 30 Jahren voll gleichberechtigt sein werden. Hoffentlich. Mein Sohn wollte seinen Doktor nicht machen, das braucht er auch nicht. Der Unterschied zwischen Männern und Frauen im Berufsleben ist noch da. Er ist nicht mehr so groß, aber er ist noch da.

Wie man beim *Spiegel* sehen kann.
Ja, wobei das Merkwürdige daran ist, bietet man einer bewährten Frau an, Ressortleiterin zu werden, dann sagt sie: Nein, ich will nur für meinen eigenen Scheiß verantwortlich sein, nicht für den anderer Leute.

Aber das erklärt noch nicht, warum von 235 *Spiegel*-Journalisten nur 25 Frauen sind.
Na, diese Erklärung gibt es, dass wir uns eben doch nur langsam der Gleichberechtigung nähern, die eine völlige nie sein kann. Schließlich müssen die Frauen ja auch noch ihre Kinder kriegen. Meine Schwester, die war schon Assistenzprofessorin. Dann hat sie zwei Kinder bekommen, hat einen Professor geheiratet. Ja, was hat sie gemacht? Sie hat aufgehört. Damals ging das nicht anders.

Sie mussten als ganz junger Journalist mit Menschen verhandeln, die jedem anderen große Angst eingeflößt hätten. Sie kamen aus Hannover, aus der Provinz, Sie kamen nicht gerade aus einer Familie, die einem so etwas in die Wiege legt.
Meine Familie war nie verarmt, aber sie war durch die damaligen Krisen ärmer geworden. Das hat mir nichts gemacht. Denn ich wusste ja, ich komme aus einer ordentlichen, ja, ich kam im Grunde genommen aus einer reichen Familie. Da habe ich eben meinen Schulkakao für kinderreiche Familien getrunken. Das hat mir nichts ausgemacht. Ich hab mich nie geniert wegen meiner Familie.

Und Sie haben auch nur gute Erinnerungen an Hannover?
Ja, auch wenn ich da heute nicht mehr leben wollte. Ich war auf zwei Gymnasien. Das eine hieß Kaiserin-Auguste-Viktoria-Gymnasium. Da war ich der Beste. Und dann wurde das in ein Mädchengymnasium umgewandelt. Ich kam auf das Ratsgymnasium, und da merkte ich, dass ich nicht der Beste war. Ich war in der zweiten Liga, in der ersten waren andere. Mit denen war ich befreundet, aber trotzdem. Ich merkte den Unterschied.

Können Sie sich an eine Situation erinnern, in der Sie mit jemandem verhandeln oder ein Interview führen mussten und dabei Ehrfurcht, wenn nicht gar Furcht gespürt haben?
Es ist in meiner Position schwierig, Furcht zu spüren. Aber ich will Ihnen sagen, ich hab das erste Mal Ehrfurcht gespürt vor einem schwarzen Leutnant der US-Armee. Wir fuhren mit einem Lastwagen von Frankfurt nach Hannover, direkt nach dem Krieg. Und der

wollte, dass wir noch drei weitere Leute mitnahmen. Für die war Platz, das hätte geklappt. Die Eigner haben das nicht getan. Und da hat er eine solche verachtungsvolle Miene gezeigt! Ich hielt das für berechtigt, ich dachte, das ist der bessere Mensch.

Sie nennen keinen hohen Politiker.
Nein, aber das liegt an dem Riesenabstand. Sehen Sie mal, der Abstand von Kurt Schumacher zu mir, der war doch so groß. Und Schumacher schätzte nur junge Leute als Journalisten. Er sagte, wenn die 30 sind, werden sie auch einen anständigen Beruf ergreifen. Er war ja selbst Journalist gewesen. Aber es ist schwierig für mich, große Ehrfurcht zu haben. Ich bin auch nicht für Ehrfurcht geboren. Aber ich muss sagen, dass ich vor Willy Brandt im Laufe der Jahre dann doch ungeheuer große Achtung hatte. Was zu seiner aktiven Zeit nicht immer der Fall war. Als Bürger war Brandt eher ein Prolet. Aber als Politiker und als Staatsmann hat er sich doch in einer Weise als unentbehrlich erwiesen – nachdem er zurückgetreten war. Man muss also manchmal auch sehr alt werden, um Ehrfurcht zu erzeugen.

Glauben Sie, dass Ihre Art der Distanz, der Skepsis gegenüber Menschen und ihren Ideen, verloren gegangen ist?
Das wird im Moment ein bisschen weniger. Hätte man früher zu Bismarck gesagt, er sei ein guter Redner, wäre er wütend geworden. Das wäre dem viel zu platt gewesen. Er hätte gesagt, ich bin kein guter Redner, ich stottere. Ich bin ein Staatsmann, kein guter Redner.

Über Bismarck schreiben Sie, er sei ein Mensch gewesen, der »Gefühlspolitik« verabscheute. Und dass er wohl auch ein Mensch war, der kein Mitleid kannte. Ausgenommen mit seinen Pferden und seinen Hunden, von denen er einen weinend umarmt haben soll, bevor dieser starb, weil er ihn kurz zuvor noch geschlagen hatte.
Ich kenne in der ganzen Weltgeschichte keinen so intelligenten und gleichzeitig so brutalen Mann wie ihn. Denn er war brutal.

Sie stellen fest, dass Bismarck überdies wohl einen schlechten Charakter hatte: Er war gehässig, er versuchte, seine Pächter zu

drücken, ein rechter Raffke, schreiben Sie. Lässt das keine Rückschlüsse auf seine Qualitäten als Staatsmann zu?
Das lässt wohl Rückschlüsse zu. Es ist sogar nachweisbar, dass bestimmte Gesetze für ihn gemacht worden sind. Bismarck war ein Egomane und Egoist, aber eben mit einem haarscharfen und feinen Verstand. Das findet man ganz selten.

Halten Sie Mitleid für eine Qualität, die man als Politiker vernachlässigen kann?
Wenn ich unfähig wäre, mitleidig zu sein, dann wollte ich gar kein Politiker sein.

Glauben Sie, dass ein Journalist Mitleid empfinden muss?
Wenn man die Sache nicht übertreibt, und ich will hier keinen Namen nennen, obwohl mir der Name auf der Zunge liegt ...

Schade ...
Na ja, er heißt ... nicht Jung. *(Lacht – gemeint war der damals sehr populäre, aber auch umstrittene Fernsehjournalist Franz Alt, der sich in der Umwelt- und in der Friedensbewegung engagierte und heute insbesondere über den Klimawandel schreibt.)* Wenn man die Sache also nicht übertreibt, dann ist das unerlässlich. Ich kann doch heute nicht Politik machen und mich gar nicht darum kümmern, was in Somalia ist. Das Schlimme ist, es wird ja doch Interessenpolitik gemacht. In den Ländern im Südwesten Afrikas können zehnmal so viel Leute sterben. Aber da ist kein Fernsehen, also brauchen wir nichts tun. Nein, ohne Mitleid können wir auch nicht leben.

Ich frage Sie das deswegen, weil in Ihren Texten sehr wohl Leidenschaft zu erkennen ist. Aber ganz selten, eigentlich überhaupt nicht, Mitleid.
Weil Mitleid oft nur folgenlos und deswegen auch gar nicht nützlich ist. Es ist eine der am schwierigsten zu definierenden Eigenschaften. Sie können das ganze Neue Testament lesen. Da haben Sie immer nur Gegensatzpaare. Das Mitleid gehört dazu, das Nichtmitleid auch.

Und so ist es geblieben. Das mag auch daran liegen, dass sich viel Populismus auf Mitleid stützt.

Der stützt sich eher auf Betroffenheit denn auf Mitleid. Das sind unterschiedliche Dinge.
Ja, da ist oft Unkenntnis der Welt, Unkenntnis der Geschichte. Und – vielleicht habe ich da auch ein Manko.

Nach Rostock, in der Zeit der täglichen Brandanschläge, haben wir uns zum Beispiel gefragt, warum greift Augstein jetzt nicht voller Entsetzen und vielleicht auch voller Mitgefühl für die Opfer zur Feder. Warum haben Sie geschwiegen?
Das war ein Fehler. Hätte ich wohl nicht sollen. Aber wie gesagt, ich halte von folgenlosen Appellen nichts. Wenn mir Herr Hahn, der ehemalige Vorstandschef vom Volkswagenwerk, sagt, ich solle mit einer kostenlosen Anzeige einen Appell an die deutschen Arbeiter und Arbeiterinnen richten, dass sie ein Jahr lang auf Lohnerhöhungen verzichten, dann sage ich Nein, das tue ich nicht.

Das ist noch zu verstehen.
Rostock, das ist wohl ein blinder Fleck bei mir. Hätte ich tun sollen.

Haben Sie die Gefahr unterschätzt?
Nein, ich hab die innere Bedeutung der Sache unterschätzt. Man hätte sofort irgendetwas machen müssen. Auch wenn es nicht geholfen hätte. Es hätte immerhin geholfen, dass im Ausland gesehen wird, die Deutschen merken schon, was hier passiert. Da kommt dergleichen noch viel auf uns zu.

Was?
Das hängt ein bisschen von unserem Verhalten ab. Wenn sich einer wichtigmachen will und besoffen ist und keine Arbeit hat, dann geht er auf einen Friedhof und schmeißt einen Stein um. Den soll man bestrafen, wenn man ihn fasst. Natürlich gibt es viele Leute, die sich darüber freuen. Wenn wir die Leute aber zu Nazis machen, dann wird es schlimmer. Es ist für mich so: In Solingen waren es zwei Frauen

und drei Kinder. Im Nahen Osten, wenn da 20 Frauen und 30 Kinder sterben, da kümmert sich kein Mensch darum. Die Leute denken, Araber sind Araber, was soll das. Diese Haltung, die kann ich nicht teilen. Wir sehen ja jetzt einen Hoffnungsschimmer, dass auch die Israelis gemerkt haben, sie müssen sich bewegen.

Warum fallen Ihnen im Zusammenhang mit Mölln und Solingen als Erstes Israel und die Araber ein?
Wenn in Mölln und Solingen nur erwachsene Männer die Opfer gewesen wären, dann wäre das Entsetzen vielleicht nicht ganz so groß gewesen. Wenn man an den Nahen Osten denkt, unterscheidet man hier ja immer noch zwischen kriegführenden und nicht kriegführenden Ländern, was ja heute nicht mehr passt. Natürlich gehört Israel noch zu unserem Kulturkreis, aber man legt da andere Maßstäbe an. Mich hat auch Südafrika immer empört. Diese ungleiche Behandlung von Menschen, das geht nicht.

Nach Rostock, nach Mölln oder Solingen wäre ich gar nicht auf den Gedanken gekommen, den Vergleich mit anderen Ländern anzustellen.
Doch, mir fällt das ein. Aber nur um klarzumachen, dass das blanke Entsetzen da deswegen so groß gewesen ist, weil eben Frauen und Kinder die Opfer waren. Einen richtigen Unterschied kann ich nicht sehen zwischen Erwachsenen, die schlafen, und zwischen Frauen und Kindern, die schlafen.

Sie relativieren.
Es wäre falsch, hier zu relativieren. Wir können nicht sagen, das geschieht ja in Israel auch. Das ist ein naheliegender Vergleich. Aber ein falscher.

Wenn die Attentäter, wie Sie sagen, keine Nazis sind, glauben Sie auch an die Theorie der betrunkenen Einzeltäter in »sozialer Schräglage«, wie das in Bonn gerne verbreitet wird?
Das ist zu wenig. Sicher ist ein Stück Hooliganismus dabei. (...)

Ist es wirklich ein Zufall, dass die Waffe der deutschen Rechtsradikalen das Feuer ist? Steckt darin nicht ein deutscher Dämon?
Nein, das ist doch reiner Zufall. Das können Sie überall haben. Der deutsche Dämon, den gab es schon. Aber es gab auch einen französischen. Und das ist mit Brandanschlägen nicht zu erklären, und die Brandanschläge selbst werden dadurch nicht erklärt.

Vielleicht sind die Brandanschläge ein besonders krasses Symptom dessen, was in weiten Teilen der Bevölkerung gedacht wird.
Ja, was ist im Libanon, was ist in New York?

Auch da werden nicht vorsätzlich Menschen angezündet, weil man sie für rassisch minderwertig hält.
Es geht doch eigentlich mehr um Fremdenhass.

Im Fremdenhass steckt ja die Herabsetzung.
Ich glaube nicht, dass es eine deutsche Spezialität ist, mit Brandbomben und Molotowcocktails zu hantieren. Was ist denn mit dem Gazastreifen?

Die Israelis werfen keine Brandsätze, höchstens mal einen zurück.
Bei uns können die Opfer erkennbar nicht zurückwerfen. Aber ich meine, darauf beharren zu dürfen, dass Menschen anzuzünden keine spezifisch deutsche Sache ist. Als die katholische Kirche noch allein das Sagen hatte, ist eine Millionenzahl von Menschen verbrannt worden, und nicht nur in Deutschland. Sicher ist es richtig, wenn Heine sagt, wenn erst Bücher verbrannt werden, werden irgendwann auch Menschen brennen.

Und so war es ja auch.
Ja, sie haben schon einmal gebrannt. Aber das ist nicht zu vergleichen. Das Verbrennen der Nazis, das war systematisch. Da ging es erst um Bücher, dann um Menschen, und dann wurden die Menschen sogar vergast. Das hätte in diesem Umfang wohl niemand voraussehen können. In Italien soll man ja wenig Hexen verbrannt haben, habe ich gehört.

Das wenigstens spricht für Italien.
Das spricht wirklich für Italien.

Trotz aller Probleme laufen die Leute dort nicht in Scharen zu den Rechtsradikalen oder den Nichtwählern über. Die Menschen in Deutschland aber scheinen demokratiemüde.
Das Schlimme ist ja, dass die Regierenden, die immer fordern, man solle Geld abgeben, ihre Schafe im Trocknen haben. Denen traut man nicht.

Das ist noch kein Grund, rechtsradikal zu wählen.
Sicher nicht, man darf nicht alles über einen Kamm scheren. Die Hitlerei war ein Gottesunglück, und ohne Hitler wäre alles in einem kleineren Maße auch gekommen: neuer Krieg, neuen Krieg verlieren, Judendiskriminierung. Aber dass man die Menschen einfach in einen Gasofen steckt, das wäre niemandem eingefallen außer Hitler.

Heißt das nicht, die Deutschen weitgehend freizusprechen aufgrund einer Naturkatastrophe namens Hitler?
Ja, das heißt es. Aber es hätte ja jemand den Hitler umbringen können, und zwar die Armee. Die hat es aber zu spät versucht. Und hier liegt die Schuld.

Es hat sich ja viel verändert in Ihrer Haltung: Dem Historiker Andreas Hillgruber, einem der Wortführer unter den Verteidigern Noltes, warfen Sie 1986 zwei Dinge vor. Erstens relativiere er das Verbrechen des Nationalsozialismus. Zweitens schiebe er die Schuld des Nationalsozialismus auf Hitler ab. Damals stellten Sie fest, dass die Beteiligung an der Judenvernichtung eine massenhafte war: »Eine Million Menschen deutscher Zunge« hätten mitgemacht, die Angehörigen nicht mitgezählt.
Ich glaube, ich habe von 200 000 gesprochen.

Nein, diese Zahl kommt erst vier Jahre später. Sind Sie eigentlich heute noch so weit weg von Hillgruber?
Ich verstehe Nolte in manchen Punkten besser als Hillgruber. Obwohl Nolte der Gefährlichere von beiden ist. Ich glaube, dass die Vergangenheit vergehen muss. Das soll man nicht aktiv befördern, das kommt von selbst. Neulich kommt ein 18-jähriges Au-pair-Mädchen aus Israel. Man fragt, was verbindest du mit dem Begriff Auschwitz. Das Mädchen sagt, da soll so eine Sache gewesen sein. Das war alles.

Haben Sie nicht versucht, ihr Auschwitz zu erklären?
Ja, sicher. Versucht. Aber es hat sie nicht sehr interessiert. Ich meine, man kann nicht von den Leuten verlangen, sich dauernd für etwas verantwortlich machen zu lassen, für das sie gar nichts können.

Aber das verlangt doch niemand. Ich habe in Deutschland zwei Gymnasien besucht. Mein Problem war eher, dass ich kaum etwas über den Nationalsozialismus erfahren habe.
Das würde ich den deutschen Schulen durchaus zutrauen, dass sie darüber hinweggehen. Das finde ich natürlich falsch. Sehen Sie mal, der Kohl wird ja erst neuerdings in Israel als Freund angesehen. Vor einem Jahr ist er beschimpft worden, Genscher auch. Und da sagen die in Bonn, dann sollen sie nicht immer kommen und die Hand aufhalten, wenn sie uns beschimpfen wollen. Das muss man wohl für eine ganz normale und natürliche Reaktion halten.

Teilen Sie da nicht einen typisch deutschen Verfolgungswahn: Alle Welt ist gegen uns, alle Welt will etwas von uns?
Nein, wir werden nicht verfolgt – wenn wir den Geldbeutel aufmachen. Das Problem liegt jetzt darin, dass wir vorerst nicht mehr in der Lage sind zu bezahlen. Aber wahrscheinlich werden wir in zehn oder in 15 Jahren wieder die reichste Nation in Europa sein.

Haben Sie nicht Angst, dass Sie mit Ihren Ansichten, mit Ihrer Kritik an Israel und an jüdischen Verbänden jene bestärken, die sich freuen, wenn zum Beispiel der Betrunkene, von dem Sie vor-

hin gesprochen haben, auf den jüdischen Friedhof geht und ein Grab schändet?
Ich glaube nicht. Wenn man eine bestimmte Grenze nicht überschreitet, dann darf man auch Kritik an Israel üben.

Wollen Sie mit Ihrer Kritik an Israel das schlechte Gewissen der Deutschen entlasten?
In Bezug auf Auschwitz habe ich mir nichts vorzuwerfen. Da können Sie die ganzen 40 Jahre durchblättern. Auschwitz war nie vergleichbar, wird es nie sein. Wer das vergleicht, ist böswillig. Oder dumm. Diese Angst habe ich auch nicht. Es ist aber sehr wichtig, welche Leute bei uns auftreten. Dieser Bubis macht die Sache geschickt. Er ist ja allgemein anerkannt, man kann fast sagen beliebt.

Es hat Ihnen also nicht geschmeichelt, dass Sie, schon allein wegen Ihres Namens, oft für einen Juden gehalten wurden?
Och, ich hab immer gesagt, dass bei mir ein Achtel Jude dazwischen ist. Durch Zufall ist nun nachgeforscht worden bis zum Jahre 1585. Das war ein Historiker, der hat alles rausgeschrieben aus den Kirchenbüchern. War leider kein Jude in meiner Familie dabei.

Würden Sie ihn sonst gerne vorweisen?
Natürlich, warum nicht. Ich würde damit aber nicht Reklame machen, wie Schmidt das tut.

Schmidt, Helmut?
Ja, wir kennen auch dessen Genealogie. Da gibt es wohl Hinweise auf eine jüdische Kaufmannsfamilie.

In seinem Auftreten wirkt Herr Schmidt ja eher teutonisch.
Er liebt es, den Rüpel zu spielen. Zu mir persönlich war er meist generös.

Sie haben auch mal gesagt, Schmidt überschätzt die Bedeutung von Politikern.
Ja, ja, ja! Schmidt ist ein Mensch, der nicht leben kann, ohne einem irgendetwas Übles zu sagen.

Haben Sie ihm das einmal so gesagt?
Ja.

Wie hat er reagiert?
Er konnte sich an nichts erinnern. Wir waren in New York, bei Kissingers 70. Geburtstag. Ich sage, Gott sei Dank, dass Sie gekommen sind, wir sind hier die beiden einzigen Europäer. Einer von uns muss was sagen. Das können Sie doch viel besser. Sie sprechen auch viel besser Englisch. Ich bin ja so froh. Da fragt er, wie sind Sie denn hergekommen? Ich sage, mit der Concorde. Er sagt, damit können Sie mich jagen. Da schaltet sich seine Frau ein: Aber Helmut, du bist doch auch schon einmal mit der Concorde geflogen. Sie hat ihm also Kontra gegeben. Nein, so etwas habe ich selten bei irgendeinem Menschen gesehen. (...)

Als Strauß starb, schrieben Sie: »Die Zeit, da Männer noch wussten, wo es langgeht, und da sie noch Geschichte machten, sie ist für uns auf immer vorbei.« Ist das gut oder schlecht?
Das ist eine Zwangsläufigkeit. Sehen Sie, wir wissen nicht, ob wir in hundert Jahren überhaupt noch existieren. Da ist es zwangsläufig, dass die einzelne Figur nicht mehr eine so wichtige Rolle wie früher spielt. Da ist ein Bismarck absolut unmöglich. Und ich glaube auch nicht an neue Mussolinis oder Hitlers. Das gibt es nicht mehr.

Wenn die Probleme wirklich so schlimm sind, bräuchten wir doch gerade jetzt die großen Frauen und Männer.
Aber gerade die, die dafür infrage kämen, wie Maggie Thatcher, die hätten darauf die wenigste Rücksicht genommen. Tatsächlich geht es ums Überleben der Menschheit. Und jeder denkt, hoffentlich trifft es meine Kinder nicht. Wer denkt schon an die Urenkel.

Haben Sie das Gefühl, »es« rückt jetzt immer näher?
Man muss das Gefühl haben. Man muss das Gefühl haben, dass die Menschheit sich übersteuert hat, und das hängt von einzelnen Personen nicht mehr ab.

Sind die Menschen unfähig, ihr eigenes Überleben zu organisieren?
Die bisherigen Erfahrungen deuten darauf hin, dass sie dazu unfähig sind. Wenn es so weitergeht wie bisher, wird die Menschheit nicht mehr sehr lange überlebensfähig sein.

Wenn Sie schon auf Ihr Lebenswerk nicht stolz sein wollen – gibt es Taten, die Sie heute bereuen?
Ich bin der Letzte, der das richtig beurteilen kann. Sie können es beurteilen, denn Sie haben meine Artikel gelesen.

Einer hat mich besonders geärgert: der gegen die doppelte Staatsbürgerschaft für Türken.
Ah ja, da hab ich auch im Hause großen Ärger bekommen.

Die Türken müssen in Deutschland um ihr Leben fürchten, und Sie stellen den kulturellen Abstand zwischen Deutschen und Türken heraus!
Wenn wir die heutige Türkei betrachten, dann kann die für uns auch nicht gerade ein großes Vorbild sein. Und wir können auch nicht wünschen, dass die Türken voll in die EG eintreten, mit allen damit verbundenen Vorteilen.

Gibt es denn beim *Spiegel* keinen, der Ihnen beibringen kann, dass ein Leitartikel nicht gut ist?
Das haben die mir ja damals gesagt.

Gedruckt wurde er trotzdem.
Ich bin vernünftig genug, andere Meinungen zuzulassen. Dann müssen die anderen auch meine Meinung akzeptieren.

Ihre Toleranz in Ehren – Ihre Haltung zur Wiedervereinigung haben Sie auch mit aller Macht durchgesetzt.
Weil das immer mein Ziel war. Der Graf Lambsdorff hat mich dazu beglückwünscht, weil es auch immer sein Ziel war. Wir haben nur nicht gedacht, dass wir das erreichen werden. Hätte niemand gedacht, dass das möglich ist.

Als es dann so weit war, wurde beim *Spiegel* und auch anderswo deutlich, dass Männer Ihrer Generation noch die Meinungsführerschaft haben. Die Wiedervereinigung war vielleicht die letzte und erfolgreichste Schlacht, die Ihre Generation hier geschlagen hat.
Eine Schlacht war es nicht. Aber wenn es überhaupt Richtlinienkompetenz gibt, dann kann man sie nur ausüben, indem man schreibt. Und dann können die anderen sich aufregen.

Hätten Sie sich jemals vorstellen können, dass Ihnen eines Tages Konkurrenz durch ein zweites Nachrichtenmagazin erwachsen würde?
Das haben wir uns so vorgestellt. Wir kennen den Mann, der Focus macht. Ich glaube nicht, dass Focus eingehen wird. Nur glaube ich ebenso wenig, dass wir wegen Focus eingehen.

Schon 1987 haben Sie gewarnt: Das gedruckte Wort verliert langsam an Kraft. Dazwischen liegt der Aufstieg des Privatfernsehens in Deutschland. Schauen Sie fern?
Muss ich ja, wenn ich Fußball sehen will. Was soll ich denn sonst machen? Aber so Sachen wie Softpornos, die muss ich mir als alter Mann nicht antun. Das brauch ich nicht. Im Grunde genommen braucht man auch nicht mehr die Filme von John Ford. Ich will auch »Casablanca« nicht mehr sehen. Das Einzige, was ich in diesem Film sehen will, ist, wenn die Deutschen »Die Wacht am Rhein« singen, die übrigens während des Zweiten Weltkriegs niemand gesungen hat. Die »Wacht am Rhein« ist also zeitversetzt worden. Und die Franzosen kommen dann mit der »Marseillaise« ... Dann fange ich an zu weinen.

Ich weiß aber genau, in welcher Minute das kommt. Dann schalte ich ein und weine, und dann schalte ich wieder ab.

Wundert es Sie nicht, dass es – anders als in vielen europäischen Ländern – keine erfolgreiche Neugründung einer Tageszeitung in Deutschland gibt, von der klein gebliebenen *taz* einmal abgesehen?
Nun, ich hab alles dafür getan, eine neue Tageszeitung zu machen. Nur kann das nicht ein Verlag alleine, und die anderen wollten nicht. Man müsste eine Tageszeitung in Berlin machen. Das geht aber jetzt noch nicht. Das geht vielleicht in fünf oder zehn Jahren.

Vor einiger Zeit gab es in Berlin den Versuch, das *Berliner Tageblatt* aufleben zu lassen. Die Initiatoren waren bei ihnen; Sie sollen gesagt haben: »Der Einzige, der das vielleicht machen könnte, wäre ich, aber ich bin zu alt.«
Das stimmt. Bin ich auch. Wenn Sie mal so alt sind wie ich, werden Sie sehen, dass man den Journalismus relativiert und sich für andere Sachen mehr interessiert. Das ist der Gang der Dinge. Außerdem haben manche Blätter das Klima verdorben. Ich will nicht sehen, wenn der Ted Kennedy in einem Boot vögelt. Ich will nicht sehen, wenn die Herzogin von York, Sarah Ferguson, ihre Titten festhalten muss, damit die Leute sie ihr nicht wegfotografieren. Das ist eine Schweinerei, und davon passiert immer mehr.

Wollen Sie denn die Bordellgeschichten des Herrn Lafontaine im *Spiegel* lesen?
Nur wenn sie im politischen Bereich erheblich sind. Das sind sie in unserem Fall gewesen. Außerdem benimmt er sich eklig und frech. Als Ministerpräsident gehöre ich nicht ins Bordell. *(Der* Spiegel *hatte Lafontaine »eine merkwürdige Nähe zu einigen Figuren aus der Halb- und Unterwelt« im Saarland vorgeworfen.)*

Er war ja damals noch ein kleines Licht.
Ist egal. Wenn du irgendwas bist, musst du mit der Lotterei aufhören. Das war nach dem Krieg anders. Da war man fünf Jahre im Bordell.

Dann haben wir aber genug für alle Zeit gehabt. Herr Lafontaine, der bläst sich doch noch damit auf, dass er ins Bordell geht.

Sind Sie einmal reingelegt worden in Ihrem Leben?
Nein, ich bin zu kritisch. Ich würde mich ja nicht über andere ärgern, wenn ich reingelegt würde, sondern ich würde mich über mich ärgern. Ich dächte dann, der andere hat keine Schuld, wenn ich mich reinlegen lasse.

Als Sie 1979 auf Sardinien mit 40 Gramm Haschisch festgenommen wurden, hieß es mancherorts, man habe Sie womöglich verpfiffen, um Sie in Verruf zu bringen.
Das war es nicht. Ich könnte mir ja auch sagen, es war ein Komplott. Aber das glaube ich nicht, nein, ich weiß, dass es keines war. Weil ich von dem ganzen Zeug überhaupt nichts wusste. Es ging auch schnell vorbei, war ja nur ein Tag. Ich glaube, Präsident Pertini hatte anrufen lassen, denn dass am Samstag ein Richter kommt ... Und sagt, warum haben Sie mir das nicht gleich erzählt, dass Leute in Hamburg auf Sie warten! Rasieren Sie sich, damit Sie endlich rauskommen! Ich habe im Gefängnis das beste Zimmer bekommen mit Fernseher. Und ein Buch, es war Flaubert, »Bouvard und Pécuchet«. Mein Eindruck davon war so zwiespältig wie bei den Kritikern damals wie heute auch.

Es gibt ein schier unglaubliches Gerücht: Sie sollen Schlagzeug spielen.
Ich würde es gern bestätigen, aber ich spiele nicht Schlagzeug.

Und auch sonst kein Instrument?
Nein. Das ist das Einzige, was ich meinen Eltern übel nehme. Wir hatten einen schönen, großen Flügel. Aber sie haben uns nie ermuntert, Klavier zu spielen. Darüber ärgere ich mich sehr. Denn ein bisschen Klavier zu spielen, das wäre schön. Man kann sagen, hab ich selber schuld. Man kann sagen, der Krieg kam dazwischen. Aber es ist ein Ärger. Reingelegt von den Eltern.

Dafür sollen Sie eine schöne Stimme haben.
Singen kann ich, das ist wahr. Einmal hat man mir in Palermo sogar angeboten, den König in Verdis »Don Carlo« zu singen. *(lacht)*

Und dann?
Ich habe abgelehnt: Zum König habe ich wohl die Stimme, nicht aber die Statur.

22. Oktober 1993, *SZ Magazin*

Ein Graffito mit Petra Kelly in Barcelona

»Es ist alles Sisyphusarbeit, was wir machen«

Petra Kelly

Wie alle wirklich Radikalen, die ich bislang getroffen habe, war auch Petra Kelly ein verwundbarer Mensch. Die Mitbegründerin der Grünen war es in den letzten Monaten ihres Lebens auf ganz besondere Weise: Von ihrer Partei kaltgestellt und von den Medien mangels herausragender Funktion ignoriert, litt sie darunter, die vielen politischen Anliegen, die sie bewegten, nicht mehr propagieren zu können. Mehrmals fragte sie bei mir nach, ob ich sie nicht interviewen wolle, was demütigend gewesen sein muss. Ich arbeitete damals als politischer Reporter für die *Süddeutsche Zeitung,* zuständig unter anderem für die Deutsche Kommunistische Partei, die autonome Szene, die Rechtsextremisten, die Linksterroristen – und eben für die Grünen. An einem Interview mit Petra Kelly zeigte in der Redaktion aber niemand mehr richtiges Interesse.

Das neu gegründete *SZ Magazin* war schließlich bereit, ein Kelly-Gespräch in seiner Rubrik »Wie geht's?« zu drucken. Das bedeutete, dass sie sich an dieses persönlich gehaltene Format anpassen musste, um wenigstens ein paar politische Botschaften loswerden zu können. Sie wirkte hektisch, als wir miteinander telefonierten, und ich konnte meine Fragen nur mit Mühe stellen, da sie unablässig redete. Ein halbes Jahr nach der Veröffentlichung wurde sie von ihrem Lebensgefährten Gert Bastian in einem Reihenhaus in Bonn-Tannenbusch erschossen. Er nahm sich unmittelbar danach auch selbst das Leben.

Nach Bekanntwerden ihres Todes war in München allen klar: Wir hatten eines der allerletzten Gespräche mit Petra Kelly geführt, von dem bislang nur ein kleiner Teil im *SZ Magazin* gedruckt worden war.

In großer Eile rückten wir eine nicht immer sorgfältig redigierte Gesprächsfassung ins Blatt, die wir hier fast unverändert wiedergeben.

Das Interview hinterlässt in dieser besonderen Unmittelbarkeit eine große Traurigkeit. Nicht nur, weil es wenige Monate vor Petra Kellys Tod entstand, sondern auch, weil sie sich selbst gegenüber erbarmungslos ehrlich war. Nie wieder bin ich einem Politiker begegnet, dessen Idealismus so stark und so unverfälscht geblieben war.

Wohnen Sie immer noch in Bonn?
Ich habe noch eine Wohnung dort, ein sehr kleines Reihenhaus in Tannenbusch, eigentlich in einer Gegend ... sehr multikulturell, sie nennen es die schlechteste Gegend von Bonn, aber ich fühle mich da ganz wohl. Es ist, glaube ich, die einzige bunte Gegend von Bonn, wo jetzt »Ausländer-raus«-Parolen die Runde machen, weil da viele Asylsuchende und viele Ausländer wohnen. Und da merke ich jetzt, dass der Druck der, sagen wir mal, Beamten, die dort ungestört wohnen wollen, zunimmt. Und das hat mich schon ein bisschen erschüttert.

Wovon leben Sie?
Letztes Jahr habe ich noch die Übergangsmöglichkeiten gehabt vom Bundestag und ich habe sehr viele Vorträge gehalten. Das ist alles sehr bescheiden. Ich halte viele Vorträge auch im Ausland an den Universitäten. Und dann habe ich noch einen Preis bekommen im November, und das hat mir auch ein bisschen geholfen.

Haben Sie heute auch etwas für sich getan?
Seit drei Tagen saß ich am Schreibtisch in München. Ich habe sozusagen das Wochenende da verbracht. An einem Text geschuftet, den wir jetzt für den Luchterhand-Verlag machen über Guernica. Dieses neue Buch mache ich zurzeit mit Gert. Warum ich mir das aufgehalst habe, weiß ich auch nicht. Die haben Druck gemacht und wollen das bis Mitte Januar, und wir sind nicht fertig. Heute bin ich im-

merhin eine gut drei viertel Stunde richtig spazieren gegangen, richtig an die Luft gekommen, und das ist wirklich selten. Und das hat mir gutgetan. Ich musste wirklich von allem weg, auch wenn es geschneit und geregnet hat, weil ich merkte, dass ich einen gewaltigen Sauerstoffmangel hatte.

Sie wirken wie jemand, der sich nur für andere verzehrt.
Das bin ich nicht. Mutter Teresa will ich nicht werden. Ich habe diesen Nickname mal gekriegt, der ist schrecklich. Nur bin ich unheimlich ungeduldig, weil ich selber so oft auf der Nase lag. Ich lag oft im Krankenhaus mit vielen Operationen. Immer wieder hatte ich das Gefühl, die Zeit könnte ausgehen, und dann bekam ich eine wahnsinnige Energie und so eine Art Lebenswillen. Ich habe das über meine Schwester sehr tief erlebt, dass sie todkrank, sterbenskrank alles noch machen wollte. Am Tag, bevor sie gestorben ist, hat sie noch Gedichte in ihr Tagebuch eingetragen und hat noch gemalt. Sie hat noch richtig gelebt. Damit bin ich ein Stehaufmännchen geworden. Und wenn ich mir etwas in den Kopf gesetzt habe, geht es nicht mehr weg. Also ich muss die Sache bis zu Ende bringen. Ziemlich stur, wie ich das auch im Bundestag gemacht habe mit meinen Menschenrechtsprojekten, da vergesse ich alles um mich, dann arbeite ich. Ich bin dann ein Arbeitstier. Aber ich genieße es dann auch.

Sie sind ein gebildeter Mensch, in vielerlei Kulturen zu Hause. Glauben Sie nicht, dass man auch manchmal zu sich selbst gut sein muss, damit man für die anderen gut sein kann?
Richtig. Als ich in Brüssel lebte und wohnte, und dann die Grünen als Sprecherin vertreten habe, das war wirklich totale Selbstausbeutung. Dann bin ich fast umgekippt. Und dann habe ich den Kontakt zu den Tibetern gefunden, zum Dalai Lama. Ich tue nichts lieber, als zweimal im Jahr dort hinzufahren. Da kann ich auch sitzen und stundenlang meditieren und ruhig werden mit mir selber oder mit meiner Patentochter sein. Ich muss noch lernen, mehr Ruhepausen zu machen.

Antje Vollmer sagte, wir müssen uns Gedanken machen, warum Bürgerbewegungen und grüne Parteien immer mit 15 Prozent anfangen und innerhalb weniger Jahre auf fünf Prozent sind. Sie hat mehrere Gründe genannt. Der überzeugendste war wohl die mangelnde soziale Verträglichkeit in den Gruppen.
Richtig. Ich habe aber nie einen Machtkampf mit ihr machen wollen, außer einmal bei der Rotation. Aber im Nachhinein sind wir uns furchtbar nahegekommen und der Grund waren die Flügelkämpfe, die wir beide nicht ertragen haben. Und wie die mit den Promis umgegangen sind – nehmen Sie Beuys und die Grünen und sein politisches Wirken. Was haben sie in Nordrhein-Westfalen mit ihm angestellt. Und wie hat er darunter gelitten! Er musste bestraft werden, buchstäblich, weil er in den Bundestag wollte. *(Die nordrhein-westfälischen Grünen verweigerten dem weltberühmten Künstler Joseph Beuys bei der Bundestagswahl 1983 einen sicheren Platz auf der Landesliste.)* Und das sind so Dinge, die kommen jetzt umso härter heraus, wenn man sagt, was haben wir an Menschen kaputt gemacht, an Energie kaputt gemacht, Menschen abgeurteilt und abgeschreckt. Es sind so viele Menschen da, die sind nicht mehr zu heilen, es sind so viele Wunden da.

Neigen Sie nicht manchmal auch dazu, fundamentalistisch zu sein?
Was bestimmte Prinzipien betrifft, vor allem das der Gewaltfreiheit, bin ich ganz rigoros. Aber ich will nie dogmatisch sein. Jutta Ditfurth bin ich auch nicht, wirklich nicht. Also dieser Dogmatismus, zu sagen, die Menschen können gleich krepieren, Hauptsache das Prinzip stimmt, das kann ich nicht ertragen. Allerdings bin ich manchmal furchtbar ungeduldig, wenn ich zum Beispiel bei meiner Arbeit für krebskranke Kinder mit einer Elterngruppe spreche und merke, die sind viel weiter als jeder Politiker in Bonn. Leider. Oder neulich: Da bin ich von der Umweltkonferenz in Mexiko so deprimiert zurückgekommen. Von wegen: Der Norden soll seine Sünden gegenüber dem Süden irgendwann mal bezahlen, er soll endlich mal bescheidener werden – das kommt nicht. Ich bin da pessimistisch. Ich sah Mexiko-City, ich sah da so schlimme Zustände, dass ich zurückkomme und sage, das ist alles Sisyphusarbeit, was wir machen.

Setzen Sie gar keine Hoffnungen mehr in die Grünen?
Bei den Grünen gab es Zeiten am Anfang, da gibt es sehr ausgelassene Bilder. Wir haben zum Beispiel alle in der Geschäftsstelle getanzt. Und danach sehen Sie solche Bilder nie mehr. Die Grünen haben mir aus Spaß am Ende der acht Jahre ein Album gemacht, da sehen Sie kaum ein Bild, wo jemals gefeiert wird. Da habe ich mir gesagt, die Grünen sind verrückt, die Leute müssen wahnsinnig sein. Sie können weder lachen noch tanzen noch feiern. Und in dieser Fraktion gab es, wenn überhaupt, nur organisierte Fröhlichkeit. Es war nie oder ganz selten diese liebevolle Atmosphäre. Und da habe ich innerlich eher den Kontakt gesucht zu meinen Elterngruppen, zu den Tibetern, die sehr freundliche Menschen sind, zu den chinesischen Studenten. Da bin ich belächelt worden, auch in Bonn. Da habe ich dann nicht mehr kooperiert. Und da bin ich meinen Weg gegangen, weil die Presse hat mich auch so belächelt. Nur nachher, als dann diese Themen doch wichtig wurden, weil auf dem Platz des Himmlischen Friedens ein Blutbad war, da habe ich gedacht, das ist jetzt so opportunistisch, mein Gott, wie traurig. Als der Dalai Lama den Nobelpreis bekommen hat, dann war ich plötzlich wieder hoffähig. Das hat mich so angeekelt.

Man kann nicht an allen Fronten gleichzeitig kämpfen.
Wissen Sie, warum ich so rede? Weil die Grünen den Anspruch haben, eine internationale Partei zu sein, eine wirklich global denkende, nicht eine muffige, kleine, biedere und engstirnige wie die SPD. Trotzdem habe ich übrigens immer das Gefühl, die meisten Freunde, die ich verlassen habe im Bundestag, waren in der SPD. Norbert Gansel, Hermann Scher, Freimut Duve, Renate Schmidt. Ich habe ja am meisten auf die SPD geschimpft. Aber trotz allem habe ich mit denen die meisten Anträge durchgekriegt, trotz meiner sehr kritischen Haltung der SPD gegenüber; und die bleibt sehr kritisch. Die Leute denken so kurzfristig in diesem Scheiß-Bonn. Wenn man versucht, zu sagen, wie diese bescheuerte Welt wirklich aussieht – darüber kann man kaum reden. Für mich erschienen die Grünen da immer eine geistige Alternative. Und jetzt ist so vieles an ihren internen Diskussionsprozessen kleinlich geworden. (...)

Hat es eigentlich einen politischen Hintergrund gehabt, dass Petra Kelly nie selbst Kinder in die Welt gesetzt hat?
Ich hatte sogar einmal eine indizierte Abtreibung. Es war sehr schmerzhaft für mich. Ich wollte einmal ein Kind, ein Wunschkind. Es ist deswegen gescheitert, weil ich so krank war mit der Niere. Es war ein sehr schlimmes Erlebnis für mich. Ich habe jetzt eine Patentochter in Tibet, seit 1979. Sie ist schon eine junge Frau, aber immer noch wie ein Kind. Sie wohnt in Dharamsala bei den Exiltibetern. Ihre Eltern sind auf der Flucht umgekommen, und sie ist im Kinderdorf gelandet mit zwei Jahren. Sie ist schon so eine Art Tochter, und sie sieht sich so wie meine Schwester, und es ist eine sehr enge Beziehung. Aber umgekehrt sage ich ganz offen, Mutter und Hausfrau wollte ich nie werden, nie in meinem Leben. Da bin ich viel zu emanzipiert. Ich kann auch nichts im Haus machen. Das ist für mich tabu. Aber der Wunsch ist da, und ich fand es sehr traurig, dass es nicht werden durfte.

Trifft es Sie, wenn Sie in Rezensionen lesen, »Die blasse Frau, die dünnlippig einen Text über Gesellschaft ...«?
Ich habe sie mir alle angeguckt und wollte es wissen. Ich will nicht wie ein bunt bemalter Paradiesvogel vor eine Sendung, wo die Kinder sterbenskrank kommen. Das kann ich nicht lächelnd durchführen mit dicker Mascara. Das finde ich geschmacklos. Das hätten die im Fernsehen wissen müssen. Dass ich dann so blass rüberkomme, das hat mir keiner gesagt. Wenn Sie die Presse durchgucken, es ist fast durchgängig wie hasserfüllt.

Frau Kelly, Sie sind von einer renommierten Zeitschrift zu den tausend wichtigsten Persönlichkeiten des Jahrhunderts ernannt worden. Finden Sie sich angemessen gewürdigt?
Die Freude war einfach bei allen, dass ich als eine der ganz wenigen ökologischen Leute überhaupt auf der Liste bin. Die Liste geht von Stalin bis Hitler. Da kann man sich auch nicht sehr freuen, wenn man mit denen drauf ist. Aber es dokumentiert, das war doch mein Beitrag, der mit meinem Namen verbunden ist, eine grüne Partei, die ohne Chancen war, ins Parlament gebracht zu haben. Ich habe mich

da mit aller Kraft reingegeben. Und ich sage im Nachhinein, ich habe zu viel Kraft und Energie gegeben, ich hätte mehr zurückstecken müssen auch innerlich. Weil ich manchmal diese ganzen Kämpfe verinnerlicht habe. Das hat auch sehr geschmerzt. Dann denke ich mir, es war nicht umsonst.

21. Oktober 1992, *Süddeutsche Zeitung*

Von Mikrofonen umringt: Hans-Jürgen Wischnewski nach der Rückkehr aus Mogadischu am 18. Oktober 1977 auf dem Köln-Bonner Flughafen

»Ich hatte keine Zeit für Tränen«

Hans-Jürgen Wischnewski

Der stärkste Eindruck, der mir nach dem Gespräch mit Hans-Jürgen Wischnewski im Sommer 1992 in Erinnerung geblieben ist, war dieser: Der Mann lebte mit sich im Reinen, auch wenn er als politischer Akteur und als Ratgeber seiner SPD nicht mehr so gefragt war und das selbst so beschrieb. Geblieben war ihm aber die Anerkennung, einer der »Helden von Mogadischu« gewesen zu sein: Im Oktober 1977 hatte er eine maßgebliche Rolle dabei gespielt, die Geiselnahme an Bord der Lufthansa-Maschine »Landshut« zu beenden. In diesem furchterregenden »Deutschen Herbst« hatte wohl kein anderer Politiker solche Vollmachten wie er. Und das aus heutiger Sicht Frappierende daran ist: Genau so, wie er anscheinend freihändig über Millionen verfügen konnte, so freischnäuzig sprach er auch darüber.

Schwer vorstellbar, dass ein solcher Politikertypus heute noch erfolgreich wäre, da jeder unvorsichtige Satz eine mediale Empörungswelle auslösen kann. Eigentlich widerspreche ich immer jenen Menschen, die behaupten, früher seien das bessere Zeiten gewesen, da habe es noch diese tollen Persönlichkeiten in der Politik gegeben. Aber »Ben Wisch« ist einer der ganz wenigen, auf die das doch zutrifft.

Wischnewski stellte sich der wohl größten Herausforderung für die innere Sicherheit der Bundesrepublik, der Entführung des Arbeitgeberpräsidenten Hanns Martin Schleyer, mit einer völlig anderen Geisteshaltung als Helmut Schmidt – als sei er dessen Alter Ego. Dem früheren Bundeskanzler spürt man bis heute die quälende Last der Verantwortung und der Entscheidungen an, an deren Ende Schleyers Tod stand. Wischnewski dagegen vermochte sogar der Todesdrohung, der er selbst ausgesetzt war, noch eine ironische Note zu verleihen, wie Sie gleich lesen werden: Dieser Mann, der im Februar 2005 im Alter von 82 Jahren starb, war ein begnadeter Erzähler.

Man sagt, Sie hätten in Ihrem Leben so vielen Menschen das Leben gerettet, dass sich damit inzwischen ein Stadion füllen ließe.
Vielleicht stimmt das auch. Als ich nach der Landung in Mogadischu zum ersten Mal Präsident Siad Barre aufsuchte, habe ich gesagt, Herr Präsident, zwei Aufgaben müssen wir gemeinsam lösen. Fragt er: »Zwei?« – »Ja«, sag ich, »die erste Aufgabe, wir müssen 90 Menschenleben retten. Die zweite Aufgabe, wir müssen alles Notwendige im Interesse der Souveränität Ihres Staates tun. Und deswegen sage ich: ›Wenn wir Gefangene machen, sind es Ihre Gefangenen.‹« Da guckt er mich an und sagt: »Was, Gefangene wollen Sie auch noch machen?«

Eine Frau aus dem Entführerkommando hat ja tatsächlich überlebt ...
Es hat da ein kleines Problem gegeben, als ich an die Maschine gekommen bin. Die Dame war als Einzige in der Toilette, als die Maschine gestürmt wurde, und hat dann durch die Tür geschossen. Da haben unsere Leute natürlich mit der Maschinenpistole mal die Tür rauf- und runtergehalten. Von außen haben die aber nicht richtig getroffen. So ist eine brenzlige Situation entstanden.

Es hätte also auch sein können, dass die Frau noch nach der Geiselbefreiung erschossen worden wäre?
Ja, aber deswegen bin ich ja so schnell wie möglich ins Flugzeug, gleich nachdem ich Schmidt über unsere Standleitung mitgeteilt hatte, dass alles gut gegangen war.

Hätten die Beamten aber doch noch geschossen, wäre das einer Hinrichtung gleichgekommen ...
Die Terroristen haben sich mit allen Mitteln gewehrt. Die haben sogar eine Handgranate im Flugzeug geworfen. Gott sei Dank ist sie unter einem Sessel explodiert, reiner Zufall. Dieses Mädchen hat natürlich auch geschossen. Und dass die Leute dann vollgeladen sind im Augenblick, bis dorthinaus ... Aber stellen Sie sich mal vor, es wäre vier oder fünf Minuten später noch ein einzelner Schuss gefallen. Dann hätte es nicht geheißen, die Germanen haben das alles schön gemacht.

Herrschte in jener Zeit nicht ohnehin die Meinung vor: Das sind Verbrecher, deren Leben nicht unbedingt erhaltenswert ist?
Es mag so eine allgemeine Stimmung gegeben haben. Ich habe in jenen Tagen aber gelernt, von der öffentlichen Meinung nicht mehr so sehr viel zu halten. Nie zuvor hatte ich erlebt, wie wandlungsfähig sie innerhalb von Stunden ist. Solange es nur Schleyer alleine war, haben alle gesagt, die Bundesregierung muss das durchstehen. Als dann die Maschine entführt wurde, schlug das von einer Stunde zur anderen um: »Diese armen Touristen und Rentner.« Da waren auch noch ein paar so nette Mädchen eines Schönheitswettbewerbs dabei, die von Mallorca kamen. Nun muss ich aber mit meinem Urteil vorsichtig sein. Wir haben in der ganzen Zeit kaum Kontakt mit den Menschen gehabt, außer mit denen, die wir gezielt aufgesucht hatten. Schmidt sprach mit Grass und Böll, denn es war ja eine Entscheidung zu fällen, die das Leben eines anderen Menschen betraf.

Schmidt hat mit Grass und Böll über Leben und Tod gesprochen?
Und mit Lenz, glaube ich, er wollte sich mal aussprechen und hören, was die sagen.

Und mit wem haben Sie sich ausgesprochen?
Ich war ja viel unterwegs und hatte, mit dem BKA-Präsidenten Herold, wohl am meisten zu tun. Ich bin in der Zeit 80 000 Kilometer geflogen. Die großartigste Sache von Schmidt ist es gewesen, dass er alle Parteien an einen Tisch bekommen hat. Vogel hatte die unan-

genehme Aufgabe, jeden Tag mit der Familie Schleyer zu sprechen. *(Hans-Jochen Vogel war damals Justizminister.)* Wegen Schleyer habe ich dann später leider noch Ärger gehabt mit Herrn von Brauchitsch, was mir heute noch sehr leidtut. Ich habe nämlich in meinen Memoiren folgende Geschichte erzählt: Während der Entführung führte ich heimlich Gespräche mit der Wirtschaft. Nur Schmidt wusste davon. Wir haben denen gesagt: »Ihr müsst euren Weg gehen, um euren Vorsitzenden zu retten. Tut das, was der Staat nicht tun kann. Das heißt: Schaut mal, ob über den Anwalt in Genf irgendetwas mit Geld zu machen ist.« Und da hat mich Brauchitsch gefragt, wer das bezahlt. Ich habe gesagt: »Die deutsche Wirtschaft.« Die zweite Frage war dann, ob man das von der Steuer absetzen kann.

Herr von Brauchitsch hat das abgestritten.
Von Brauchitsch hat danach alles für Schleyer getan. Er hat eine korrekte Rolle gespielt, eine sehr korrekte Rolle, aber diese beiden Fragen hat er an mich gerichtet. (...)

Sie haben einmal jenen heißen Herbst als die größte Herausforderung seit Kriegsende bezeichnet. War das nicht ein bisschen übertrieben?
Also zuerst bringen sie den Generalbundesanwalt und seinen Begleiter um und greifen damit den Rechtsstaat an. Dann legen sie den Ponto um. Und zuletzt sagen sie sich, wenn wir den obersten Kapitalisten nehmen, dann müssen die nachgeben, denn diese Regierung besteht doch sowieso aus lauter Kapitalistenknechten. Sie haben schon versucht, an den Grundmauern des Staates zu rütteln.

Aber letztlich ist es doch immer ein Krieg von sechs gegen 60 Millionen geblieben.
Ob wir heute alles wieder genauso machen würden? Die Entscheidungen würde ich alle genauso wieder treffen, was die Freilassung Schleyers und was die Flugzeugentführung anbetrifft. Was mich aber sehr bedrückt hat, ist die Verabschiedung dieses Gesetzes gewesen ...

... das Kontaktsperregesetz?
Ja. In dieser speziellen Zeit war dieses Gesetz nötig. Aber es ist immer ganz schlecht, wenn man wegen einem Fall ein Gesetz über Nacht verändert, statt es als Reserve für Notfälle zu haben. Das Zweite, was wir heute nach meiner Auffassung anders machen würden: Damals sind die Panzerspähwagen durch Bonn gerollt, und da ist Stacheldraht gezogen worden. Heute würde ich vom Äußeren her weniger dazu beitragen, dass die Menschen noch mehr verängstigt werden. Und das Dritte: Ich habe heute Zweifel, ob es richtig war, alles auf das Kanzleramt zu konzentrieren, oder ob man es nicht beim Innenministerium, wo auch entsprechende Einrichtungen vorhanden sind, hätte belassen sollen. Was die Terroristen erreicht haben, ist, dass sie uns de facto 40 Tage lang vom Regieren abgehalten haben. Schmidt hat das angeführt, aber ich war der Mann, der Action machen musste.

Tag und Nacht haben Sie sich mit den Entführern beschäftigt. Was für ein Bild haben Sie von ihnen gewonnen?
Dass sie klug waren, darüber gibt es für mich nicht den geringsten Zweifel. Aber ob sie nicht auch krank waren, dies hab ich mich immer wieder gefragt. Sie selbst sind Tag und Nacht in der Regierung damit beschäftigt, die schwierigsten Probleme zu lösen, und dann kommen einfach Leute und sagen, diese Probleme lösen wir, indem einer umgebracht wird. Andererseits hat es keine Reaktion und keinen Text von denen gegeben, der dumm war. Die Schleyer-Entführung war im Aufbau und in der Durchführung mit einem Höchstmaß an Intelligenz gemacht.

Hat sich dieses Bild während der Entführung verändert?
Ich glaube, dass die Entführer den Lernprozess machten, dass wir nicht nachgeben, obwohl wir in ihrer Sicht doch die Knechte des Kapitals sind. Trotzdem, ich muss natürlich auch sagen, wenn Sie darüber nachdenken, wie denn dies alles entstanden ist – der Vietnamkrieg und die Tatsache, dass es so ungerecht auf der Welt zugeht –, dann gibt es einen Haufen Gründe, die berechtigt sind ... Nur darf man nicht andere Leute umbringen, weil dies niemandem hilft.

Wusste der kleine Krisenstab von den Überlegungen der Gefangenen in Stammheim, sich das Leben zu nehmen?
Es hat Informationen gegeben, dass solche Überlegungen bestehen. Aber eigentlich hat diese Information keine große Rolle gespielt. Von jemandem, der sich freipressen lässt und der auch angibt, wohin er ausreisen will, nehmen Sie nicht an, dass er gleichzeitig die Absicht hat, sich umzubringen. Umso erschütterter sind wir hinterher gewesen über das, was alles in das Gefängnis hereingekommen ist – die Gefängnisverwaltung hatte völlig versagt.

Wussten Sie, ob die Gefangenen in Stammheim abgehört wurden?
Das weiß ich nicht. Jedenfalls waren die Gesprächspartner der Gefangenen BKA-Leute. Herold hat deren Erkenntnisse in den kleinen Krisenstab einfließen lassen. Mit der Flugzeugentführung ist dann eine völlig neue Situation entstanden. Und von dem Augenblick an bin ich nicht mehr dabei gewesen. Ich habe dem Bundeskanzler gesagt, wir müssen diese beiden Dinge voneinander trennen. Ich muss alles tun, um das Leben der Geiseln zu retten. Die anderen müssen das Notwendige in Bezug auf Schleyer tun. Das war Schmidt nicht so angenehm, aber er hat das eingesehen. Das habe ich ihm in einem Telefongespräch aus Abu Dhabi mitgeteilt. Der Krisenstab hat das abgesegnet. Der Bundeskanzler hat mir gesagt, du hast jetzt die größten Vollmachten, die jemals einer in der deutschen Demokratie bekommen hat.

Wenn in der Zwischenzeit der kleine Krisenstab zu der Auffassung gelangt wäre, die Gefangenen wollen sich umbringen, aber wir lassen das zu, hätten Sie das erfahren?
Das glaube ich schon. Denn wenn die sich umgebracht hätten, wäre das nicht ohne Auswirkungen auf die Situation im Flugzeug gewesen.

Waren Sie schließlich überrascht, als die Nachricht vom Tod der Gefangenen in Stammheim kam?
Sie müssen wissen, in welcher Stimmung ich war, als wir von Mogadischu zurückgeflogen sind. Erst mal kaputt und müde, aber doch mit dem Gefühl, dass wir diese Erpressung beseitigt hatten. Außer dem

Flugkapitän, der leider dabei umgekommen ist. Als ich in Somalia angekommen war, durfte ich noch mutterseelenallein aus dem Flugzeug steigen. Tiefstes Misstrauen. Und als ich wieder losgeflogen bin, war das halbe Kabinett am Flugplatz. Während des Rückflugs haben wir die Nachricht vom Selbstmord bekommen.

Wie haben Sie darauf reagiert?
Ich war schockiert. Ich habe mir das gar nicht richtig vorstellen können. Im Gefängnis hätte man in dem Augenblick, in dem klar war, dass das Flugzeug gestürmt worden war, die Gefangenen voll beobachten müssen. Das Schlimme war ja, dass es in einigen Ländern Überlegungen gab, ob es nicht der Staat gemacht hat. Klaus Schütz war damals Botschafter in Tel Aviv, und zu ihm kamen Israelis, die sagten, das habt ihr prima gemacht. Er sagte, um Gottes willen. Die sagten dann, sie wüssten schon Bescheid.

Ist es denn so abwegig, wenn man im Ausland überlegt, in so einem Ausnahmezustand beseitigen wir seine Symbolfiguren?
Ich habe auch gedacht, dass Einzelne so etwas machen würden, ist unmöglich. So eine Geschichte ist zu diffizil. Ich hatte ja im Krisenstab mitbekommen, wie schwer es bei anderen Entscheidungen war, einen Konsens zwischen allen Parteien zu finden.

Wie hat denn Helmut Schmidt auf die Nachricht reagiert?
Ich habe ihn ja erst nach meiner Rückkehr aus Mogadischu im Kanzleramt erlebt. Da stand er im Garten mit dem englischen Premier Callaghan. Als er mich gesehen hat, sind ihm die Tränen rausgeschossen. Er war natürlich wochenlang angespannt bis zum Äußersten. Stellen Sie sich vor, 90 Leute wären tot gewesen, was das gegeben hätte.

Was wäre dann passiert?
Dann wäre es aus gewesen mit meiner politischen Karriere. Ich wäre noch am selben Tag zurückgetreten. Schmidt am nächsten Tag vor dem Bundestag. Das hatten wir so abgesprochen.

Haben Sie nie geweint?
Ich habe in den vier Tagen der Entführung keine Zeit gehabt zu weinen. Nach meiner Rückkehr, auf dem Flugplatz in Köln, sind mir dann die Tränen gekommen. Das gebe ich zu. Das ist auch etwas sehr, sehr Normales.

Was haben Sie dann gemacht?
Ich bin mit meiner Frau zum Essen gegangen in Köln. Und anschließend habe ich mir einen bewilligt, so zur Entlastung würde ich mal sagen.

Sie haben mal gesagt, wenn ich einmal ganz böse bin, dann erzähle ich, was Franz Josef Strauß im Krisenstab alles zum Besten gegeben hat ...
Nun, er ist dafür eingetreten, die Leute, die freigepresst werden sollten, freizulassen und in der Bundesrepublik für ein Jahr den Ausnahmezustand auszurufen. Um dann sagen zu können: Jetzt machen wir mit alledem Schluss. Und das erschien mir so ungeheuerlich. Selbst von seinen eigenen Leuten hat ihn niemand unterstützt. In der Bundesrepublik für ein Jahr den Ausnahmezustand auszurufen, das war etwas, das sich trotz der angespannten Lage keiner von uns hat vorstellen können. Außer ihm wahrscheinlich. (...)

Was wäre denn passiert in dieser Republik, wenn es, wie in Italien, über hundert Todesopfer durch Terroristen in einem Jahr gegeben hätte?
Dann hätte der Staat zusätzliche Maßnahmen zur Terrorismusbekämpfung getroffen, aber nicht den Ausnahmezustand ausgerufen.

Zum Beispiel?
Als Erstes hätte man versucht, die Gefangenen noch mehr zu isolieren. Als Zweites hätte man den Polizeiapparat noch weiter ausgebaut.

Todesstrafe, Sondergerichte?
Nein. Es hat zu keiner Zeit eine Stimmung gegeben in Bezug auf Todesstrafe und Sondergerichtsregelungen.

Ihr Vertrauen in die Besonnenheit und Unabhängigkeit der politischen Klasse von Volkes Stimme ist beeindruckend.
Ich sage Ihnen ja – mit Ausnahme dieses Ausreißers von Strauß sind Gedanken über die Todesstrafe nicht aufgekommen. Dies ist an den Stammtischen so gewesen, aber nicht in den Kreisen, in denen entschieden worden ist. Ich will eine Einschränkung machen. Ich weiß nicht, was passiert wäre, wenn diese 90 Menschen im Flugzeug umgekommen wären. Das hätte solche Reaktionen im Lande ausgelöst!

Es gab ja ohnedies die Aufforderung von Herrn Schmidt an den Krisenstab, auch das Undenkbare zu denken.
Aber da hat er an völlig andere Dinge gedacht. Das Undenkbare war zum Beispiel meine Überlegung in Bezug auf Togo. Ich hatte die Idee, die freigepressten Gefangenen in ein Land auszufliegen, in dem wir die Möglichkeit gehabt hätten, sie sofort wieder einzufangen. Ich habe vorgeschlagen, wir schicken 300 Leute vom BKA nach Togo. In Togo hätten wir das in Zusammenarbeit mit der dortigen Regierung regeln können. Das war eine Idee, die dem BKA im Normalfall nicht einfällt. Aber man hätte dazu 300 Leute einweihen müssen. Das kann man nicht geheim halten.

Was haben Sie denn den Somalis für deren Entgegenkommen versprochen?
Überhaupt nichts. Aber klar und deutlich gesagt: Wenn die Germanen in Schwierigkeiten sind und man ihnen hilft, dann sind sie nicht untreu und vergessen das nicht. Das wird sich auf unsere zukünftige Arbeit auswirken. Und das hat es auch.

Wie?
Kredit.

Sie hatten ja zehn Millionen in bar mit.
Es wäre vielleicht wirksamer gewesen, wenn ich sie dagelassen hätte. Aber wir hatten das Prinzip zu beachten: Bargeld gibt es nicht.

Warum sind Sie dann mit den Millionen um die Welt geflogen?
Um sie den Terroristen anzubieten. Wir haben gesagt, bevor geschossen wird, muss alles andere versucht werden. Nur eins war hundertprozentig klar: Die Leute in Stammheim werden nicht entlassen. Ich habe meinem damaligen Mitarbeiter – er ist heute unser Botschafter in Beirut – gesagt, besorg zehn Millionen Mark, weil ich dachte, man kann nie wissen, wohin man kommt, und einen Scheck werden die Entführer wohl nicht von mir annehmen. Ich habe den Krisenstab dazu auch gar nicht um Erlaubnis gefragt, sondern das gemacht, was ich für richtig hielt.

Und mühelos zehn Millionen Mark aus der Staatskasse erhalten?
Na ja. Mein Mitarbeiter fragte: »Chef, wie soll ich jetzt zehn Millionen Mark besorgen?« Ich meinte: »Regieren wir dieses Land oder nicht?« Er rief dann im Finanzministerium an: »Mein Chef möchte zehn Millionen Mark.« Der andere hat gesagt: »Meiner auch.« Dann haben sie vom Finanzministerium zurückgerufen – ich rege mich darüber gar nicht auf – und gefragt, auf wessen Kabinettsbeschluss denn das zurückgehe. Mein Mitarbeiter hat nur gesagt, mein Chef fliegt jetzt los und reißt euch den Kopf ab, wenn die zehn Millionen Mark nicht mitkommen. Schließlich kam der Staatssekretär mit dem Hubschrauber und brachte die zehn Millionen in einem großen Aluminiumkoffer. Mein Sicherheitsbeamter Schäfer hat dann den Koffer mit den Millionen nach Abu Dhabi, nach Djidda und überallhin mitgeschleppt.

Gut, was haben Sie den Somalis später gegeben, außer den Krediten?
Wir haben ihnen noch hundert Lastwagen geschenkt. Die zweite Generation der Lastwagen bei der Bundeswehr wurde ausgesondert, die waren noch tipptopp in Ordnung und wurden überholt und angestrichen.

Haben Sie den Somalis auch politisch geholfen?
Als ich nach dem Sturm auf die »Landshut« zu Siad Barre gegangen bin, hat er mir einen Text vorgehalten und gefragt, ob ich den unterschreiben könnte. Da stand dann, dass die somalischen Truppen mithilfe deutscher Experten die Aktion erfolgreich über die Bühne gebracht haben ... Der Präsident war stark alkoholisiert. Ich hab gesagt, geben Sie her, ich unterschreib den Wisch. Für uns konnte kein Schaden mehr entstehen.

Haben Sie noch von der Gefangenen gehört, die Ihnen vielleicht Ihr Leben verdankt?
Sie hat mir dies leider nicht gutgeschrieben. Sie bekam 20 Jahre Gefängnis bei den Somalis. Ich will das nicht so auf die Goldwaage legen, aber ungefähr drei Jahre später ist sie gegen ein Schiff mit Öl eingetauscht worden. Das Öl kam aus Bagdad, ebenso übrigens wie die Flugtickets für das Kommando. Dann ist sie nach Beirut gegangen an die Universität und hat da studiert. Jedes Mal, wenn sie in den Hörsaal kam, wurde applaudiert. Sie war die große Heldin, und nach den Informationen, die ich habe, hat sie sich in Paris mit RAF-Leuten getroffen, um zu überlegen, wie Schmidt und ich umgelegt werden können. Ich muss ehrlich sagen, da war ich ein bisschen mürrisch.

Haben Sie jemals Angst gehabt?
Am ehesten noch, wenn ich wusste, dass ich selbst Mist gemacht hatte.

Wann haben Sie Mist gemacht?
Ich hätte nie das Amt des Schatzmeisters der SPD übernehmen sollen. Ich bin gar kein Typ dafür. Das ist auch schiefgegangen. Und ich habe mich wahnsinnig geärgert, dass ich in der ersten Wut diesen Brief an Brandt, in dem ich Vogel als Oberlehrer beschimpft habe, gleich an dpa weitergegeben habe. Für einen, der sich immer bemüht hat zu überlegen, war das leichtfertig.

Aber in der Sache doch richtig?
In der Sache war es richtig. Ich bin nicht bereit, alles zu schlucken.
(Wischnewski hatte sein Amt als SPD-Schatzmeister im September 1985 aufgegeben. Er war mit seinem Sparkurs auch am Widerstand von Hans-Jochen Vogel gescheitert, der zu der Zeit den Fraktionsvorsitz innehatte. In seinem Rücktrittsschreiben an Brandt, das er der dpa zuspielte, beklagte Wischnewski sich über Vogels »Oberlehrermanieren«.)

Man sagt Ihnen aber nach, dass Sie ein harmoniebedürftiger Mensch seien?
Das stimmt, ja.

Macht es Ihnen Angst, mit anderen Menschen in Konflikt zu stehen?
Mein ganzes Leben war stark davon beeinflusst, Konflikte zu lösen.

Warum?
Das weiß ich auch nicht. Ich muss ganz ehrlich sagen, wenn es bei mir zu Hause mal irgendetwas gibt – dann bin ich todunglücklich. Dieses Harmoniebedürfnis war immer mit dem Versuch verbunden, die Ursache für einen Konflikt zu lösen. Ich habe meine Gespräche immer so angelegt, dass ich dem anderen sagte: Ich werde Ihnen jetzt einmal sagen, wie ich Ihre Interessenlage sehe. Die Leute haben gestaunt: Der hat sich mit unseren Interessen beschäftigt! Danach habe ich meine Interessen geschildert und gesagt: Jetzt wollen wir mal sehen, ob wir einen gemeinsamen Weg finden. Wie überrascht die Leute dann sind, die schlimmsten Leute, die Sie sich vorstellen können.

Haben Sie sich dafür psychologisch schulen lassen?
Nein, Gott sei Dank nicht.

Mussten Sie zu Hause auch immer vermitteln?
Meine Mutter war sehr ehrgeizig: Der Junge musste etwas werden. Sie hat kein Wort Französisch gesprochen, hat sich aber jeden Tag eine

Stunde hingesetzt und Vokabeln abgehört. Wenn ich ein schlechtes Zeugnis hatte, ging ich zuerst zu meinem Vater und bat dann: Lass uns gemeinsam zur Mutter gehen. Der Ehrgeiz meiner Mutter war manchmal übertrieben. Das habe ich ihr auch heimgezahlt, als sie mir nach meiner ersten Vereidigung zum Bundesminister sagte: »Siehst du, es hat sich gelohnt, dass ich dir ab und zu ein paar hinter die Ohren gegeben habe.« Ich komm gerade von der feierlichen Vereidigung und bekomm dann so etwas zu hören. Ich hab gesagt: »Mutter, heute weiß ich, dass man das auch anders werden kann.« Denn, wenn ich alles genau abwäge, ist das, was nach dem Abitur gekommen ist, viel entscheidender für meinen Weg in die Politik gewesen: der Krieg und der Vorsatz, dass dies nie mehr passiert.

Was verdanken Sie Ihrem Vater?
Einmal stand in meinem Zeugnis, dass meine Versetzung gefährdet ist. Da hatte ich eine Freundin, die viel Zeit in Anspruch nahm. Ich ging zu meinem Vater, wurde aber nicht beschimpft. Mein Vater sagte nur: »Mach dein Fahrrad fertig.« Ich wohnte damals in Berlin-Köpenick, wir fuhren raus zu einem Bauern. Mein Vater hatte dort vorher angerufen und gesagt, mein Sohn ist der Gefahr ausgesetzt, zu vergessen, wie schwer körperliche Arbeit ist. Ich habe dann während der Herbstferien Kartoffeln gelesen. Das hat mich mein ganzes Leben lang bewegt.

Sind Ihnen jemals Helden begegnet?
Helden? Diejenigen, die nur um der Revolution willen Revolutionäre sind, habe ich nie geschätzt. Die Algerier, die ich während des Krieges kennengelernt habe – darunter waren Helden. Bei ihrer Revolution ging es ihnen um die Freiheit ihres Landes. Mit Fidel Castro habe ich so manchen Streit ausgetragen. Trotzdem kommt man an ihm nicht vorbei: Eine imponierende Persönlichkeit ist er auch.

Halten Sie es mit Che Guevara, der schrieb, ein guter Revolutionär müsse im Angriff »unerbittlich« sein – doch ansonsten einem Schutzengel gleichen?
Ich glaube schon.

An wen denken Sie?
An eine Frau: Ana Guadelupe Martínez aus dem Aufstand in El Salvador, eine Kommandantin und Ärztin. Mit ihr habe ich die Verhandlungen über die Freilassung der Tochter Duartes geführt. Am Verhandlungstisch war sie knallhart. Ich habe sie erstmals auf einem Plakat gesehen, mit einer Kalaschnikow in der Hand. Aber ich habe sie auch kennengelernt, als sie eine Lebensgemeinschaft schloss und ihr erstes Kind bekam. Sie hat sich ihre Menschlichkeit immer bewahrt.

Warum sind Sie mit Arafat befreundet?
Weil ich ihn in einer ganz schwierigen Situation kennenlernte, während des »schwarzen Septembers«. Die PFLP hatte vier Flugzeuge heruntergeholt. Drei standen in Amman. Das Internationale Rote Kreuz ist damals leider abgehauen. Ich habe mich dann an Arafat gewandt, und er hat alles getan, dass wir die Menschen aus den drei Flugzeugen lebend herausholen konnten.

Ist er für Sie nicht auch ein Terrorist?
Viele, die ich kennenlernte, haben ihren Weg mit terroristischen Maßnahmen begonnen. Arafat geht heute den politischen Weg. Der Terrorismus hat dort eine größere Rolle gespielt, wo es darum ging, die Unabhängigkeit zu erreichen.

Hatten Sie nie Angst, dass Sie mit Ihren guten Beziehungen zu den Arabern das Spiel der Antisemiten betreiben?
Ich habe einmal einen Antisemiten – das war ein ganz revolutionärer Mann, und sein Reich war einmal ein arabisches Königreich – gefragt, ob er die Geschichte seines Volkes ganz respektiert. Da hat er geantwortet, natürlich, das ist ja unsere Geschichte. Lieber Freund, habe ich gesagt, 1933 bis 1945 ist eben auch die Geschichte unseres Landes. Ich kann nicht 1933 wie aus einer Straßenbahn aussteigen und erst 1945 wieder einsteigen. Da hat er gesagt, wenn man uns das so erklärt, dann kann er das verstehen.

Ein Antisemit ist er vermutlich trotzdem geblieben.
Meine Erfahrung ist aber, dass sich der Dialog mit Menschen anderer Vorstellungen durchaus lohnt.

Gab es bei all den Verhandlungen, die Sie bislang führten, nicht einmal eine Person, mit der sie nicht reden wollten?
Das hat gar keinen Zweck. Wenn Sie etwas erreichen wollen, müssen Sie wie Stolpe mit allen reden. Sie können sich nicht die Leute aussuchen. Ich habe mit Pinochet dreimal reden müssen, dieser Pinochet hat mich angekotzt! Das Gespräch war nur von seiner Arroganz geprägt. Dann ist Ihnen der Tag verdorben, bis Sie merken, der ist rausgekommen, der ist raus und der auch. Am Ende hatte ich ein paar Hundert Menschen freibekommen (...). *(Nach dem Putsch von General Augusto Pinochet 1973 in Chile war Wischnewski nach Santiago geschickt worden, um deutsche Gefangene freizubekommen.)*

Wie kommt es, dass Sie Bianca Jagger kennen?
Bianca Jagger ist eine Nicaraguanerin und in Menschenrechtsfragen sehr engagiert gewesen. Einige Oppositionelle wollten in ihr Land zurück und haben ein paar prominente Freunde mitgenommen, um die Gefahr zu verringern. Bianca Jagger gehörte auch dazu. Natürlich war sie auch etwas ängstlich, und dann hat sie sich mir ein wenig angeschlossen, auch deshalb, weil ich die Sicherheitsbeamten mithatte.

Hat sie Ihnen gefallen?
Ja, sie ist eine ganz tolle Frau. Ich habe damals gelernt, dass man die Menschen leicht unterschätzt. Ich wusste vorher nur, die kommt aus dem Schaugeschäft, und da hatte ich mich nie sonderlich drum gekümmert.

Sind Sie ein Macho?
Nein, nein.

Fänden Sie es schlimm, ein Macho zu sein?
Ja. Ich halte nur nichts von dieser Quotenregelung. Ich sehe das eigentlich als etwas Diskriminierendes an. Die Gefahr ist sehr groß, dass Quoten-Frauen nicht ernst genommen werden.

Ihre Wähler haben sich mit Ihnen stark identifiziert. Wer kann heute die Wischnewskis in der SPD ersetzen?
Die Menschen meiner Generation sollten ehrlich sein und sagen, dass sie ihren Lebensweg einer besonderen historischen Situation verdanken, nämlich der Nachkriegszeit. Das Kriegserlebnis, der Wiederaufbau, die Spaltung Deutschlands prägen einen Menschen anders als jemand, der eine Hochschulausbildung macht und Probleme mit dem BAföG hat. Bei meinem Eintritt in die SPD lernte ich Menschen kennen, die aber nicht, wie ich, junge Offiziere gewesen waren, sondern aus dem KZ kamen. Dies hat mich bewegt. Nur dürfen wir nicht den Fehler machen und unseren Lebensweg als das Normale betrachten. Was heute geschieht, ist das Normalere, aber es ist auch etwas anderes.

Was machen Sie morgen?
Morgen kommt ein Bischof zu mir. Mit dem war ich einmal in Mittelamerika. Wir saßen beide im Hubschrauber auf einem Benzinfass, und von unten haben sie versucht, uns abzuknallen. Wissen Sie, das ist es, warum mir Politik auch immer Spaß gemacht hat: Das war zugleich auch immer Abenteuer und Risiko. Deshalb haben vielleicht manche Kollegen auch etwas neidvoll auf mich geschaut und gesagt, der Wischnewski macht nur das, wozu er Lust hat. Jetzt suchen sie in der SPD-Fraktion einen, der für solche Aufgaben, wie ich sie hatte, eingesetzt werden soll. Die wollen richtig einen neuen Wischnewski aufbauen. Aber, ganz ehrlich, so etwas kann man nicht berufen.

Hört man in der SPD auf Sie?
Also, so viel auch darüber geredet wird – die Suche nach dem Ratschlag ist nicht ganz so groß, wie es in den Reden zum Ausdruck kommt, nicht wahr. Das versteh ich aber auch ein bisschen. Ich bin

jetzt in der glücklichen Situation, dass es bei mir zu Hause hervorragend funktioniert nach den ja nicht nur guten Erfahrungen, die ich in meinem privaten Leben gemacht habe, aufgrund meiner eigenen Schuld. Wenn man dann zu Hause die Harmonie erlebt zwischen zwei älter gewordenen Menschen, dann ist das doch auch etwas ...

13. August 1992, *SZ Magazin*

Eberhard und Helga von Brauchitsch während des Gesprächs in ihrem Haus in Zürich, 1991

»Reden dürfen wir noch«

Eberhard und Helga von Brauchitsch

Meine Begegnung mit den Eheleuten von Brauchitsch geht auf das ungewöhnlichste Gespräch zurück, das ich je im Fernsehen geführt habe. 1991 war Eberhard von Brauchitsch zu Gast bei 3nach9, und es ging dort gleich zu Beginn des Gesprächs ums Eingemachte: um die Flick-Affäre, die bis heute Synonym ist für den Politskandal schlechthin. Anfang der Achtzigerjahre hatte der *Spiegel* enthüllt, dass der Flick-Konzern rund 26 Millionen Mark aus schwarzen Kassen an Politiker und Parteien verteilt hatte. Eberhard von Brauchitsch, der das Unternehmen im Dienste seines Schulfreundes Friedrich Karl Flick lenkte, wurde zur Schlüsselfigur der Parteispendenaffäre. Schnell kam der Verdacht auf, dass es in Wahrheit um noch viel größere Summen ging, dass nämlich ein Zusammenhang zwischen den Parteispenden und Steuerbegünstigungen für den Flick-Konzern bestand. Vom Vorwurf der Bestechung sprach das Bonner Landgericht Brauchitsch aber im Februar 1987 frei. Verurteilt wurde er wegen Steuerhinterziehung zu einer zweijährigen Freiheitsstrafe auf Bewährung und zu einer Geldstrafe in Höhe von 550 000 DM.

Sein Fernsehauftritt bei 3nach9 war der erste nach dem Prozess. Man merkte ihm an, dass er keine neuen Fronten schaffen wollte. Aber das, was er verschwieg, kleidete er in einen ungeheuerlichen Satz, der einer massiven Drohung gleichkam: Wenn er sich entschieden hätte, vollständig auszupacken, hätte er in der Bundesrepublik »Unheil« anrichten können. Und während er über all diese Dinge redete, schaute er mich keine Sekunde lang an. Irgendwann nahm ich meinen Mut zusammen und unterbrach ihn: »Ich habe Sie etwas gefragt und wollte, dass Sie mir das erklären. Ich fände es ganz toll, wenn Sie mich dabei anschauen würden.« Mehr überrollt als überzeugt drehte er sich ein kleines bisschen zu mir hin, und erst in diesem Moment begriff ich zufällig, warum er seinen Gesprächspartner so beharrlich ignoriert hatte: Eberhard von Brauchitsch hatte die ganze Zeit seine Frau Helga im Blick gehabt, die im Publikum saß und ihn während des Interviews wie ein Dirigent mit Gesten begleitet hatte. So entstand nach der Sendung die Idee, die beiden gemeinsam um ein großes Gespräch für das *SZ Magazin* zu bitten.

Brauchitsch war schon von seiner Physiognomie her für die meisten politischen Beobachter ein Feindbild, auch für mich: ein Mann wie ein Schrank, noch dazu herrisch im Auftreten und selbstgerecht im Urteil. Aber ich muss zugeben, dass er mir im Laufe unserer Begegnungen sympathisch wurde: weil er und seine Frau anscheinend wirklich an das glaubten, was sie sagten, weil sie ganz altmodisch besessen waren von der Idee, dass man Wort halten muss, wenn man eine Verpflichtung eingegangen war, und weil sie sich bei unserem Gespräch in ihrem Haus in Zürich schließlich schonungslos öffneten.

Bis zuletzt allerdings fehlte jedes Schuldbewusstsein. Die Brauchitschs waren verbittert und fühlten sich fallen gelassen von jenen Hochmögenden, von denen sie jahrelang hofiert worden waren. Die Praxis der Parteispenden blieb in ihren Augen ein geradezu staatsbürgerlicher Akt zur Entlastung des Steuerzahlers. Ohne das Spendensystem, wird Eberhard von Brauchitsch in diesem Interview sagen, seien die Parteien »befreit von dem letzten Risiko, nämlich gelegentlich noch eine Leistung bringen zu müssen«. Eine Nachfrage, ob so eine Einstellung nicht die Unterwerfung der Politik unter die Interessen der Industrie befördere, hätte ich unbedingt unterbringen müssen, auch wenn sie wohl keine andere Auskunft erbracht hätte.

Gegen eine Passage, die nach der Veröffentlichung gerne zitiert worden ist, hat sich Eberhard von Brauchitsch bei der Autorisierung nach Kräften gewehrt: Es ist die Geschichte von den Kaviar-Geschenken an Hannelore und Helmut Kohl. Ihn trieb die Angst, dass die Erinnerung an diese wenig rühmliche »Seifenoper« und die Ausbreitung weiterer Details seine Beliebtheit in der politischen Klasse nicht eben erhöhen würde. Doch um diese Stelle kämpfte ich erbittert. Heute aber muss ich sagen: Brauchitsch hatte mit seinen Befürchtungen recht. Die gute Story ging zu seinen Lasten.

Am 7. September 2010, knapp 20 Jahre nach Erscheinen des Interviews, beging Eberhard von Brauchitsch im Alter von 83 Jahren zusammen mit seiner gleichaltrigen Frau Selbstmord – er hatte seit Jahren unter einer Lungenkrankheit gelitten, sie unter Parkinson.

Herr von Brauchitsch, Frau von Brauchitsch, hätten Sie die zurückliegenden Jahre ohne einander durchgestanden?
Eberhard von Brauchitsch (EvB): Ganz ausgeschlossen. Ist auch nicht denkbar. Meine Frau ist mein Leben, meine Frau ist eine Selbstverständlichkeit für mich – übrigens ein hoher Leichtsinn, denn es kann ja etwas passieren, dass plötzlich einer alleine ist.
Helga von Brauchitsch (HvB): Es war sehr anstrengend, aber das wechselseitig.

Vermutlich ist es kein Zufall, dass Sie in Zürich leben ...
HvB: Nein, mit einem Knall habe ich die Türe hinter uns zugeschlagen und erst einmal wieder frei aufgeatmet.
EvB: Wir sind raus. Wir haben keinen Wohnsitz in Deutschland, auch wenn wir in Deutschland weiter unsere Steuern zahlen. Wir sind wahrscheinlich sehr gute Patrioten. Unser Vaterland ist Deutschland, unsere Heimat ist Deutschland. Aber wir fühlen diese Haltung falsch repräsentiert, sodass wir gesagt haben, wir wollen nicht mehr dieselbe Luft mit jenen atmen. Das ist eine ganz klare Erklärung, die ich auch in Bonn abgegeben habe und die in Bonn auch angekommen ist.
HvB: Das weiß ich nicht, ob die angekommen ist ...
EvB: So schwerhörig ist die Regierung nicht.
HvB: 15 Jahre haben wir Bewachung gehabt, weil die Terroristen hinter dir her waren, und mit einem Mal standen da mit Mänteln und Hüten die Herren von der Staatsanwaltschaft vor der Tür und fingen an, das Haus zu durchwühlen. Ließen mich nicht einmal die Betten machen. Denen habe ich vielleicht etwas erzählt. Und dann haben die behauptet, ich hätte sie freundlich empfangen.
EvB: Dabei ist ganz unbestritten, dass meine Frau den Herren gesagt hat, dass sie das an 1933 und 1945 erinnert, auch an die Hausdurchsuchungen der Nazis.

HvB: Wenn wir noch etwas dürfen in dieser Bundesrepublik, dann dürfen wir etwas sagen. Wir haben nichts mehr zu verlieren. Ich habe mich zurückgehalten, wo es beruflich notwendig war. Aber was ich empfinde, kann ich jetzt sagen. Das ist der einzige Vorteil, den man noch hat.

Hat Sie denn seit Bekanntwerden der Parteispendenaffäre nie der Zweifel geplagt, an den Vorwürfen gegen Ihren Mann könnte etwas dran sein?
HvB: Nein, das nicht, aber ich war oft in der Einschätzung der Dinge anderer Meinung. Mein Mann kam nach Hause und war zufrieden, dass zum Beispiel der 6b für Flick *(die steuerbegünstigte Wiederanlage des Erlöses aus dem Verkauf von 29 Prozent der Daimler-Benz-Aktien durch den Flick-Konzern)* durchgegangen war. Und er war nicht deshalb zufrieden, weil sie damit Erfolg und materiellen Vorteil errungen hatten, sondern deshalb, weil er sagte, das Recht gilt also auch für die Großen. Und ich sehe uns noch am Fenster sitzen und höre mich sagen: Da wirst du dich noch ganz schön täuschen, jetzt geht der Tanz erst richtig los.
EvB: Die großen Durchsuchungen bei Flick, die nachher dazu geführt haben, dass der *Spiegel* etwa auch in den Besitz einer Briefkopie an Frau Kohl kam oder einer Handnotiz mit dem Vermerk »den Jungen müssen wir mal an die Leine nehmen«, sind nur darauf zurückzuführen, dass ich mich anders verhalten habe, als es meine Frau für richtig hielt. Als die Staatsanwaltschaft diese Akten beschlagnahmte, gab es noch kein Verfahren gegen mich. Dann habe ich mich auf die Erkenntnis verlassen: Ist doch ganz wurscht, wenn wir jetzt einen Widerspruch gegen die Beschlagnahme einlegen und diese Beschlagnahme unterbrechen, dann kriegen wir in drei Tagen wieder eine. Nicht ahnend, dass diese Akten zentnerweise beim *Spiegel* abgeliefert werden würden. Wir hätten doch nur Einspruch einzulegen brauchen, und am Abend hätte ich drei Siebentonner von der Spedition Johnen in Düsseldorf kommen lassen, 20 Hilfsarbeiter von der Universität angeheuert – und die Akten wären weg gewesen. Die Staatsanwälte hätten mit rotem Kopf dagesessen und mir wahrscheinlich wegen Verdunklungsgefahr Haft angedroht. Na schön, die hätte eine

Stunde gedauert, dann wäre die Kaution hinterlegt gewesen und der Fall wäre ausgestanden.
HvB: Das kam daher, dass wir geglaubt hatten, wir hätten da einen guten Staat, und wir hören jetzt noch täglich den Satz: Wir leben in einem Rechtsstaat. Da kriege ich das große Lachen. Wenn mein Mann ein Gangster gewesen wäre, hätte er sich anders verhalten.

Was hat Sie eigentlich im Zusammenhang mit der Parteispendenaffäre am meisten verletzt?
EvB: Der Bundesverband der Deutschen Industrie, dessen gewählter Präsident ich bereits war, befand sich damals auf einer Identitätssuche mit einem neuen Präsidenten und einem neuen Hauptgeschäftsführer. Die beiden haben sich einfach zurückgelehnt und gesagt: BDI und Parteispenden, BDI und Staatsbürgerliche Vereinigung – nie gehört. Wissend, dass die Staatsbürgerliche Vereinigung im Hause des BDI groß gemacht worden ist und mit diesem personell teilweise identisch war.
HvB: Es kommen ein paar Bereiche hinzu, die ich aus eigener Tätigkeit kenne. Da sind zum Beispiel die Deutsche Sporthilfe und die Deutsche Reiterliche Vereinigung, die alle sofort den Schalter zugemacht haben. Und beinahe am schlimmsten, weil sie ja so sehr die Moral auf ihre Fahnen schreiben, sind die beiden großen Kirchen gewesen. Die Kirchen, die ich heute als Organisationen zur Pflege der Heuchelei bezeichnen möchte.

Ist Ihnen bewusst, wie sehr diese Affäre zur allgemeinen Staatsverdrossenheit beigetragen hat?
EvB: Ja, aber in einer fehlerhaften Weise. Sie ist es durch die Art und Weise der Aufmachung geworden, durch das Aufputschen, durch das Verächtlichmachen von Menschen, vor allem in den Medien. Diese Verächtlichmachung, diese Häme haben in Wirklichkeit den Zustand erst herbeigeführt. Dazu kam diese unglaubliche Dusseligkeit – ich habe kein anderes Wort dafür –, unmittelbar nach der Regierungsübernahme 1982 eine Amnestie durchsetzen zu wollen. Das hat bei uns einen Aufschrei gegeben, weil das natürlich ganz töricht war.

HvB: Die schlimme Erkenntnis aber war: Du kannst ja machen, was du willst, sie glauben es nicht. Sie lachen sich kaputt und sagen: Ist doch alles dummes Gerede.

Woraus nehmen Sie denn die Sicherheit, dass sich Politiker, die von Ihnen mit Geldspenden bedacht worden sind, beispielsweise nicht persönlich bereichert haben?
EvB: Entschuldigen Sie, aber Sie können kein Zitat von mir finden, in dem ich die Hand dafür ins Feuer lege, dass sich keiner bereichert hat. Wir haben überwiegend institutionell gespendet. Die Nachverfolgung des Geldflusses ist schwierig: etwa die Zahlungen an die SPD, sprich über die Friedrich-Ebert-Stiftung, die wir teilweise über das Ausland gemacht haben, weil sie uns mit ihren großen ausländischen Vertretungen geschäftlich sehr geholfen hat. Kein Dorf im afrikanischen Busch hat jemals eine Bestellung in Westeuropa gemacht ohne die Befürwortung und Absegnung der Friedrich-Ebert-Stiftung. Ich weiß natürlich nicht, ob sich da nicht irgendjemand die Finger sauber gemacht hat. Wenn ich sehe, wie im Bereich der Gewerkschaften – und ich spreche nicht über *Spiegel*-Zitate, sondern über rechtskräftige Erkenntnisse ...

... die dank des *Spiegels* erfolgt sind ...
EvB: ... teilweise sehr contre cœur vom *Spiegel*. Der *Spiegel* ist, was die linke Seite angeht, so stockblind, dass er drei Tupfer auf die Stirn kriegen müsste. Aber der Hass von ein paar Leuten beim *Spiegel,* zum Beispiel gegen den alten Adel, den können Sie schon viel früher nachlesen, als sie mir noch nichts am Zeug flicken wollten: Es bleibt Ihnen nichts anderes übrig, wenn Sie diese Themen behandeln wollen, als auch in die Soziologie der Feindschaften der Klassen in dieser Republik einzutreten.

Würden Sie überhaupt für jemanden die Hand ins Feuer legen, dass er sich nicht persönlich bereichert hat?
EvB: Gegen den Vorwurf des Klauens ja, aber nicht für Fragen des Charakters. Bundeskanzler Kohl hat Bargeld gekriegt. Ich halte es für ausgeschlossen, dass er davon etwas für sich persönlich benutzt hat.

Warum?
EvB: Der Mann ist geizig. Er hat keinen Aufwand, für den er das brauchen würde. Der hat kein zu großes Auto privat. Das Haus ist, glaube ich, abgezahlt. Auch die Ausbildung der Kinder ist nichts Außergewöhnliches. Ich kann mir das nicht vorstellen ...
HvB: Das ist mir wurscht. Ich habe ein anderes Verhältnis zum Geld. Es ist für mich nicht einer deshalb weniger schäbig, weil er beispielsweise ein Auto auf Staatskosten fährt.
EvB: Die Selbstbedienung der Familie Süssmuth ist für mich so degoutant ... *(Die damalige Bundestagspräsidentin Rita Süssmuth war 1991 in den Schlagzeilen, weil ihr Mann einen Dienstwagen für private Zwecke benutzt hatte.)*
HvB: Ja, ob nun einer auch noch Geld nimmt ... Die anderen Dinge finde ich viel schlimmer, weil sie eine Grundhaltung offenbaren.
EvB: Ich will Ihnen ein Beispiel nennen: Es gibt in Bonn ein wunderbares Restaurant, das Maternus. Bei Maternus verkehren überwiegend Politiker. Seit Beginn der Siebzigerjahre haben die Fälle zugenommen, in denen die Leute ihre Bewirtungen aufschreiben lassen. Das heißt dann: Der Politiker bewirtet persönlich, die Rechnung wird aber nicht privat bezahlt. Das ist die fehlende Bereitschaft, zwischen Mein und Dein zu unterscheiden. Die durchaus glaubwürdige Einlassung von Frau Süssmuth, sie könne gar keine Verfehlung darin sehen, dass ihre Tochter mit dem Bundestagsauto ihren Umzug zum Studium in die Schweiz macht, zeigt nicht, dass die Frau kriminell ist, sondern dass die Geistesverfassung auch höchster Repräsentanten dieses Staates verrottet ist.

Sie kennen gewiss noch andere Formen der Verrottung, der Bereicherung auf Kosten der Allgemeinheit ...
EvB: Ja, gut. Ich komme zurück zu den Parteispenden. Was ist Bereicherung? Jede Verbesserung der Karriere eines Politikers ist natürlich ein Vorteil. Und in dem Moment, wo ich Politiker mit den Mitteln ausstatte, ihren Wahlkampf zu gewinnen ... Die haben natürlich ihren großen Vorteil gehabt. Das ist dann ganz schlimm, wenn der Generalsekretär einer politischen Partei sagt: Dafür hatten wir einen Schatzmeister. Da dreht sich bei mir alles um. Ein Mann, der Par-

teivorsitzender gewesen ist, sogar Bundeskanzler, wenn auch nur für eine kurze Zeit, der kann doch nicht sagen, Geld finde er unanständig. Der muss wissen: Das hat Geld gekostet.

Auch Herr Brandt hat also die Wege und Methoden der Parteienfinanzierung genau gekannt?
EvB: Das ist ganz klar. Alles andere ist doch kalter Kaffee. Das klingt sehr konservativ, was ich jetzt sage: Ein Mann zeichnet sich auch durch seine Bereitschaft aus, sich zu etwas zu bekennen. Da spielt auch der Begriff der Treue rein.
HvB: Das ist übrigens auch positiv von einer Frau zu sagen, wenn sie das hat.

Sie sind nicht der Erfinder des Parteispendensystems gewesen, aber Sie haben dem gedient. Darüber gibt es von Ihnen kein Wort des Bedauerns. Sie scheinen sich nichts vorzuwerfen, außer Naivität.
EvB: Nein, ich habe Naivität für mich nie in Anspruch genommen.
HvB: Das war ich.

Am Ende aller Ermittlungen über die Parteispendenaffäre wurden 84 Strafbefehle erlassen und nur in acht Fällen ist von vornherein Anklage erhoben worden. Bis auf wenige Ausnahmen also sind die Politiker ungeschoren davongekommen. Sehen Sie sich heute als Sündenbock dieser Herrschaften?
HvB: Aber ganz sicher.
EvB: Es gibt auch große Wirtschaftsunternehmen, die haben zum Beispiel davon profitiert, dass sie ihren Sitz im sozialdemokratischen Hessen hatten. Glauben Sie eigentlich, dass die großen Wirtschaftsunternehmen, die in Hessen beheimatet sind, keine Parteispenden gemacht hätten?

Die Antwort ist nun wirklich leicht ...
EvB: Eben. Wir wissen doch, wer sie gemacht hat, in welcher Höhe sie an wen gegangen sind – und dass sie trotzdem unverfolgt blieben. Um das zu verstehen, muss man sich daran erinnern, dass einige der

Unternehmen, die Parteispenden leisteten, der SPD nahestanden und von ihrer parteipolitischen Couleur profitiert haben.

Aber Sie mussten doch die Rolle des Sündenbocks gar nicht annehmen!
EvB: Ich habe mal einen Versuchsballon herausgelassen, lange vor dem Flick-Untersuchungsausschuss. Zu Anfang des Ermittlungsverfahrens. Da habe ich gesagt, es gibt natürlich auch international Leute, die sich überhaupt nicht damit abfinden konnten, dass ich zum BDI-Präsidenten gewählt worden war. Und dazu gehörte insbesondere die gesamte sozialistische Wirtschaftsunion, denn da gibt es natürlich einige Dinge, die ich mir geleistet habe in der Vergangenheit. Zum Beispiel bin ich mitverantwortlich dafür, dass die Olympischen Spiele in Moskau wegen Afghanistan boykottiert wurden. Oder aber für die Verschärfung der COCOM-Liste *(Liste von Gütern, die nicht in den Ostblock exportiert werden durften)*. Ich habe mir dadurch im gesamten Ostbereich natürlich keine Freunde geschaffen. Inzwischen beabsichtige ich, von dem neuen Gesetz Gebrauch zu machen und meine Stasi-Akte anzufordern.

Eberhard von Brauchitsch gegen den Rest der Welt. Wahrscheinlich hätten Sie doch Ihren Kopf schon mit der Nennung von ein paar Namen aus Bonn retten können ...
EvB: Ich will Ihnen aus der jüngeren Vergangenheit zwei, drei Beispiele nennen. Frau Süssmuth hat die Grundsätze der Vorbildfunktion eines hochrangigen Vertreters dieses Staates mehr verletzt als ihre beiden Vorgänger, Jenninger und Barzel, und ist dennoch vom Bundeskanzler geschützt worden. Zweites Beispiel: Es gab den CDU-Ministerpräsidenten Gies, der im Zusammenhang mit Stasi-Verdächtigungen zurücktreten musste. Nach meiner Kenntnis hat es in der politischen Führung der CDU niemanden gegeben, der diesen Mann geschützt hätte. *(Gerd Gies wurde im Oktober 1990 Ministerpräsident von Sachsen-Anhalt; seine Landtagsfraktion entzog ihm aber bereits im Juli 1991 das Vertrauen. Ihm war vorgeworfen worden, mehrere Abgeordnete mit Hinweisen auf deren angebliche Stasi-Nähe zum Rücktritt gedrängt zu haben.)* Die Bundesregierung schmückt

sich ferner mit einem Bundesverkehrsminister, den ich in der Frage der Vermischung persönlicher und geschäftlicher, sprich politischer Interessen für außergewöhnlich begabt halte. Er erfreut sich wohl der absoluten Sicherheit, dass er von der Spitze der Politik nicht geopfert wird. *(Bundesverkehrsminister war damals Günther Krause. Der CDU-Politiker trat schließlich im Mai 1993 zurück, nachdem unter anderem bekannt geworden war, dass er einen privaten Umzug aus der Staatskasse bezahlt hatte.)*

Und was lernen wir daraus?
EvB: Das wollte ich Ihnen überlassen. *(Helga von Brauchitsch schmunzelt.)* Die Frage nach dem Weg, den ich damals hätte einschlagen müssen, um das Strafverfahren gegen mich zu entschärfen, die beantworte ich Ihnen auf dem Umweg dieser Beispiele.

Zwei der genannten Politiker sind noch in Amt und Würden, der dritte dagegen wurde fallen gelassen wie eine heiße Kartoffel. Also eine Frage der richtigen Beschützer ...
EvB: Da spielen Abhängigkeiten und Unabhängigkeiten eine Rolle, Wohlverhalten und fehlendes Wohlverhalten. Interessant zum Beispiel, dass Frau Süssmuth, nachdem sie mit Zustimmung ihrer Oberen beschlossen hatte, im Amt zu bleiben, politisch höchst verwunderliche Erklärungen abgegeben hat, die sie vorher nie abgegeben hätte.

Sie haben keinen Ihrer Spendenempfänger belastet, weder Herrn Kohl noch Herrn Lambsdorff, weder Herrn Friedrichs noch Herrn von Weizsäcker. Ihnen hätten also viele schützende Hände helfen müssen.
EvB: Doch nur, wenn die Herrschaften unter dem Druck gestanden hätten, dass ich, wenn sie mir ihren Schutz nicht mehr oder nicht gewähren, mein Wohlverhalten aufgebe. Ich habe den Mächtigen damit aber nicht gedroht.

Nein, Sie haben sich sehr zurückgehalten – aus Anstand etwa?
EvB: Das müssen Sie selbst beantworten.
HvB: Ich würde sagen, schon.

Hat sich das gelohnt?
HvB: Wo wird einem denn Anstand gedankt?
EvB: Nein, nein, Frau Doktor. Die Tatsache, dass ich heute im Wesentlichen ein wohlgelittenes Mitglied dieser Gesellschaft in der Bundesrepublik bin, verdanke ich der Tatsache, dass ich mich so verhalten habe.

Da klingt natürlich Berechnung mit: Wenn man sich nicht für alle Zukunft jede Möglichkeit der Arbeit verbauen will, und sei es nur in Form eines Beratervertrages, dann darf man das eigene Nest nicht beschmutzen.
HvB: Die Fragestellung ist wunderbar, aber die gehörte in ein Interview, das wir mit Ihnen führen würden und nicht umgekehrt. Sie haben uns eben eine geballte Meinung präsentiert.

Es gibt wohl wenige Leute in der Bundesrepublik, die Ihr Schweigen als Zeichen von Anstand bewerten würden ...
EvB: Das haben Sie gesagt. Bei uns hat es zum Beispiel den Begriff des Denunzierens nicht gegeben. Wenn unsere Kinder versucht haben, die Schuld für etwas auf den anderen abzuschieben, haben die was auf die Ohren bekommen, damit sie das lassen.
HvB: Mein Mann weiß sehr viel, er kann sehr viel. Er hatte sich gleich nach dem 9. November der Bundesregierung zur Verfügung gestellt – ohne Resonanz. Es ist in meinen Augen unvertretbar, dass er im Lehnstuhl sitzt und private Beratungen macht. Und dass wir hier sitzen und uns anschauen müssen, wie es mit dieser Bundesrepublik weiter abwärtsgeht. Aber was müsste er tun? Soll er eine Partei gründen? Soll er von Bühne zu Bühne tanzen? Das führt doch zu nichts.

Da zeichnen Sie Ihren Mann wieder als Opfer: Warum kann Eberhard von Brauchitsch, wenn er schon so alleinegelassen worden ist, nicht endlich erzählen, wie es bei der Parteispendenaffäre wirklich zugegangen ist? Warum diese Geziertheit, wenn es darum geht, Fakten und Namen zu nennen?
EvB: Es hätte zu den künstlich hochgespielten Emotionen noch zusätzliche gegeben. In den Wahlanalysen wird heute die Tatsache ignoriert, dass 30 Prozent der Bevölkerung einfach nicht mehr wählen. Dieser Anteil wäre heute noch größer.

Aber es wären einige Ermittlungsverfahren mehr in Gang gekommen.
EvB: Wir gehören einer Generation an, die diese Republik mitaufgebaut hat und der Meinung ist, dass es doch die beste deutsche Republik ist, die wir jemals hatten. Diese in ein Chaos zu stürzen, dagegen habe ich mich von Anfang an gesträubt.

Warum soll eine Politikergeneration, die auf Abwegen ist, nicht abtreten? – Warum lachen Sie, Frau von Brauchitsch?
HvB: Das ist natürlich eine Altersfrage. Ihre Generation traut den Alten nicht und sagt, jene hätten alles falsch gemacht. Ich sage, die haben sehr viel falsch gemacht, alles würde ich nicht sagen. Ich sehe nirgendwo etwas Besseres. Als ich neulich nach den wesentlichen Eigenschaften eines Politikers gefragt wurde, habe ich gesagt: gar keine. Er darf nicht einmal Charakter haben.

Welche waren denn die Ideale Ihrer Generation?
EvB: Wir gehören nicht zu der Generation der begnadeten Spätgeborenen, sondern wir haben beide das Kriegsende bewusst erlebt. Wir sind gleichaltrig, bei Kriegsende waren wir exakt 18 Jahre alt. Die Erziehung der Nazis war bei uns nicht ohne Wirkung geblieben, auch wenn wir schon einen gewissen Reifezustand erreicht hatten. Diesen Zusammenbruch, diese Kapitulation habe ich durchaus als verlorenen Krieg empfunden. Ich finde es manchmal etwas heuchlerisch, wenn Leute sagen, dass sie 1945 als große Befreiung von den Nazis empfunden haben. Ich bin Soldat gewesen, und ich wollte auch Offizier werden.

Wie ist diese Demokratie über Sie hereingebrochen?
HvB: Alles, was man bisher gut fand, gerne und begeistert gelesen hat, rutschte plötzlich in den Keller. Und dann stellt sich ein kritisches Bewusstsein ein, dass man sagt, nun hat sich das Unterste zuoberst gekehrt. Das hat uns ein wenig vorsichtiger werden lassen. Wir wollten nichts mehr kaputt machen, es war ja alles kaputt.

Waren Sie denn schließlich von dieser Demokratie begeistert?
EvB: Von Begeisterung hatten wir so ein bisschen die Klappe voll.
HvB: Aber voll.

Gab es bei Ihnen oder bei Ihren Kommilitonen so etwas wie Erschütterung über das, was über die Nazizeit enthüllt wurde, sofern Sie es nicht schon wussten?
HvB: Wir brachen förmlich zusammen unter dem, was aus den Konzentrationslagern ans Licht der Öffentlichkeit kam. Wir waren so fertig, dass keiner mehr bereit war, auf irgendeine Barrikade zu steigen.
EvB: Da gab es für mich schon Erfahrungen, und zwar in einem Land, in dem Deutsche 20 Jahre lang – schon vor dem Kriege – die schlimmsten Dinge angestellt hatten. Als erster deutscher Nachkriegsstudent nach Amsterdam zu kommen, das war ein tolles Erlebnis. Auf der Hauptverkehrsstraße in Amsterdam machte eines Tages die Straßenbahn eine Notbremsung, weil ich mich mit einem Kommilitonen, der kein Holländisch verstand, auf Deutsch unterhalten hatte; der Kondukteur schmiss uns beide raus. Das ist ein Erlebnis, das hilft, wenn Sie es durchstehen.

War da später nicht ein Widerspruch zu Ihren Erfahrungen an der Universität? Sie sind einer Schicht von Unternehmern begegnet, die den Nazis nach Kräften geholfen hatte.
EvB: Natürlich sind mir in dieser Zeit Leute begegnet, von denen ich wusste, dass sie das verkörperten, was ich 1945 zum Kotzen fand. Nun allerdings im blauen Zweireiher mit silbergrauer Krawatte. Da hat es Fälle gegeben, in denen ich in der Tat das Lokal verlassen habe. Aber es hat auch Fälle gegeben, in denen ich den Eindruck hatte: Ich muss hier die Kröte schlucken, ich kann mir dieses oder jedes in

dem Wirtschaftsbereich nicht leisten, gar nicht aus materiellen Gründen, sondern einfach, weil die Struktur es erforderte – eine Fusion oder irgendeine ähnliche Frage ... Wenn Sie so wollen, war das eine Art Kompromissbereitschaft. Mit starren Grundsätzen ist ja nicht alles zu schaffen.

So wurden Sie also zu einem der mächtigsten Männer Deutschlands. Worauf führen Sie diesen Aufstieg noch zurück?
HvB: Ich halte ihn schon für besonders begabt.
EvB: Hier kommt eine Reihe von Faktoren zusammen, aber ich würde diese Chance des zerstörten Landes nicht unterbewerten wollen.

Als Sie merkten, Sie können Fuß fassen in der Wirtschaft, haben Sie da eine Karriereplanung gemacht, vielleicht sogar eine gemeinsame?
EvB: Als wir uns entschieden zu heiraten, haben wir ein Haus aufgemalt. Eine Ärztin und ein Jurist. Dieses Haus hatte zwei Seitenflügel. Ein Seitenflügel für die Praxis meiner Frau. Ein Seitenflügel für meine Anwaltskanzlei. Der Mittelflügel als Wohnbereich. Und dann eine große Grünfläche, auf der die Kinder spielen und gleichzeitig vom Vater und von der Mutter beobachtet werden können.
HvB: Das war der Traum. Und bis vor einigen Jahren habe ich dieses Haus und diesen Plan immer bei mir getragen. Wir haben uns eine gewisse Plattform geschaffen, die es uns ermöglichte, das zu verwirklichen, was wir uns vorgenommen hatten.

Verstehe ich Sie richtig, dass über all dies Ihre guten Vorsätze langsam in Vergessenheit gerieten?
EvB: Nein, wir hatten die erste Erfolgswelle hinter uns, und es begannen die ersten Unarten, die gab es auch in der Wirtschaft. Ich erinnere mich an ein Gespräch mit einem Landesminister von Nordrhein-Westfalen, der auch im Sport eine große Rolle gespielt hat. Der wurde von einem Hagener Unternehmerfreund eingeladen, mit ihm nach Mallorca zu reisen. (...) Der Politiker kam erschüttert zurück. Er sagte, er habe auf Mallorca kaum einen dieser Not leidenden deutschen Mittelständler gesehen, der nicht ein Boot, das damals schon

eine halbe bis drei viertel Million wert war, am Pier hatte, weil er dort selbstverständlich nicht von der Vermögenssteuer erfasst werden konnte.
HvB: Wir haben diese Veränderungen schon mitbekommen – die Auswüchse, von denen mein Mann gesprochen hat, griffen immer mehr um sich. Nennen Sie es wieder Naivität oder auch geistigen Hochmut – wir haben uns eingebildet, durch eine persönliche Vorbildfunktion solche Auswüchse ignorieren, ja ad absurdum führen zu können. Das hört sich nach allem, was nachher passiert ist, geradezu wahnwitzig an.

Sie haben diese Herrschaften aus Politik und Wirtschaft gewiss gut kennengelernt ...
HvB: Einen großen Teil kenne ich persönlich.
EvB: Lassen Sie mich noch etwas sehr Arrogantes zu dieser Frage sagen. Meine Frau als Gastgeberin hat sich nie nach dem gerichtet, was gerade in war. Es gab gar keine Möglichkeit, sich bei uns unkultiviert zu benehmen.

Fanden Sie die sogar vor dem Untersuchungsausschuss im Deutschen Bundestag aktenkundig gewordene Gier unseres Bundeskanzlers nach Kaviar etwa nicht unkultiviert?
HvB: Auch auf die Gefahr hin, Sie und andere Publizisten zu enttäuschen: Die ganze Kaviargeschichte wäre nie zu einer Seifenoper ausgewalzt worden, sondern ein Stück normaler Gastfreundschaft geblieben – wenn nicht Frau Kohl etwas vergessen hätte.

Aber trotzdem scheuen Sie sich, darüber zu reden ...
EvB: Ich will nicht an den niedrigen Instinkt Ihrer Leser appellieren. Ich halte es auch für überhaupt nicht peinlich, dass Herr Kohl, der auf dem Wege von irgendwoher in unsere Gegend kommt, anruft und sagt: Du, hör mal, ich komme morgen Abend bei euch vorbei. Prima, wunderbar: Gibt es irgendeinen Wunsch? Sagt er, ich würde gerne wieder mal anständig Kaviar essen. Gut, halte ich noch im Rahmen des Erträglichen. Wir sind beide keine großen Kaviaresser.
HvB: Ich esse Kaviar gerne.

EvB: Du würdest aber etwas zurückhaltender sein, glaube ich. Nächster Schritt: Ein paar Tage später telefoniere ich mit Frau Hannelore Kohl, und sie sagt: Ich nehme mit Interesse zur Kenntnis, dass Kaviar immer nur dann gegessen wird, wenn ich nicht dabei bin. Du weißt doch, wie gerne ich Kaviar esse. Und was macht man dann als gut erzogener Mensch? Als ich nächstes Mal mit Herrn Kohl zusammen war, habe ich ihm eine Kaviardose mitgegeben: Den möchte er doch bitte mit Frau Gemahlin essen. So weit ging es an sich auch noch.

Na ja ...
EvB: Nach einer gewissen Zeit gibt es wieder ein Telefonat zwischen Frau Kohl und mir: Du hättest eigentlich was sagen können. Wie war denn der Kaviar? Sagt sie: Kaviar? Ich habe keinen gekriegt. Du kennst doch den Helmut, der hat ihn mit in seine Wohnung nach Bonn genommen und ihn selber aufgegessen. Daraufhin habe ich gesagt: So geht es ja auch nicht, und habe bei meiner nächsten Geschäftsreise nach Frankfurt erneut Kaviar eingepackt und meinem Fahrer, während ich in Frankfurt war, zu Frau Kohl nach Ludwigshafen geschickt. Mir einem dreizeiligen Begleitbrief: »Damit die russische Marmelade wirklich in deine Hände kommt, anbei direkt – herzliche Grüße ...« Nun gab es in meinem Büro eine gewisse Ordnung. Die Kopien dieser Glückwünsche wurden abgeheftet, bis die Danksagung dazukam. Und dann wird beides zusammen weggeschmissen.

Aber im Fall Hannelore Kohl gab es keine Danksagung ...
EvB: Es kam keine Danksagung. Infolgedessen war dieser Brief von mir in einer Akte. Und der wurde nun – wohlgemerkt in meiner Privatakte – von der Staatsanwaltschaft beschlagnahmt und dann vom *Spiegel* veröffentlicht, im Original.
HvB: Dass wir darüber sprechen, nimmt uns Kohl wahnsinnig übel. Er nimmt es mir mehr übel als meinem Mann. Teltschik hat meinen Mann gefragt, was ich mir dabei gedacht hätte. Ich habe mir schon sehr viel dabei gedacht, weil es nämlich die Möglichkeit war, coram publico zu erzählen, dass private Briefe beschlagnahmt worden sind.

Ihre Strafe wegen Steuerhinterziehung durch Spenden wurde gegen eine Geldbuße von 550 000 Mark zur Bewährung ausgesetzt. Wovon haben Sie das eigentlich bezahlt?
EvB: Aus meinem versteuerten Einkommen.

Haben Sie noch ein Einkommen, oder leben Sie von alten Rücklagen?
EvB: Das mischt sich. Erstens berate ich gelegentlich, dann habe ich eine Pension, und außerdem haben wir tatsächlich noch ein paar Ersparnisse, die sich allerdings im Laufe der Zeit durch viele Unwägbarkeiten stark reduziert haben.

Inzwischen scheint es aber wieder ein ganz entspanntes Verhältnis zwischen Ihnen und der ehrenwerten Gesellschaft in dieser Republik zu geben. In einer Klatschspalte war beispielsweise zu lesen, dass Sie heuer zum Spargelessen bei Herrn Flick eingeladen waren.
EvB: Herr Flick und ich haben einen Modus Vivendi gefunden: Wir grüßen uns und erkundigen uns nach den familiären Verhältnissen. Und wenn Herr Flick mich zu seinem traditionellen Spargelessen einlädt, das er jedes Jahr für etwa 50 Bekannte im Münchener Franziskaner gibt, dann halte ich das überhaupt nicht für eine Veränderung meines Verhältnisses zu Herrn Flick oder des Verhältnisses von Herrn Flick zu mir.

Aber es war das erste Mal, dass man sich wieder richtig begegnet ist?
HvB: Ja, nach zehn Jahren. Aber was heißt schon richtig begegnet ...

Haben Sie sich darüber gefreut?
EvB: Für mich ist der Begriff Freude etwas so Gewaltiges, dass ich das nicht überbewerten würde.

Würden Sie es heute noch gutheißen, dass Wirtschaftsunternehmen unter Anstiftung von Parteien Steuern hinterzogen haben?
EvB: Ich halte es für zutiefst asozial, dem Staat die ihm zustehenden Steuern vorzuenthalten. Daran habe ich mich privat und geschäftlich stets gehalten.

Vielleicht hat dann die ganze Affäre wenigstens den Vorteil gehabt, dass heute weniger Steuern hinterzogen werden.
EvB: Ich verstehe Sie überhaupt nicht, um Gottes willen. Frau Doktor, hoffentlich hat der Herr di Lorenzo beim Essen nicht eine Fischvergiftung bekommen.

Wieso?
EvB: Hier sind doch zwei Systeme ausgetauscht worden. Das eine, in dem der Steuerzahler die Hälfte bezahlt, gegen das andere, in dem der Steuerzahler alles bezahlt. Das alte mit der angeblichen Steuerhinterziehung war für den Steuerzahler das billigere. Die Regierungen und 90 Prozent der Abgeordneten von 1945 über 1949 und 1953 bis 1981 wollten keine andere Finanzierung.

Zur Praxis der Parteispenden durch Privatunternehmen stehen Sie also nach wie vor?
EvB: Bis heute gibt es keine bessere. Denn die, die wir jetzt haben, ist eine Finanzierung aus Steuermitteln, die die Parteien nun befreit von dem letzten Risiko, nämlich gelegentlich noch eine Leistung bringen zu müssen. Früher mussten sie wenigstens ihr Klientel anständig behandeln. Die Dinge, die wir heute innerhalb der CDU erleben, dass sie sich weiter entfernt von der sozialen Marktwirtschaft als die SPD, hätte es in der früheren Situation so nicht gegeben.

Sie wirken zornig und bitter: Was müsste denn passieren, damit Sie sich wieder mit dieser Republik versöhnen?
EvB: Im September vergangenen Jahres hat mir die 7. Große Strafkammer des Landgerichts Bonn meine Strafe erlassen. Die Bewährungsfrist war vorbei, ich habe mir nichts zuschulden kommen lassen. Die Männer, denen ich durch meine Haltung genutzt habe – ich

meine die Politiker und persönlich den Bundeskanzler -, hätten jetzt viele Monate die Chance gehabt, irgendein Signal zu setzen und zu sagen: Die Strafe ist erlassen, die Sache ist vorbei, scheißegal. Es gibt genug Wirtschaftsunternehmen, die haben Signale gesetzt und meine Geschichte nicht wie Porno behandelt. Warum zum Teufel sind die Burschen bei der Bundesregierung zu feige, um hier einfach ein Signal zu setzen?

HvB: Der Faktor Zeit verwischt ja die scharfen Konturen. Und in Bonn spielt man, wie allgemein bekannt, gekonnt auf diesem Klavier. Was uns widerfahren ist, war zwar recht spektakulär, aber leider nicht einmalig. Wir sind wenigstens unabhängig und konnten unser Bündel schnüren.

EvB: Dem habe ich nichts hinzuzufügen.

13. Dezember 1991, *SZ Magazin*

Trickreicher Charmeur: Silvio Berlusconi mit der italienischen Tänzerin Carmen Russo in Mailand, 1985

»An unserem Know-how kommt in Europa niemand vorbei«

Silvio Berlusconi

Interviews mit Silvio Berlusconi außerhalb Italiens sind selten. Ausgerechnet dieser Mann, der seinen Aufstieg auch seinem großen Kommunikationstalent verdankt, äußert sich ungern gegenüber Medien, die er nicht einschätzen kann – gerade wenn sie aus dem Ausland kommen. Mit meinem Kollegen und Lehrmeister Michael Radtke hatte ich monatelang um eine Audienz gebeten, als wir im Sommer 1985 endlich vor seinem riesigen Anwesen in Arcore vorfuhren, das vor vielen Jahrhunderten mal ein Kloster war. Berlusconi war damals, Mitte der Achtzigerjahre, der bekannteste Unternehmer Italiens, Herr über Dutzende Firmen, der Pionier des Privatfernsehens. Seine Politikerkarriere sollte erst neun Jahre später beginnen.

In der kurzen Wartezeit vor dem Interview erlebten wir einen Moment großer Verzweiflung. Just als wir vorgelassen wurden, ging auch ein aufgelöster älterer Mann auf Berlusconi zu. Er hatte offenbar den Termin vor uns, doch er hatte sich verspätet und sein Zeitfenster verpasst. Der Mann bettelte und flehte, aber es half nichts.

Radtke und ich starteten mit Fragen nach Berlusconis Image als trickreicher Charmeur und nach seiner bewegten Vergangenheit, unter anderem als Animateur auf einem Schiff. Doch schon nach kurzer Zeit unterbrach er uns und fragte schneidend: »Wollen Sie dieses Gespräch in diesem Stil weiterführen?« Es war klar: Dann würde er die Unterredung beenden. Dieser Teil des Gesprächs ist nicht übertragen und auch nicht erhalten geblieben.

Wir führten das Interview für ein aufwendig gemachtes Branchenmagazin namens *Neue Medien:* Berlusconi suchte damals nach einem Weg, um in den deutschen Fernsehmarkt einzusteigen. So waren viele unserer Fragen dem Interesse unseres Auftraggebers geschuldet; wir haben sie allerdings für dieses Buch weithin gekürzt. Aber was schon in diesem Gespräch erkennbar war, als noch niemand Berlusconis so folgenreichen Einstieg in die Politik auch nur erahnte: der missionarische, oft ins Überhebliche umschlagende Grundton, das ausgeprägte Freund-Feind-Denken, eine starke Aggression gegenüber denjenigen, die ihn angeblich nicht verstehen – und zu denen wir mit Sicherheit mit unseren mäkeligen Fragen auch zählten.

Als wir im Anschluss noch den Fotografen bei seinem Shooting begleiteten, erklärte uns Berlusconi, wie man auf Fotos wirkungsvoll zu lächeln habe. Das habe er auch schon manchen Moderatoren seiner Sender erklärt. Und dann zeigte er uns, wohl als verspätete, kleine Geste der Gastfreundschaft, einen schwer geschützten Salon, in dem in Metallkästen Bilder aufbewahrt wurden, die jede Pinakothek auf der Welt geschmückt hätten. Man sah sie nur für Minuten, und ich habe auch nicht mehr in Erinnerung, was eines der Werke darstellte, auf das er offenbar besonders stolz war. Aber den Maler glaube ich mir gemerkt zu haben, weil es mir buchstäblich die Sprache verschlug: Es war ein Bild von Sandro Botticelli.

Gegenüber Deutschland haben Sie in Italien mit dem Privatfernsehen einen Vorsprung von vielen Jahren. Dennoch gelten Ihre Programme vielen als das Beispiel, was man bei uns in keinem Fall nachahmen darf ...
... das beruht doch auf reiner Desinformation!

... und zwar wegen des niedrigen Niveaus Ihrer Sendungen. Wird sich nach den Gründerjahren die Qualität Ihres Privatfernsehens verbessern, oder glauben Sie, dass es nichts mehr zu verbessern gibt?
Der größte Teil unserer Sendungen wird inzwischen professionell gemacht. Ich wage sogar zu behaupten, dass die Shows, die wir am Samstagabend ausstrahlen, inzwischen die besten der Welt sind. Und ich kenne fast alle Unterhaltungsprogramme der Welt, die an diesem

Tag gezeigt werden. Unsere Sendungen schlucken in zwei Stunden ungefähr eine Milliarde Lire und können daher sehr sorgfältig gemacht werden. Wir haben Shows, an denen 150 Mann arbeiten. Die Amerikaner haben solchen Aufwand längst aufgegeben, weil er zu teuer ist. Vielleicht wird es uns eines Tages auch so gehen, aber in der Aufbauphase war das unverzichtbar. So haben wir Programme von sehr hoher Qualität. Das gilt für den Bereich der Unterhaltung. Wir sind jedoch noch nicht in der Lage, Fernsehfilme zu drehen. Die kaufen wir auf dem amerikanischen Markt, schon allein deswegen, weil sie uns dort ein Zehntel dessen kosten, was wir aufbringen müssten, wenn wir selbst produzieren wollten.

Ist es nicht eher so, dass, wenn man wie Sie mit seinen Sendungen nur den Massenerfolg vor Augen hat, das Niveau zwangsläufig gering ist?
Aber das ist doch ein Wesenszug des Fernsehens! Das Fernsehen muss keine Kultur machen. Dafür gibt es andere Medien als das kommerzielle Fernsehen. Das Fernsehen ist zum Vergnügen da, es bringt die Familie zusammen, es schlägt die Zeit tot. Das sind die drei Funktionen des kommerziellen Fernsehens.

Das kommerzielle Fernsehen braucht demnach nicht einmal zu informieren?
Doch, in den Nachrichten. Aber die brauchen erst später zu kommen. Wichtig für das Fernsehen ist, die höchstmögliche Zahl von Zuschauern zu versammeln und Shows anzubieten, die diese höchstmögliche Zahl anlocken. Um ein möglichst ausgeglichenes Gesamtangebot zu haben, macht man dann auch kulturelle Sendungen. Wir sind gerade dabei, eine ganze Reihe von kulturellen Dokumentationen zu produzieren, um die sich eigentlich die staatlichen Sender kümmern müssten. Aus dieser Haltung können Sie vielleicht schließen, dass ich kein Mann der Bildung sei. Ich bin natürlich kein Kulturprofi. Aber ich besitze die Bildung, die man durch die italienische Schule und durch das Studium mitbekommt. Ich zeige auch niveauvolle Sendungen. Unsere erste internationale Koproduktion in dieser Richtung galt Ihrem Landsmann Karl Marx. Wir senden Beiträge über die Landwirt-

schaft, über große Abenteuer, über die Wissenschaft. Wir bereiten gerade eine Serie über europäische Nachbarstaaten wie Deutschland oder Frankreich vor. Wir wollen nicht nur irgendeine vage journalistische Dokumentation erstellen, sondern alle nur möglichen Aspekte von den politischen bis zu den literaturgeschichtlichen berücksichtigen. Darum kümmere ich mich in diesen Wochen persönlich. Diese Sendungen aber werden wir erst in der Nacht ausstrahlen, denn wer so etwas sehen will, der wartet auch darauf.

Kann man solche Themen tatsächlich nicht so aufarbeiten, dass sie von vielen Zuschauern angenommen werden?
Das ist sehr schwierig. Die RAI hat so etwas gemacht mit »Dreißig Jahre unserer Geschichte«. Aber das hat doch nur deswegen so viel Erfolg gehabt, weil sich viele ältere Zuschauer darin wiederfinden wollten. Ob man das auf andere Themen übertragen kann? Das kommerzielle Fernsehen macht andere Dinge möglich, die wichtig und absolut positiv sind: Es erhöht die Lebensqualität der Menschen, die Lebensqualität eines ganzen Landes. Seit es das kommerzielle Fernsehen gibt, haben auch die Italiener in den entlegensten Dörfern fantastische Möglichkeiten zur Ablenkung und zum Vergnügen, indem sie einfach das Fernsehgerät einschalten können, und zwar in jedem Augenblick des Tages und praktisch auch in der Nacht.

Mit allen Konsequenzen, die eine solche Überflutung mit sich bringt!
Nämlich?

Dass sich die Menschen Shows statt Bücher anschauen, dass das Gespräch in den Familien verarmt ...
Aber hören Sie, genau das Gegenteil ist der Fall. Meiner Meinung nach gibt es nichts Besseres als eine Familie, die sich vor dem Fernseher versammelt und das Programm, das sie gemeinsam sieht, kommentiert. Als ich selber noch nicht Fernsehen machte, habe ich meinen Kindern Beurteilungskriterien für alle Dinge im Leben geben können, aufgrund von Anregungen, die wir beim Fernsehen erhalten hatten. Dagegen habe ich nie eine Zeitung mit meinen Kindern lesen

können. Vor dem Fernseher fängt man an zu beobachten und Kritikfähigkeit zu entwickeln. Daher sind Ihre Einwürfe alles Dinge, die sich Leute ausgedacht haben, die offensichtlich nie fernsehen. Täten sie es, wüssten sie, dass man dabei redet.

Ihrer Meinung nach ist also eine Quizsendung für Kinder wertvoller als ein Märchenbuch?
Das ist keine Alternative. Märchenbücher gab es immer schon und werden heute noch gelesen. Märchen können etwas Schreckliches darstellen mit Bildern, die man ein Leben lang mit sich herumträgt: den bösen Zauberer, den Drachen, der dich umbringen will. Ich möchte erst gar nicht anfangen, darüber zu sprechen, weil ich sonst sehr harte Urteile fällen müsste über die ganze Bande von Dummköpfen, die solche Sachen schreibt. Ich glaube, dass die Eltern das Fernsehprogramm überwachen und für die Kinder aussuchen sollten, genauso wie sie ein Buch auswählen. Im Übrigen ist der Absatz von Büchern in Italien, seit es das kommerzielle Fernsehen gibt, gestiegen, weil wir für sie Werbung machen. Also?

Wenn ein Kellner, der bis 23 oder 24 Uhr arbeitet, nach Hause kommt, glauben Sie, dass er sich dann ein Buch greift? Er geht jetzt nach Hause mit der Vorfreude auf etwas, was ihn amüsieren wird. Wenn ich in einem Restaurant erkannt werde, brauche ich niemals zu bezahlen, weil mir alle dafür danken wollen, dass sich ihr Leben verändert hat, seit es das Privatfernsehen gibt. Wir bekommen zentnerweise Dankesbriefe. Es gibt alte Leute, die uns Geld schicken. Das müssen Sie sich einmal vorstellen! Wenn Sie in einem Land zehn Fernsehprogramme haben, die untereinander konkurrieren, dann hat das zur Folge, dass es insgesamt mehr Qualität gibt. Das gilt vor allem für die staatlichen Programme. (...)

Könnte durch neue Eigenproduktionen auch der krisengeschüttelte italienische Film belebende Impulse bekommen?
Das ist ein langes, sehr langes Thema. Der italienische Film muss ein internationaler Film werden, wenn er Wichtiges leisten will. Man kann natürlich auch mit wenig Geld einen großen Film machen. Aber in der Regel kostet Kino heute viel Geld. Dreht man einen Strei-

fen auf einer hohen professionellen Ebene und will man damit weltweit Erfolg haben, kostet das zehn, 15 Millionen Dollar. Diese Summen kann man auf dem italienischen Markt nicht wieder einspielen. Deshalb muss man den Film in der ganzen Welt verkaufen. Die italienischen Produzenten sind alle sehr gute Handwerker, um »Eingeborenen-Filme« herzustellen, für die es außer dem italienischen und dem spanischen kaum einen Markt gibt. Dazu kommt eine Krise der Drehbuchautoren. Um es auf den Punkt zu bringen: Der italienische Film, der potenziell große Fähigkeiten hat, muss endlich den Sprung wagen und zeigen, dass er Produkte für den Weltmarkt herstellen kann.

Wird der nächste Schritt des Unternehmers Silvio Berlusconi in diese Richtung gehen?
Wir hadern derzeit noch mit anderen Problemen. Wann wir so weit sein werden, hängt davon ab, welche endgültige gesetzliche Regelung in Italien für das Fernsehen getroffen wird. Es wird auch davon abhängen, wie sich die europäische Situation insgesamt entwickeln wird, ob sich die Möglichkeit anbieten wird, in Frankreich, in Spanien und in anderen europäischen Staaten zu arbeiten. Alles in allem drängt es uns nicht besonders. Vielleicht wird es amüsantere und dringendere Projekte geben, an denen wir uns messen werden. (...)

Gibt es dabei eine punktuelle Zusammenarbeit mit deutschen Anstalten oder Verlagshäusern?
Wir haben keine Beziehungen, genauso wenig wie alle anderen Privatsender in Italien auch. Italien und Deutschland sind zwei Welten. Die Schwierigkeiten fangen bei der Sprache an. Wenn Sie mit Italienern sprechen, werden Sie merken, wie wenig man hier über die deutschen Probleme im Bilde ist. Die Deutschen dagegen wissen über uns viel mehr, schon allein deswegen, weil es diesen touristischen Fluss gibt. Wenn ich selbst daran zurückdenke, was ich in der Schule über Deutschland erfahren habe, fällt mir nur wenig ein. Fragen Sie mal herum, wer der geistige Führer der Idealisten war, was man hier von Kant weiß, von den ganzen philosophischen Strömungen. Fragen Sie nach Mann, Kafka, Hesse. Fragen Sie mal nach »Der Tod in Vene-

dig«. Die Leute werden sagen, das ist ein amerikanischer Film. Als ich zur Schule ging, war ich der Einzige, der Goethes Werke las, der Fichte vertiefen wollte. Dieses Europa, von dem alle sprechen, existiert nur in auserwählten Köpfen. Die Ignoranz existiert auch bei vielen Gebildeten, jenen, die die Zeitung lesen. Zeitungen werden auch nach dem Prinzip gemacht, als ob alle alles wüssten. In Wirklichkeit wissen alle nichts. (...)

Sie haben vom Bild der Italiener über Deutschland gesprochen. Natürlich gibt es auch das Bild der Deutschen über Italien. Durch Streiks, Skandale, Terrorismus und Kriminalität ist es seit Jahren vorwiegend negativ. Zu den Dauerbrennern dieser Art zählen auch Nachrichten über die Machenschaften von Geheimbünden in Ihrem Land. Sie sind persönlich in den großen Skandal der P2 (»Propaganda Due«) verwickelt gewesen. Hat man im Bereich der Medien den Einfluss von Geheimbünden gespürt, und welche Auswirkungen hat deren Aufdeckung gehabt?
Der einzige Geheimbund, von dem man sprechen kann, ist die P2. Das war ein Witz. Das war die Initiative weniger, einer Lobby, die einerseits Geschäfte machen wollte und andererseits gegen die Perspektive einer Vorherrschaft der Kommunisten in Italien angehen wollte. Sie wissen, dass es bislang keine einzige Verurteilung deswegen gegeben hat und dass man auch fünf Jahre danach noch immer nicht weiß, was sich diese Herrschaften haben zuschulden kommen lassen.

Wir wissen nicht, wo der Witz in der P2 liegt!
Im Bild, das von der P2 im Ausland, in Amerika und in Deutschland, gezeichnet wird. Es ist der Realität des Phänomens völlig unangemessen. Das war das Unternehmen eines Herrn, der sich sein Süppchen kochen wollte und dabei versucht hat, viele Leute mit hineinzuziehen. Er führte mit jemandem ein Gespräch und setzte ihn dann einfach auf seine Liste. Es hat nie eine Versammlung aller Mitglieder gegeben. Das war ein geschickter Herr, der es verstanden hat, ein Spinnennetz von Kontakten zu knüpfen *(gemeint ist Licio Gelli, in dessen Villa in Arezzo 1981 eine Liste mit den Namen von 962 einflussreichen Mitgliedern der P2 gefunden worden war, was eine Re-*

gierungskrise auslöste). Das wahre Phänomen der P2 besteht in der Ausschaltung von vielen verdienten Männern, denen das Unglück widerfahren war, in den Listen aufgeführt zu werden, unter ihnen auch der Chefredakteur des *Corriere della sera,* Di Bella.

Tina Anselmi, die ehemalige christdemokratische Ministerin und Vorsitzende des parlamentarischen Untersuchungsausschusses über die P2, sieht das in ihrem Abschlussbericht anders: Sie schreibt ganz offen, dass die P2 den Versuch darstellte, die italienische Demokratie zu destabilisieren ...
... absolut lächerlich!

Achille Occhetto, Mitglied des Zentralsekretariats der Kommunistischen Partei Italiens und des parlamentarischen Untersuchungsausschusses, verweist auf die Rolle, die Sie dabei womöglich eingenommen hätten: Innerhalb der Strategie der P2 wären Sie mit Ihrer Macht über Informationsmittel eine der wichtigsten Schachfiguren geworden.
Ich kenne nicht einmal diese Aussage. Aber das ist wirklich nur zum Lachen.

Wollen Sie bestreiten, dass Sie, wenn Sie wollten, Einfluss auf Ihre Medienerzeugnisse ausüben könnten?
Gerade das kann ich ausschließen. Das Fernsehen ist bei uns etwas anderes als das, was man sich vorstellt, wenn man in einem Land lebt, in dem es nur staatliche Programme gibt. Bei uns hat der Zuschauer die totale Wahl, er kann ständig von einem Kanal zum anderen wechseln. Unser Fernsehen verkauft Werbung. Deshalb dürfen wir nicht das geringste Risiko eingehen, uns die Sympathien irgendeiner Seite zu verscherzen. Ich gebe Ihnen ein Beispiel: Ich will ein Mineralwasser verkaufen. Wenn ich anfange, politisch zu werden, und dabei auch nur einer kleinen Gruppe wie der Radikalen Partei missfalle, habe ich drei oder vier Prozent weniger Zuschauer. Das bedeutet, dass ich 100 Prozent einsetze, aber nur 97 Prozent herausbekomme. Das wäre Wahnsinn. Stellen Sie sich dann bloß vor, ich würde mich mit den Kommunisten anlegen: 33 Prozent der italienischen Wäh-

ler, die plötzlich aufhören würden, meine Sender einzuschalten. Wie soll ich Fernsehen machen, wenn ich mein Mineralwasser nicht mehr verkaufen kann. Wer glaubt, dass man mit dem kommerziellen Fernsehen Politik machen kann, weiß nichts über das kommerzielle Fernsehen. (...)

Wir bewundern Ihr Understatement. Aber Sie sind in Italien ein sehr gefürchteter Mann, auch von den Politikern. Wie sonst erklärt sich in einem so bürokratischen und behäbigen Land die Blitzentscheidung der Regierung hinsichtlich einer Schließung einiger Ihrer Fernsehorganisationen durch die italienische Justiz?
Wer sich darüber wundert, der stand in diesen Tagen nicht auf den großen Plätzen in Rom oder Turin. Dann hätten Sie nämlich mitbekommen, wie Menschen, die sich eines natürlichen Anrechts beraubt sehen, protestieren. Die Initiative der Staatsanwälte hat gegen das allgemeine Empfinden verstoßen. Die Regierung hat diese Stimmung richtig interpretiert, indem sie eingegriffen hat. Die Bevölkerung hat das honoriert: Nach einer repräsentativen Umfrage haben 92 Prozent der Italiener die Regierungsentscheidung gutgeheißen.

Ihre persönliche Freundschaft zu Bettino Craxi hatte damit nichts zu tun. (*Der sozialistische Premierminister und enge Berlusconi-Vertraute Craxi hatte extra ein Dekret erlassen, um Berlusconi den Betrieb privater Fernsehkanäle zu ermöglichen.*)
Im Gegenteil, das war eine Schwierigkeit. Jeder weiß, dass er ein Freund von mir ist, und so hätte er in die Lage kommen können, dass man diese Entscheidung nicht als Maßnahme zum Wohl der Allgemeinheit, sondern als Freundschaftsdienst hätte werten können. Aber er hat die Hürde gut genommen, weil er ein Staatsmann ist. Jeder an seiner Stelle hätte diese Entscheidung getroffen. (...)

Sind Sie mit der gesetzlichen Regelung, die in Kürze verabschiedet werden soll, vollauf zufrieden?
Nein, der jetzige Gesetzentwurf bestraft uns sehr. Wir müssen einen unserer drei Sender abgeben. Das aber bringt uns in große Schwierigkeiten gegenüber der RAI, die über drei Kanäle verfügt. Gegenüber

der RAI haben wir ja bereits den Nachteil, keine staatlichen Subventionen zu erhalten. Wir leben allein von der Werbung. Dennoch haben wir die paradoxe Situation, dass uns mehr als 20 Prozent Werbung pro Stunde nicht erlaubt wird. Die RAI aber kennt solche Beschränkungen nicht. Manchmal steckt sie bis zu 24 Spots gebündelt in die besten Sendestunden. Sie erreicht so Spitzen von 28 Prozent – das ist mehr als irgendwo in den USA. (...)

Müssen Sie nicht auch in Italien die Angst haben, dass, wann immer eine Ihrer Sendungen von Werbung unterbrochen wird, der Zuschauer umschaltet?
Überhaupt nicht. Das ist ja nichts Neues, dass der Zuschauer umschaltet oder etwas anderes tut, sobald die Werbung einsetzt. Da gibt es genaue Untersuchungen: 40 Prozent aller Zuschauer schauen sich Werbespots nicht an. Das wissen die Kunden ganz genau.

Sehen Sie nicht die Gefahr, dass diese Zahl in Zukunft noch größer wird?
Man vergisst bei solchen Gedankenspielen, wie schön die Werbung geworden ist. In Italien ist sie geradezu fantastisch. Sie müssen sich die letzten Spots anschauen: Regisseure wie Fellini, Zeffirelli und viele andere machen jetzt Werbung. Meiner Meinung nach sieht man heute unter den Commercials wahre Kunstwerke.

Das ist doch bereits eine Reaktion auf eine drohende Apathie der Zuschauer!
Selbst wenn man die RAI darauf anspricht, ob man nicht auf die Werbung verzichten könne, schreien die, um Gottes willen, das wäre ein totes Fernsehen. Das ist ganz einfach: Wenn ein Produkt über das Fernsehen angepriesen wird, dann deshalb, weil es dort ein Ergebnis erzielt, das es andernorts niemals erreicht. Die Kunden schauen auf die Verkaufsergebnisse und nicht auf irgendwelche Untersuchungen. Unter den vielen Revolutionen, die ich beim Verkauf von Werbung angezettelt habe, war auch die, mich auf der Basis der durch meine Werbung verkauften Produkte bezahlen zu lassen, je nachdem also, wie viele Flaschen Mineralwasser mehr verkauft werden. Solche

Einwände, wie sie von Ihnen gerade formuliert wurden, sind geistige Onanie von Teilen der gedruckten Medien, die desinformiert und unfähig sind zu verstehen, wie Fernsehen funktioniert.

Was ist dran an den Gerüchten über bevorstehende Umstrukturierungen in Ihrem Medienkonzern?
Vielleicht haben wir uns eine Sache zuschulden kommen lassen: Dadurch, dass wir so viel arbeiten mussten, haben wir uns womöglich zu wenig darum gekümmert, die Presse über alles richtig zu informieren. Glauben Sie mir: Wenn man so viel arbeitet, hat man wirklich keine Zeit. All das, was jenseits des Seins und Machens liegt, erscheint überflüssig. Ich sitze heute auch deswegen hier mit Ihnen, weil ich einen genauen Zweck verfolge. Ich hoffe, Fernsehen in ganz Europa machen zu können. Deshalb kann ich es nicht ständig ablehnen, in Medien erwähnt zu werden, die in ganz Europa Verbreitung finden. Wenn sich ein Unternehmen so entwickelt wie meins, das inzwischen einen Jahresumsatz von 2000 Milliarden Lire erreicht, dann findet die Umstrukturierung täglich statt. Das ist kein Plan, das erfolgt zwangsläufig. Trotzki hat etwas Herrliches gesagt: Wir sind die ständige Revolution. Wir sind die tägliche Umstrukturierung.

Was schwebt Ihnen denn in Europa vor?
Der erste Schritt wäre die Öffnung der einzelnen Regierungen gegenüber dem kommerziellen Fernsehen in ihren Ländern. Wenn man so weit sein wird, wünsche ich mir, dass es einen freien Austausch zwischen den einzelnen Ländern geben wird.

Zum Beispiel mit Deutschland?
Zum Beispiel mit Deutschland! Mit der gegenseitigen Möglichkeit, zum Beispiel mit Leo Kirch auch in Italien Fernsehen produzieren zu können. Wenn ich sagen soll, wie ich die Fernsehzukunft in Europa sehe, dann stelle ich mir mehr den Boden- als den Satellitenempfang vor und glaube kaum an ein gemeinsames Fernsehen für alle Länder, schon allein wegen der Sprachschwierigkeiten und den unterschiedlichen Zeitgewohnheiten. Aber ich glaube an Bodenstationen mit einem großen Austausch von Know-how und Programmen.

Sicher ist, dass niemand an unserem Know-how vorbeigehen kann. Wenn die anderen Länder so weit sein werden, brauchen wir eigentlich nur noch zu warten, welcher Partner uns am sympathischsten ist. Ich glaube, dass dies kommen wird, weil der Wind des kommerziellen Fernsehens nunmehr von Italien über ganz Europa weht. Das ist einer der wenigen Winde, die vom Süden nach Norden ziehen. Ich bin überzeugt, dass die Vorteile, die das Privatfernsehen den einzelnen Ländern bringen kann, Phänomene sind, die die jeweiligen Regierungen berücksichtigen werden und dazu motivieren werden, die entsprechenden gesetzlichen Voraussetzungen zu schaffen. Die Regierungen brauchen das kommerzielle Fernsehen nicht zu fürchten, weil das kommerzielle Fernsehen seinem Wesen nach bereits unparteiisch ist.

Zu Ihrer Regierung, so viel steht fest, haben Sie ein mehr als entspanntes Verhältnis. Glauben Sie, dass man in Italien mit der jetzigen Regierungskoalition endlich ein politisches Gleichgewicht gefunden hat, das Aussichten hat, auch in den nächsten Jahren zu bestehen? *(Bettino Craxi war seit 1983 Premier einer Koalition der Sozialisten mit Christdemokraten, Republikanern, Sozialdemokraten und Liberalen.)*

Ich kann nur sagen, was mein Wunsch ist: dass die Parteien, die die jetzige Regierungsmehrheit bilden, die wenigen Dinge, die sie trennen, überwinden. Aber in der Politik Voraussagen zu treffen, ist schwierig, besonders in Italien. Lassen Sie mich noch etwas hinzufügen: Ich weiß nicht, was für ein Bild Sie nach Lektüre der Presse über mich gewonnen haben hinsichtlich meiner angeblichen politischen Freundschaften. Die verpasst einem ja schnell Etiketten wie: Das ist der Freund von Craxi oder von De Mita *(Ciriaco De Mita war damals Generalsekretär der Christdemokraten)*. Ich bin aber mit vielen Politikern befreundet (...). Wer einen Beruf wie ich ausübt, nicht nur als Fernsehmacher, sondern auch als Verleger einer Zeitung, der hat oft Beziehungen zur politischen Klasse in Italien.

Mit allen Parteien?
Mit allen, auch mit der Kommunistischen Partei. Ein Unternehmer, der wirklich etwas unternehmen will, darf sich nicht den einen zum

Freund und den anderen zum Feind machen. Er muss mit allen ein gutes Verhältnis haben. Ich baue Häuser und Städte und erhalte die Lizenzen dafür sowohl von kommunistischen als auch von sozialistisch-kommunistischen und auch von Mitte-Links-Stadträten. Wenn ich mich nur zur einen Seite bekennen würde, wie könnte ich dann mit diesen Herrschaften arbeiten? Klar, ich bin kein Kommunist. Und ich kenne auch keinen richtigen kommunistischen Unternehmer, allenfalls solche, die so tun. Das sind zwei verschiedene Philosophien, und in der kommunistischen gibt es keinen Platz für uns.

Haben Sie in Italien überhaupt Grund, die Kommunisten zu fürchten?
Ich glaube, dass die KPI selbst gegenüber dem Fernsehen eine sehr fortschrittliche Partei ist, die auf dem Boden der Demokratie und der westlichen Philosophie steht. Die KPI ist nicht das, was man sich im Ausland unter Kommunisten vorstellt. Ich glaube, dass unsere Haltung der perfekten Überparteilichkeit vor allem zu Wahlzeiten die KPI davon überzeugt hat, dass das kommerzielle Fernsehen unparteiisch ist. Unsere Beziehungen zu den Kommunisten sind sehr freundlich. So hoffen wir, dass sie anlässlich der parlamentarischen Abstimmung über das neue Fernsehgesetz gewisse anfängliche, vorgefertigte Standpunkte überwinden können und uns ihre Zustimmung geben, wenigstens aber ihre Enthaltung.

Unsere letzte Frage: Woher nehmen Sie eigentlich Ihren Arbeitseinsatz, woher Ihren geradezu unerschütterlichen Glauben an sich selbst?
Es ist schwer, darüber zu sprechen, und ich mag das auch nicht besonders. Mein Charakter war immer so. Meine Mutter sagt, dass ich dieses Schicksal trage, Ziele erreichen zu wollen, an die man nur mit Blut, Schweiß und Tränen herankommt, um es mit diesen historischen Worten auszudrücken. Solange ich arbeite, triefe ich vor Blut, Schweiß und Tränen.

Juli 1985, *Neue Medien*

In einem Käfig verfolgt der Angeklagte Toni Negri im Juli 1983 seinen Prozess in Rom. Vor den Gitterstäben steht Emma Bonino von der Radikalen Partei, die Negri zu seiner Wahl ins Parlament gratuliert.

»Gespräch im Untergrund«

Toni Negri

Dieses Interview aus dem Jahr 1984, als ich noch Student in München war, fällt aus zwei Gründen aus dem Rahmen. Zum einen habe ich meinem Gesprächspartner ausnahmsweise Geld gezahlt: Er hatte für das Interview 2000 Mark gefordert. Zum anderen ist es ein vergleichsweise distanzloses Interview: Ich duze Antonio »Toni« Negri. Die Person des Philosophieprofessors aus Padua und italienischen Staatsfeinds war mir vertraut, weil ich den »Processo 7 aprile« gegen ihn und eine große Gruppe anderer Linksintellektueller in einem streng bewachten Gerichtsbunker in Rom verfolgt und darüber berichtet hatte. (Vielleicht auch, weil mir die eine oder andere Position, die Negri vertrat, aus meiner bewegten Jugendzeit wohlbekannt war.) Als ich mit der Recherche begann, war Toni Negri allerdings schon geflohen und versteckte sich in Paris vor Interpol und der italienischen Justiz.

Negri war unter anderem beschuldigt worden, Anführer der linksextremistischen Untergrundorganisation Rote Brigaden zu sein und hinter der Entführung und Ermordung des christdemokratischen Parteichefs Aldo Moro gesteckt zu haben. Doch diese Anklagen fielen nach und nach in sich zusammen. Vier Jahre lang hatte Negri in Untersuchungshaft verbracht, als er bei den Parlamentswahlen 1983 zum Abgeordneten des *Partito Radicale* gewählt wurde. Die parlamentarische Immunität brachte ihm zwar zunächst die Freiheit, sollte aber schon zwei Monate später wieder aufgehoben werden. Dass er sich einer neuerlichen Verhaftung durch die Flucht nach Frankreich entzog, war für seine Mitangeklagten eine bittere Enttäuschung. Der gesamte Prozess fußte auf der Anti-Terror-Gesetzgebung der Siebzigerjahre und war auch wegen der dürftigen Beweislage hoch umstritten.

Ich war einigermaßen angespannt, als ich den damals 50-Jährigen in seinem Exil in Paris besuchte – nicht nur wegen seines Rufs als gefährlicher Terrorist. Vor seinem theoretischen Werk hatte ich durchaus Respekt. Bis heute berufen sich die sogenannten Autonomen in vielen Ländern der Welt auf ihn; insbesondere durch die »Empire«-Trilogie, die er mit dem amerikanischen Literaturtheoretiker Michael Hardt verfasste, ist er zum Star der Globalisierungskritiker avanciert. Ich muss allerdings auch bekennen, dass ich selten so enttäuscht von einem Interview zurückgekommen bin. Es war die Ernüchterung über das Fehlen jeder Empathie für seine im Knast schmorenden Weggenossen. Was bei mir damals, als man glaubte, das Private sei politisch, auch einen komischen Eindruck hinterließ: Da kämpfte seine damalige Ehefrau in Italien für seine Freiheit, während er mir in Paris stolz seine Geliebte vorstellte (und ich mag sonst keine Journalisten als Moralisten).

Dass ich dieses lange Interview in das Buch aufgenommen habe, hat einen ganz besonderen Grund: Es erschien erstmals in einem wundervollen Blatt, das es heute nicht mehr gibt, so wie auch einige Redakteure von damals gestorben sind. Bei *TransAtlantik* konnte ein der Mannschaft völlig unbekannter Berufsanfänger, wie ich es damals war, einfach vorstellig werden, um dann monatelang über einen Gerichtsprozess zu recherchieren. Nach Erscheinen dieser ersten Geschichte kam ich gleich wieder vorbei und sagte größenwahnsinnig: »Ich werde den Mann finden und ihn interviewen.« Die rückten tatsächlich das nötige Geld heraus und schickten mich los. Und eines Tages war es dann wirklich so weit. Es war nicht besonders früh, aber ich schlief noch, Studentenzeiten eben. Da klingelte in meiner Bude in München das Telefon: »*Buon giorno, sono Toni Negri.*«

Nach den wochenlangen Vorbesprechungen zu diesem Treffen dachte ich, ich würde wie in einem Kriminalthriller mit dir zusammengeführt werden: von Dunkelmännern, mir verbundenen Augen und Rundfahrten durch die Stadt, bis es einem schwindelig wird. Stattdessen konnte ich nun mit der U-Bahn herfahren. Fühlst du dich inzwischen im Untergrund so sicher?
Ich fühle mich weder sicher noch unsicher. Ich weiß, dass von der Regierung dieses Landes das Recht auf politisches Asyl hochgehalten wird. Insbesondere in meinem Fall, nach all dem, was im Parlament geschehen ist, und weil ich trotz allem ein Stück italienischer Souveränität verkörpere. Deshalb lebe ich eigentlich gar nicht im Untergrund, ich bin nicht einmal flüchtig. Ich lebe in einer Zwittersituation zwischen der formalen Anerkennung und den Rücksichten, die eine Regierung gegenüber anderen Ländern zu nehmen hat.

Heißt das, dass die Polizei dieses Landes, wenn sie wollte, dich in aller Ruhe hier abholen könnte?
Wenn mich die Polizei suchen würde, könnte sie mich sicherlich finden, ja.

Ja, und gerade das überrascht ein wenig. Das mag daran liegen, dass wir jedenfalls in Deutschland so perfekte Formen staatlicher Überwachung kennen, dass sie tatsächlich an das berühmte Orwell-Jahr erinnern. Du kannst dich darauf verlassen: Wenn es dort einen Fall Negri gegeben hätte, wärst du nicht einmal durch den Müllschlucker aus deiner Wohnung entkommen. Da fragt man sich natürlich, ob dich nicht jemand vorsätzlich aus Italien entkommen ließ?
Die Geschichte war sehr einfach. Nach der Entlassung aus dem Gefängnis wurde ich zunächst massiv überwacht, worum ich natürlich nicht gebeten hatte. Ich habe diese Observierungen eines Tages sogar angezeigt. Danach habe ich mit dem Innenminister gesprochen, der sie einstellen ließ – aufgrund des geltenden Rechtes, dass eine Person nicht einfach so überwacht werden kann. Ich weiß nicht, ob die Bundesrepublik nun ein derart faschistisches Land ist, dass man dort nicht abhauen kann, weil man ständig observiert wird. Ich denke

aber, dass jedes demokratische Land seinen Bürgern zu leben erlaubt, wie sie wollen – also auch zu flüchten.

Und niemand in Italien, niemand im Innenministerium ist an dem Tag, an dem im Parlament über deine Immunität abgestimmt wurde, auf die Idee gekommen, dass du vielleicht keine Lust hast, dich festnehmen zu lassen?
Ich sehe nicht ein, welchen Vorteil sie davon gehabt hätten. Vielleicht hatten sie wegen des Anklagekonstrukts des »Processo 7 aprile« ein so schlechtes Gewissen, dass sie sich sagten, dieser Kerl bleibt besser draußen.

Seitdem du zum Abgeordneten gewählt worden warst, hattest du einen richtigen Wirbel ausgelöst. Du fingst an, die Anklage zu stören ...
Eben! Ich war dabei zu stören. Und genau das haben sie unterbunden. Man wollte mich ins Gefängnis zurückschicken!

Eben nicht! Es war doch viel wirkungsvoller, dich dadurch auszuschalten, dass man dich flüchten ließ.
Wahrscheinlich weißt du nicht, was ein Gefängnis ist! *(lacht)*

Das möchte ich mir auch gar nicht anmaßen. Aber ich weiß, dass jede Familie in Italien über deinen Fall diskutiert. Um deine Immunität gab es sogar in der KPI eine erbitterte Auseinandersetzung, die du selbst, wenn ich mich richtig erinnere, als historisch bezeichnet hast. Dann aber bist du geflohen ...
Ich bin nicht geflohen! Ich habe die Freiheit gewählt, was etwas völlig anderes ist als Flucht. Man flieht vor dem Gesetz. Wenn man die Freiheit will, sucht man die Befreiung von einem Rechtssystem, das man für bösartig, ungerecht und niederträchtig hält. Das ist die Wahl des Dissidenten, des Menschen, der frei bleiben will, um einen Kampf zu führen. Um die Verhältnisse in Italien zu verändern. Dort gibt es kein normales Rechtssystem. Es gibt ein faschistisches System, das innerhalb einer äußerst komplexen politischen Situation besteht und heute verhindern will, dass das Recht auf Freiheit für alle Bürger gilt. Du

selbst hast mir vor wenigen Minuten als deinen Eindruck vom »Processo 7 aprile« geschildert, dass es nach vier oder fünf Jahren Untersuchungshaft für die Justiz kein Zurück mehr gibt.

Das will ich nicht bestreiten. Aber da dieser Prozess nun einmal stattfindet und von den Angeklagten seit Jahren versucht wird, die Öffentlichkeit dafür zu sensibilisieren, hatte ich ganz einfach beobachtet, dass dies seit deiner Wahl endlich zu gelingen schien.
Nein! Nur eine einzige Sache hatte sich verändert: die Aufmerksamkeit gegenüber dem Problem. Aber ich bestreite entschieden, dass dieses italienische Problem auch italienisch gelöst werden kann. Ich bin davon überzeugt, dass eine Lösung nur durch einen katastrophalen Anlass kommen kann, der über das Land von außen hereinbricht.

Nämlich?
Zum Beispiel durch eine heftige Anklage der europäischen Sozialdemokratie gegen das »Regime der Freiheiten« in Italien. Durch eine heftige Anklage seitens der kirchlichen Kräfte gegen das »Regime der Bürgerrechte« in Italien. Ich bin überzeugt *(wird laut),* dass die politischen Parteien in Italien völlig erstarrt sind in der gegenseitigen Blockierung, sodass sie völlig unfähig zu jeglicher Erneuerung geworden sind. Ich glaube, dass die Zeit der Notstandsmaßnahmen gegen den Terrorismus die Beziehungen zwischen den politischen Kräften in Italien grundsätzlich festgelegt hat. Das verursacht innerhalb des Systems wahnsinnige Widersprüche, die jede Möglichkeit gemeinsamen Vorgehens verschiedener politischer Kräfte verhindern. Eine Veränderung dieser Situation kann nur von außen ansetzen. Ich war lediglich dabei, einen Protest anzuzetteln, der sich niemals durch die Parteien artikuliert hätte, sondern über eine Bewegung. Darauf kann eine Veränderung in Italien aufbauen.

Und das erscheint dir als wenig?
Das ist eine riesige Möglichkeit. Aber das kann man auch von außen weiterführen.

Wie?
Indem man die Arbeit unabhängig vom Symbol wieder aufnimmt.

Mit dem Symbol meinst du dich selbst?
Natürlich. Wenn es etwas gibt, was ich in meinem ganzen politischen Leben immer abgelehnt habe, dann ist es, das Symbol für irgendetwas zu sein. Ich habe immer gepredigt, dass die Leute die Verantwortung für eine Sache selbst übernehmen müssen. Wenn ich jemals ein schlechter Lehrer gewesen bin, dann darin. Denn wer sich hinter Symbole stellt, engagiert sich für Vorurteile. In meinem Fall etwa für die Art und Weise, wie ich aus dem Gefängnis gekommen bin, für die Art, wie ich mich innerhalb der Institutionen bewegen konnte. All dies muss vergessen werden.

Das gelingt mir bei dem Gedanken nicht, dass deine sogenannte Entscheidung für die Freiheit von jemand anderem ohne dein Wissen geplant worden ist. Fangen wir doch bei der praktischen Ausführung deiner Flucht an. Anscheinend muss es sehr leicht gewesen sein, aus Italien herauszukommen.
Was soll das heißen?

Dass du dich dazu offensichtlich weder in einem Koffer verstecken noch einer Gesichtsoperation unterziehen musstest, soweit ich das bei diesem Licht feststellen kann.
Nein, absolut nicht!

Aber ich denke, dass auch in Italien die Polizei nicht wie in den Filmen von Louis de Funès ist. Sie konnten sich vorstellen, dass du vielleicht nicht die Absicht hattest, ins Gefängnis zurückzugehen, wenn sie dir an der Grenze seelenruhig den Pass zurückgeben und dabei sagen: Grazie, Signor Negri, Sie können weiterfahren!
Ich möchte nicht auf die genauen Umstände eingehen, die meine Wahl der Freiheit ermöglicht haben. Tatsache ist, dass mein einziges Problem darin bestand, gezielten Kontrollen zu entgehen. Nicht mehr. Es gibt Tausende von Personen, die aus Italien entkommen sind. Das ist doch wirklich kein Problem. Die Grenzen in Europa

sind das Durchlässigste, was es gibt. Ein jeder kann heute mit dem Skilift von einer Seite zur anderen gelangen.

Natürlich, aber der heißt dann nicht Negri!
Na und?

So kommt der Verdacht auf, dass jemand dich entkommen lassen wollte.
Lass uns diese Ideologie des Verdachts angehen. Es gibt Leute, die heute sagen: Wenn Negri in Italien geblieben wäre, hätten wir unseren Kampf wirkungsvoller führen können. Diese Personen heißen: Marco Pannella *(charismatischer Führer der Radikalen Partei, auf deren Liste Negri ins Parlament gewählt worden ist)*, Rossana Rossanda und »Papagei« Novak *(Jaroslav Novak, mitangeklagt beim »Processo 7 aprile«, hat Negri nach dessen Wahl zum Abgeordneten als persönlicher Referent gedient)*. Dabei wussten die ganz genau Bescheid: Ich hatte allen unmissverständlich verkündet, dass ich nicht ins Gefängnis zurückkehren würde. Deshalb sind diese Herrschaften unredlich, wenn sie auf einmal behaupten, ich hätte lieber wieder ins Gefängnis gehen sollen.

Komisch, dass sie das seit dem Tag deines Verschwindens immer wieder wiederholen ...
... und ich wiederhole in aller Deutlichkeit, dass sie dabei unredlich sind. *(wird laut)* Ich bin nicht ausgebrochen – ich habe die Freiheit gewählt! Aber ich bin dafür, dass jeder ausbrechen darf, auch der letzte Verbrecher. Weil ich gegen das Gefängnis bin. Weil ich die Abschaffung aller Gefängnisse fordere. Weil ich überzeugt bin, dass man in der Gesellschaft Strafen auch anders erteilen kann. In meinem Fall bin ich leider nicht ausgebrochen, sondern habe die Freiheit gewählt. Aber wenn ich es gekonnt hätte, wäre ich auch ausgebrochen. *(laut und scharf)* Weil man niemanden im Gefängnis einsperren kann, denn Gefängnis ist ein Verstoß gegen die Menschlichkeit! Man hat mir gesagt, ich hätte mich wie Sokrates verhalten sollen. Doch es gibt da einen klitzekleinen Unterschied: Sokrates fügte sich einem Fehlurteil, das aber auf einer gerechten Gesetzgebung beruhte.

Ich dagegen stand vor einem ungerechten Urteil auf der Basis von ungerechten Gesetzen. Man kann von mir eine Märtyrer-Attitüde fordern. *(schreit)* Aber das verwerfe ich im Namen des Materialismus, im Namen der Lebensfreude und im Namen des Existenzrechts eines jeden Menschen! Das ist Demokratie, das ist Freiheit, und das ist Kommunismus!

Menschliches Verständnis für deine Flucht bringen in Italien viele auf. Aber auch jene, die dir am wohlgesinntesten waren, meinen, man hätte gerade in diesem Prozess ein großes moralisches Vorbild gebraucht.
Mein moralisches Beispiel ist, dass ich die Freiheit gewählt habe. Wie zum Teufel *(lacht nervös)* kann man die Form vom Inhalt lösen? Was ist denn diese Moral – Leiden? Seit wann denn das? Gelitten haben wir schon mehr als genug! Niemand kann mir nachsagen, dass ich meine viereinhalb Jahre Untersuchungshaft nicht würdig auf mich genommen habe. Man klage mich deswegen an! Auch im Gefängnis habe ich Glück und Gemeinschaft gesucht, und das hat mir ermöglicht, am Leben zu bleiben. Ich meine das nicht physisch, sondern moralisch. Was soll bloß dieser Romantizismus, der jetzt plötzlich alle ergriffen hat? Wollen sie Negri wie ein Geschenk benützen, um zu einer Aussöhnung mit den Institutionen zu kommen? Ich will das aber gar nicht!

Ich nehme an, du meinst die Radikale Partei, der du eigentlich deine Wahl zum Abgeordneten verdankst?
Ich spreche von den Radikalen und vermutlich noch weiteren. Das Grundproblem ist aber ein anderes: In Italien gibt es heute keine Möglichkeit mehr zu einer Vermittlung mit den Institutionen. Wir stehen vor der völligen Unfähigkeit der Institutionen, die proletarischen Interessen der neuen sozialen Bewegungen zu berücksichtigen. Deshalb kann es nur einen einzigen Ausweg geben: ein Bündnis mit den neuen Kräften als Repräsentanten neuer sozialer Interessen. Es gibt keine Möglichkeit, diese neue Kraft im alten Konsens zu integrieren. Das ist das, was die außerparlamentarische

Bewegung in den vergangenen Jahren zum Ausdruck gebracht hat. Deswegen ist sie unterdrückt und vom politischen Leben ausgeschlossen worden. (...)

In Rom bin ich an der Basis der Radikalen gewesen. Du hättest mal ihre Enttäuschung über dich sehen müssen. Sie haben gesagt: Negri unterschätzt, was wir auf die Beine gestellt hätten, wenn er ins Gefängnis zurückgegangen wäre.
Das sind doch nur Fantasien!

Was gibt dir eigentlich diese Sicherheit?
Die Tatsache, dass trotz allem die Macht in Italien auf administrativer Ebene wirksam geblieben ist und funktioniert.

Es gibt Gesetze, die genau regeln, welche Rechte du als italienischer Abgeordneter hast, egal, ob du dabei im Gefängnis sitzt oder draußen bist.
Es gibt keine Gesetze, das heißt: Angeblich existiert auch ein Gesetz, dass man im Parlament die absolute Mehrheit braucht, um die Immunität eines Abgeordneten aufzuheben. Aber Tatsache ist, dass auch eine relative Mehrheit genügte, als es darum ging, mich ins Gefängnis zurückzuschicken. *(lacht nervös)* Es gab diesen festen Willen des politischen Systems, mich zum Sündenbock für die Kämpfe der Siebzigerjahre zu erklären. Das ist die Verfassungswirklichkeit heute in Italien.

Aber das, was jetzt beim »Processo 7 aprile« in deiner Abwesenheit geschieht, siehst du das nicht auch als Folge deiner Flucht?
Zum Teil schon. Ich sehe ein zusätzliches Maß Grausamkeit und Rachegefühle seitens des Gerichts und der Macht.

Belastet dich das nicht?
Das belastet mich in dem Sinne, dass ich mich einem solchen Gericht verweigern will. Dass ich dagegen ankämpfen will.

Leider sind von deiner Entscheidung aber deine ehemaligen Mithäftlinge und Genossen auch betroffen. Vor einigen Wochen wurden alle Anträge abgelehnt, die Angeklagten nach fünf Jahren Untersuchungshaft wenigstens in Hausarrest zu entlassen. Staatsanwalt Antonio Marini hat mir dazu gesagt: Welche Garantien hätte denn das Gericht, dass die es jetzt nicht genauso machen wie Negri?
Ich würde genauso antworten, wie es mein Mitangeklagter Paolo Virno getan hat: Hier geht es doch gar nicht um die Flucht Negris, sondern darum, dass sie innerhalb eines systematischen Plans der prozessualen Unterdrückung instrumentalisiert wird. Herren à la Marini dürfen nicht wahrnehmen, dass es Leute gibt, die fliehen müssen, weil sich die Justiz im totalen Unrecht bewegt, und das seit fünf, sechs, sieben Jahren. Das ist die Schande!

Wie auch immer, deine Mitangeklagten, für die du als Abgeordneter kämpfen wolltest, leiden jetzt infolge deiner Entscheidung!
Das heißt einzig und allein, dass das Gericht aus Verbrechern besteht. *(laut)* Aus Leuten, die sich auf das Unrecht, das sie ausüben, versteift haben! Vielleicht hast du eines noch nicht verstanden: dass ich einer ihrer Feinde bin! Und dass ich absolut nicht mitmache bei ihren verdammten Verdrehungen. Das Einzige, was ich erreichen will, ist, ihre Macht zu zerstören. Ich glaube, dass ihr Rechtssystem von innen verrottet ist. Ich glaube, dass sie nur dem Kapital und seiner Vermehrung dienen. Ich glaube, dass ihre Ignoranz, ihre Gemeinheit und Barbarei die unvermeidliche Wirkung der Art und Weise ist, in der ihr Gehirn funktioniert. Ich glaube, dass ein Typ wie Santiapichi *(Severino Santiapichi war der Gerichtsvorsitzende beim »Processo 7 aprile«)* noch nie jenseits des islamischen Rechts geurteilt hat. *(schreit)* Ich glaube, dass ein Typ wie Marini noch nie etwas anderes gewesen ist als der Wasserträger der Staatsanwaltschaft in Rom! Ich glaube, dass er die Prozessakten gar nicht kennt. Und die sie kennen, setzen sie in barbarischer Weise ein. Schreib das alles, ich bitte dich!

Natürlich. Aber geeignete politische Mittel zu finden, um gegen solches Unrecht anzukämpfen ...
(Aufgebracht) Welche Mittel sind denn das? Das Mittel kann doch nur die Entwicklung einer Bewegung sein, die dagegen kämpft!

Nach deiner Wahl war in Italien so etwas in Ansätzen zu erkennen.
Reden wir kein dummes Zeug! Die großen Probleme in Italien sind andere. Man muss anfangen mit dem Kampf um die Freiheiten. *(scharf)* Und dabei muss man feststellen, welche Rolle Italien bei der Internationalisierung des Kapitals spielt. Man muss anfangen, indem man zum Beispiel definiert, welche Stellung die Presse in Italien einnimmt. Was soll man eigentlich machen, wenn man eine völlig feindselige Presse geschlossen gegen sich hat?

Warum hast du dann dem konservativen italienischen Starjournalisten Enzo Biagi unmittelbar nach deiner Flucht ein Fernsehinterview in Paris gegeben? Damals schienst du übrigens gegenüber Journalisten noch ganz andere Vorsichtsmaßnahmen zu treffen. Biagi hat vor laufender Kamera behauptet, er sei zunächst von Mittelsmännern stundenlang durch die Stadt gefahren worden.
Das haben wir gemacht, weil er in Begleitung von Polizisten nach Paris gekommen war.

Italienische Polizisten?
Ja. Er ist nämlich ein Provokateur. Er hat den Wortlaut des Interviews verändert. Er hat die Bilder umgestellt. Er hat mich die ganze Zeit nur angegriffen. Wir wissen sehr genau, was Herr Biagi in der italienischen Presse darstellt.

Das wusstest du aber schon vor dem Interview!
Ja, aber ich habe genau hundert Millionen Lire dafür bekommen, die ich den Genossen im Gefängnis überwiesen habe.

Das Motiv leuchtet mir ein. Aber nach deiner Wahl zum Abgeordneten hast du eine Unzahl von Interviews gegeben, ganz offensichtlich ohne den geringsten Unterschied zwischen den verschiedenen Medien zu machen. Hinterher hast du geklagt, du seist so böse entstellt worden. Warum hast du dich darauf überhaupt eingelassen?
Weil ich in einem sehr kurzen Zeitraum versuchen musste, eine massive Resonanz in den Medien zu finden. Das war wichtig, egal, wie hoch auch die Risiken sein würden. Aber insgesamt waren nur drei der Interviews völlig entstellt (...).

Andererseits war auch bei den Medien seit deiner Wahl ein Stimmungsumschwung zu beobachten. Täglich las man Kritik am Vorgehen der Justiz beim »7 aprile«. Jetzt aber ist alles wieder beim Alten. Emma Bonino *(damals Parlaments- und Europaabgeordnete der »radicali«)* hat mir gerade erzählt, keine Zeitung will den offenen Brief deiner Mitangeklagten abdrucken, die nach Verweigerung der Hausarreste in den Hungerstreik getreten sind.
Dann lass dir von Emma Bonino erklären, warum Pannellas offener Brief gegen mich im *Corriere della Sera* auf der ersten Seite veröffentlicht worden ist.

Weil sie dich an dieser Entwicklung nicht für ganz unschuldig halten!
Mich? Ah, danke! Ich weiß nur, dass die »radicali« beim *Corriere della Sera* immer um Platz bettelten und ihn nie bekommen haben. Siehe da, welcher Zufall: Als sie etwas gegen Negri veröffentlichen wollten, haben sie vier Spalten auf der ersten Seite bekommen.

Auch die Angeklagten machen dich mitverantwortlich.
(Lacht nervös) Hör mal, ich kenne die Angeklagten gut und weiß bestimmt: Was sie nicht getan haben, ist, mir etwas zu verübeln. – Das sind doch kindische Reaktionen, wie im Kindergarten!

Soll ich dir Zitate vorhalten, die ich von deinen Mitangeklagten in Italien gehört habe? Vielleicht, um dich gleich mit der grausamsten Bemerkung zu konfrontieren, dies: Wir haben nichts anderes erwartet. Es ist halt Negri, so ist er immer gewesen.
(Leise) So ist Negri immer gewesen. Aber Negri ist auch vieles andere gewesen. Wenn du willst, erkläre ich's dir. Negri war auch für viele dieser Genossen jahrelang ein Freund und Bruder. Negri war auch der mit dem Brief »Terrorismo? Nein, danke!«, der vom Gefängnis aus die Loslösung der Genossen von den Terrorgruppen einleitete. Negri ist auch der *(sehr leise),* der vier Jahre lang zwanzig Stunden am Tag ... den Karren gezogen hat. *(bewegt)* Negri ist auch der, der in den letzten Jahren manchen nicht ganz unwichtigen theoretischen und politischen Hinweis gegeben hat. Negri ist die Person, der die Schuld an Moros Tod aufgebürdet wurde und der es trotzdem auf sich genommen hat zu kämpfen. Bis zuletzt habe ich darauf verzichtet, den Reuigen zu spielen. Deshalb fühle ich mich moralisch völlig in Ordnung. Ich will jeden einzelnen Genossen aus dem Gefängnis holen. Aber ich glaube nicht, dass es die anderen Menschen rettet, wenn ich im Knast lebe.

Ich habe immer noch nicht verstanden, wie du deine Mitangeklagten jetzt noch retten willst.
Das zu sagen ist schon viel schwieriger. Meiner Meinung nach liegt die einzige Möglichkeit zur Verteidigung meiner Genossen darin, dass man Initiativen zu einer nennenswerten politischen Bewegung schafft. Ich bin fest davon überzeugt, dass das System Italiens vor einer tiefen Krise steht. Dass wichtige Schichten einer Bewegung, die von außen kommt, und dass vor allem die politischen Kader, die im Gefängnis stecken, zurückgewonnen werden können für die Arbeit an einer politischen Alternative.

Was gibt dir diese Sicherheit?
Die Analyse und das Studium der Situation in Italien, wie gehabt. Ich habe nie nach anderen Kriterien gefragt.

Das ist Theorie. Aber in der Praxis gibt es in Italien gegenüber politischen Initiativen eine Gleichgültigkeit und eine Passivität sondergleichen. Ganz abgesehen davon, dass auch Italien eine Wende zum Konservativen erlebt hat.
Das ist die Oberfläche. Als ich draußen war, konnte ich aber feststellen, dass es wirklich eine ohnmächtige Wut gegen die Korruption gibt. Gegen die Wiederkehr politischer Formen, wie sie augenblicklich wieder bestehen. Gegen die Diktatur der Sinnlosigkeit, die typisch ist für Italien. Das große Problem ist, eine Vertretung dieser neuen sozialen Bedürfnisse zu finden. Dabei interessiert mich unendlich die Friedensbewegung, die Möglichkeit, alternative Kräfte zu schaffen. Ich muss sagen, dass unter diesem Gesichtspunkt eine Reihe von deutschen Modellen vielleicht auf eine italienische Bewegung übertragen werden kann.

Leider bewegt sich in Italien aber so gut wie gar nichts. Es gibt nicht einmal eine größere Friedensbewegung.
Ich habe schon ganz andere Erfahrungen gemacht. In Italien hat sich immer, selbst 1968, im Vergleich mit anderen europäischen Ländern etwas völlig anderes entwickelt – und niemand hätte das erwartet. Um gar nicht von der Bewegung von 1977 zu sprechen, die eine Explosion außerhalb jeder Form der Kontrolle und der Voraussagen der herrschenden politischen Schicht darstellte. Italien ist ein Land, in dem gerade die Starrheit der Mechanismen dazu führt, dass sich eine Protestbewegung versteckt entwickelt. Versteckt natürlich vor der Macht. Ich habe den Eindruck, dass wir heute wieder eine solche Phase erleben. Die Aufgabe muss es sein, in diesen Protest einzugreifen. (...)

Wo auch immer du dich in Europa verstecken magst, hast du nicht eher die Aussicht, noch 20 Jahre lang die Maus zu spielen?
Wieso eine Maus?

Weil du immer versteckt bleiben musst. Weil du mit all den Haftbefehlen gegen dich ständig die Auslieferung nach Italien riskierst. Überschätzt du nicht deine Möglichkeiten, am politischen Kampf der Zukunft teilzunehmen?
Das glaube ich nicht. Die Aufgabe besteht darin, ernsthaft zu forschen und gewissenhaft zu arbeiten, wie ich es in meinem Leben bislang immer gemacht habe.

Man hat mir erzählt, dass du auch im Gefängnis von morgens bis abends gelesen und geschrieben hast. Nicht einmal zum Hofgang hast du deine Zelle verlassen ...
So ist es.

Dann hat sich also auch in der sogenannten Freiheit nicht viel für dich verändert. Vorher hast du so gelebt, weil du eingesperrt warst, jetzt, weil du dich verstecken musst.
Aber ich verstecke mich doch gar nicht! Ich verstecke mich nur vor Journalisten! *(lacht)*

Ach so. Ich dachte, vor der Polizei.
Das kann man nur sehr relativ sagen. Zumal die Polizei nicht eine Person ist, die du auf der Straße triffst und die nach einem im Untergrund fahndet.

Aber auch in diesem Land hier kann es doch einmal einen Regierungswechsel geben.
Na, ich hoffe, dass diese Partei, die jetzt an der Macht ist, noch lange in der Regierung bleibt. *(Damals regierten in Paris unter Präsident François Mitterrand die Sozialisten noch in einer Koalition mit der Kommunistischen Partei Frankreichs.)*

Und überhaupt, du bist der Erste, den ich sagen höre, dass es im Exil lustig ist.
Ich rede nicht von Vergnügen, obwohl ich sagen muss, dass ich das Exil dem Parlament vorziehe. *(lacht)*

Auch wenn das Parlament in Italien, in deinem Land ist?
Ach, mein Land! Meine Kultur ist doch völlig europäisch. Im zweiten Jahr meines Studiums war ich in Frankreich, im dritten in England. Das vierte und sechste habe ich in Deutschland verbracht.

Ich habe gerade vor unserem Interview gehört, dass du große Sehnsucht nach Italien hast.
Ich sehne mich vor allem nach der Sonne. In letzter Zeit aber habe ich entdeckt, dass auch andere europäische Länder angenehme klimatische Zonen haben. *(lacht)*

Daraus darf ich schließen, dass es dir mittlerweile blendend geht?
Mir? Ja.

Du hast also nicht das geringste Problem?
Die Probleme sind genau dieselben, die ich in Italien hätte: die Genossen aus dem Gefängnis zu holen, eine politische Bewegung aufzubauen und vor allem, nach der Wahrheit zu suchen.

Ich dagegen habe den Eindruck, dass deine Probleme schon auf materieller Ebene beginnen. Bevor du zu diesem Interview einwilligtest, hast du mich wissen lassen, dass du sogar die winzige Summe, die dir *TransAtlantik* als »Aufwandsentschädigung« zahlen kann, dringend brauchst.
Klar, ich bin wie ein Psychoanalytiker: Erst lässt er sich bezahlen, und dann spricht er. Es geht mir um das Prinzip.

Glaubst du, dass du auch in den nächsten Jahren noch genug Klienten finden wirst?
(Lacht) Aber ich bitte dich! Ich bin Universitätsprofessor geworden, indem ich nachts Krimis übersetzt habe. Wer in seinem Leben immer gearbeitet hat, kennt da keine Probleme. Ich bin niemals ein enfant gâté gewesen!

Und ich hatte gedacht, ich treffe einen bedrückten, besorgten Menschen, der sich verstecken muss. Das sind wohl alles Entstellungen, die durch die Presse verbreitet worden sind, nicht wahr?
Das sind alles Entstellungen, die von dem Vorsatz ausgehen, etwas, was gar nicht subversiv ist, als subversiv erscheinen zu lassen. Das ist auch ein Versuch zu vertuschen, dass es im Ausland viel mehr Freiheiten gibt als in Italien. Das Kuriose ist ja, dass sich sogar Deutschland geweigert hat, einen der Angeklagten des »7 aprile« an die italienische Justiz auszuliefern. Und das bei der deutschen Justiz!

Dann lass uns eben über Deutschland reden! Was für Kontakte hast du noch zu dem Land, das du in deinem Buch »Pipeline« als deine »philosophische Heimat« bezeichnest?
Das Land, in dem ich jetzt lebe, ist über Deutschland sehr desinformiert. Das hängt von der historischen Vergangenheit beider Länder ab. Die Friedensproblematik der Deutschen wird einzig unter dem Aspekt ihrer Wiedervereinigung gesehen. Für dieses Land hier eine sehr bedrohliche Aussicht.

Hast du keinen direkten Kanal mehr zu Deutschland?
Die einzige direkte Verbindung, die ich vier oder fünf Jahre lang täglich hatte, war die *tageszeitung,* die ich jetzt aber seit einiger Zeit nicht mehr bekomme. Wenn ich kann, lese ich die *FAZ.*

Ich habe nicht richtig verstanden: Die *taz* oder die *FAZ*?
Die *FAZ! (lacht)* Außerdem lese ich *Freibeuter.* Aber ich sehe fast nie deutsche Freunde, was sich hoffentlich ändern wird, damit ich wieder an direkte Informationen herankomme.

In Bezug auf die Friedensbewegung hast du vorhin von einem »Modell Deutschland« gesprochen. Warum?
Weil es der Bewegung in Deutschland trotz allem gelungen ist, eine Kontinuität in der Vielfalt zu bewahren, ganz im Gegensatz zur Tragödie in Italien. Und das hängt offensichtlich zu einem großen Teil auch von der sozialdemokratischen Politik ab, die die Schaffung von Freiräumen des Widerstands zugelassen hat. Wahrscheinlich hätte

man das Unglück, das sich in Italien ereignet hat, verhindern können, wenn sich die Macht wie in Deutschland verhalten hätte.

Deutschland – eine Musterdemokratie?
In Italien hat es eine Repression gegeben, die wirklich jede Grundlage einer tief greifenden Erneuerung des politischen Systems angegriffen hat. In Deutschland ist letztlich die Dialektik weitergegangen, und die Grünen haben sich als eine politische Kraft entwickeln können. Mir scheint es sehr wichtig, die Möglichkeiten eines politischen Wiederaufbaus zu versuchen, auch wenn man dabei alle Widersprüche im Auge behalten muss: zwischen Ökologie und Friedensbewegung, zwischen Antimilitarismus und einer Wiederkehr von kommunistischen Inhalten, zwischen Gruppenerfahrungen und individueller Selbstverwirklichung. In der deutschen Bewegung ist dieser ganze Wirrwarr vertreten. Und dennoch hat sie es geschafft, sich politisch auszudrücken. Es ist ein neues Bewusstsein entstanden – kurz, in Deutschland liegt der alte Hegel im Sterben. Das ist ungeheuer wichtig im Vergleich zu anderen europäischen Ländern wie Italien oder Frankreich. In Frankreich gibt es überhaupt keine Friedensbewegung, in Italien wird sie vollständig von der Kommunistischen Partei beherrscht. Jetzt wäre es an der Zeit, zu untersuchen, wie die Friedensbewegung eine Bedingung des revolutionären Prozesses werden kann.

Vor wenigen Jahren war das alles noch ganz anders. Als in der Bundesrepublik Deutschland Berufsverbote und Resignation die Linken beherrschten, erschien Italien noch als das Gelobte Land für frustrierte Nord-Revolutionäre. Dann hat es so ausgesehen, als ob die italienische Bewegung, als ob deren unaufhaltsamer Aufstieg über Nacht ins Nichts mündete.
Sie ist ja nicht im Nichts verendet. Man darf absolut nicht vergessen, wer die Verantwortung für die Niederlage der Bewegung trägt. Zum Teil liegt sie beim Staat, bei seiner Unfähigkeit zur demokratischen Erneuerung. Auf der anderen Seite beim Terrorismus. Bei der Entstehung eines wirklich unmenschlichen, zerstörerischen und wahnsinnigen Terrorismus, der, gerade in diesem Spiel der Widerspiegelung von staatlicher Macht, zeitweilig die Situation dominiert hat. Vielleicht

aber gibt es noch Möglichkeiten, eine öffentliche Meinung zu schaffen, die wirklich demokratisch und frei ist. Ich glaube zum Beispiel, dieses äußerst merkwürdige Phänomen, dass ich gewählt worden bin, kann seinen Hinweis auf eine mögliche neue Art der Repräsentanz geben. Ich bin mit 50 000 Stimmen in Rom, Mailand und Neapel gewählt worden, aber Wahlforscher haben das Gesamtpotenzial auf 500 000 geschätzt.

Ist der »Processo 7 aprile« für dieses Ergebnis ausschlaggebend gewesen?
Der Prozess spielt dabei eine sehr wichtige Rolle, denn es ist unbestreitbar, dass die Angeklagten im Gefängnis, jene, die draußen sind oder auf der Flucht oder die ihre Freiheit gewählt haben, einen sehr starken subjektiven Eindruck hinterlassen haben. Weil der »7 aprile« einen so großen Bruch innerhalb der politischen Kultur Italiens darstellt. Über den »7 aprile« ist eine tiefe Verbitterung entstanden, die in der italienischen Gesellschaft fortlebt oder wenigstens in bestimmten Schichten. (...)

Dein Mitangeklagter, der Journalist und Verleger Giovanni Tranchida, hat mir im Rückblick seine Rolle in dieser Affäre so erklärt: Wir sind nur die Beilage zu einem Steak gewesen. Das Steak war Negri, und wir waren dazu die Beilage.
Das Steak waren meine Schriften, und ich bin bereits die Beilage. *(lacht laut)*

In dieser Einschätzung Tranchidas steckt auch ein anklagender Unterton. Dass du nämlich der Star dieser Affäre bist und dich auch so verhältst.
Ach, der Arme. Ich weiß nicht, was ich da machen soll. Das ist das alte Problem, wie man Leere definiert. Kann man das durch ein Loch oder durch eine gewisse Eingrenzung? Was ich dabei bin? Ich weiß es nicht!

Den Vorwurf hörst du ja nicht zum ersten Mal!
Keineswegs, aber sag mir, wem das noch nicht so ergangen ist.

Nährst du gelegentlich nicht selber diesen Vorwurf? Ich erinnere mich an eine Textstelle aus deinem autobiografischen Buch »Pipeline«, wo du dich in Erinnerung an deine Jugendjahre als »kleiner, proletarischer Wilhelm Meister« beschreibst. Findest du das nicht reichlich narzisstisch, abgesehen davon, dass diese Formulierung kitschig ist?

Dass sie kitschig ist, steht außer Zweifel. Ob sie narzisstisch ist, weiß ich nicht. Vielleicht. »Pipeline« ist das Schlechteste, was ich bislang geschrieben habe, aber auch das, was ich am meisten liebe. Weil es der literarische Versuch eines Menschen ist, der wahrscheinlich Bücher über Philosophie schreiben kann, aber nicht Literatur. *(lacht)*

Ich verstehe nicht, wie man auf der einen Seite das historische Modell der individuellen Heroisierung in der bürgerlichen Kultur angreifen kann, um dann solche Dinge zur eigenen Biografie aufzuschreiben.

Ich greife gar nicht die bürgerliche Kultur an. Im Gegenteil, ich glaube, dass die Werte des Heroismus tief eingebunden sind in die Sphäre der Ethik oder der Ästhetik, das, was Heidegger als Furchen bezeichnet, die wir Menschen öffnen können. Ich glaube, dass das Zeugnis und die Repräsentation des Daseins in ihrer Entwicklung und Manifestation Komponenten sind, die die Welt erneuern. Das ist auch für die revolutionäre Erfahrung prägend. Ich habe nie geglaubt, dass die Masse das Individuum aufhebt. Aber ich will da sehr vorsichtig sein: Wahrscheinlich ist deine Kritik zutreffend.

Ob vorsätzlich oder nicht – deine Bekanntheit hat Folgen. Von »Pipeline« erschütterte mich sehr jener Teil, in dem du das brutale Vorgehen der Carabinieri bei der Niederwerfung eines Aufstands im Hochsicherheitsgefängnis von Trani beschreibst. Weggelassen hast du aber, was ich vor Kurzem durch jemanden erfahren habe, der dort mit dir inhaftiert war. Er hat mir erzählt, bevor die anderen Gefangenen alle zusammengeschlagen wurden, bist du ausgerufen und in Sicherheit gebracht worden ...

... aber das ist nicht wahr! Das ist absolut nicht wahr! Meinen blutenden Kopf haben alle gesehen. Das sind doch Lügen, Gemeinheiten!

Warum, Toni, haben sie's alle mit dir?
(Kaum vernehmbar:) Ich weiß es nicht, ich weiß es wirklich nicht. Das Elend der Menschen ist groß, weißt du.

Ist es Neid auf dich?
Der Neid ist noch eine Leidenschaft, eine dreckige zwar, aber eine, die menschliche Energien verrät. Meiner Ansicht nach ist da aber vor allem Müdigkeit, persönlicher Verfall zu erkennen.

Vorhin habe ich selber empfunden, dass du reichlich verächtlich von deinen ehemaligen Mitstreitern, Zellennachbarn und Freunden sprichst.
Wieso? Ich habe doch nicht von Freunden gesprochen. Verrat mir Namen!

Entschuldige, Jaroslav Novak hast du nach deiner Wahl sogar als persönlichen Referenten ausgesucht. Ist das eine liebevolle Bezeichnung, wenn du ihn jetzt einen »Papagei« nennst?
Das war sein Spitzname im Gefängnis, den habe ich nicht erfunden. Ich habe Jaroslav Novak sehr gerne. Ich polemisiere nur gegen ihn, weil er behauptet, er hätte nichts davon gewusst, dass ich fliehen wollte.

Novak hat auch etwas sehr Selbstkritisches zu jener Bewegung gesagt, der ihr zugerechnet werdet: Ihr hättet euch über ihre Kraft getäuscht. Sie war so zerbrechlich, dass sie sich von der ersten Repressionswelle überrollen ließ.
Das steht außer Zweifel. Dabei hat es eine sehr intelligente, zerstörerische Kraft des Terrorismus gegeben, die sich die Vertretung der ganzen Bewegung anmaßte, ohne dass sie auf der Erfahrung dieser neuen Bewegung aufgebaut hätte. Selber konnte sie sich nur auf eine äußerst zerbrechliche soziale Basis berufen. Dass aber die neuen sozialen Subjekte der Bewegung in den Siebzigerjahren so schwach waren, das stimmt nur vom politischen Standpunkt her. Sozial waren sie fest verwurzelt. Sie sind als politische Kraft überrollt worden, aber sie bleiben bestehen. So etwas geschieht doch nicht zum ersten Mal in der Geschichte.

Hast du dir da nicht auch manchen Einschätzungsfehler vorzuwerfen?
Doch. Ich habe geglaubt, dass die Entwicklung dieser neuen sozialen Subjekte zu einer politischen Kraft schneller vorangehen würde. Ich habe da stark an eine Analogie zur Arbeiterklasse geglaubt, wie die sich in den Sechzigerjahren herausgebildet und es geschafft hatte, sich in einer sehr gradlinigen politischen Weise auszudrücken. Das heißt nicht, dass ich mich bezüglich der Substanz dieser Bewegung geirrt hätte. Sie wird trotz dieser Niederlage weitergehen.

Auch in Deutschland gibt es seit einigen Jahren Gruppen von Autonomen, die sich zum Teil auf die italienische Autonomia-Bewegung berufen. Ist das, was du über die neuen sozialen Subjekte anlässlich der italienischen APO von 1977 geschrieben hast, auch für Deutschland gültig?
Ich glaube, dass es diese neuen Subjekte auch in Deutschland oder in den Vereinigten Staaten gibt. Ich denke, dass die hochentwickelten kapitalistischen Länder ab einem gewissen Punkt selbst den Ausnahmezustand einer neuen Subjektivität innerhalb eines kapitalistischen Wandlungsprozesses hervorbringen. Ich glaube, dass dies heute eine richtige wissenschaftliche Wahrheit ist. Fast schon eine Allerweltsweisheit. (...) Stellt sich aber ein Vorstadtjüngling vor und sagt: »Ich bin ein neues soziales Subjekt«, ist das einfach nur komisch. Ein Teil der autonomen Bewegung ist aber auf dieser Anmaßung aufgebaut worden, was nicht gerade sehr wissenschaftlich ist.

Tragen die italienischen »autonomi« nicht eine Mitschuld an der politischen Wende in Italien, nachdem sie Jahre der alltäglichen Gewalt auf den Straßen zu verantworten haben?
Nein. Die soziale Gewalt, die sich durch Schichten der »autonomi« proletarischer Herkunft ausdrückte, ist qualitativ nicht mit der terroristischen Gewalt vergleichbar. Es gab in diesen Jahren Protestumzüge von Personen, die all das machten, was Arbeiter in ihren Kämpfen seit jeher taten, wenn es darum ging, einen Streik zu verteidigen. Das sind doch Dinge, die wir aus der Geschichte der Arbeiterbewegung kennen, insbesondere durch das Beispiel der amerikanischen Gewerk-

schaften. Oder durch jene Länder, in denen gewalttätige Streikposten existierten. Es ist klar, dass es sich dabei um Gewalt handelt. Aber sie ist genau dasselbe wie die Gewalt des kleinen Unternehmers, der mit seinem Gewehr aus dem Haus tritt, um seinen kleinen, kümmerlichen Besitz zu verteidigen.

Die Gewalt in großen Städten wie Mailand oder Rom habe ich anders in Erinnerung: Ab 1977 konnte man unmöglich an einer Demonstration teilnehmen, ohne auszuschließen, dass organisierte Gruppen Autonomer den Protestzug zu einer Gewaltorgie umfunktionierten.
Das traf zum Teil zu. Es hat einen Moment gegeben, wo dies auch zu einem großen Widerspruch geführt hat. Aber das einzige Mittel, um diesen Widerspruch zu lösen, war ein politischer Kampf, den wir geführt haben. Wir haben als Einzige den Mut gehabt, die Demonstrationen zu entwaffnen. Und uns dabei als miese Rechte beschimpfen lassen müssen. Ich erinnere mich an die Zeit um 1978/79, als Gruppen von extremistischen Autonomen in Mailand an die Wände sprühten, man würde mir in die Beine schießen.

Ich habe da aber Schriften von dir vor Augen, wo du die Strumpfmaske, das Erkennungsmerkmal der gewalttätigen Autonomen, unverhohlen verklärst!
Aber das war doch nur eine Metapher. Mein Gott, was für eine Geschichte! *(stöhnt)*

Unter der in diesen Jahren üblichen Vermummung konnte doch jedermann unerkannt eine Demonstration für seine Zwecke umfunktionieren.
(Ungeduldig) Die Strumpfmaske war etwas, was sich die Genossen überzogen, um nicht von der Polizei registriert zu werden. Das war früher eine ganz normale Geschichte, bevor sie dann diese andere Bedeutung bekam.

Woher willst du wissen, dass bei den Demonstrationen der Autonomia nicht Faschisten, Geheimdienstler, Agents provocateurs auf die Polizei schossen?
Nein, nein! 1977 schossen auch die Genossen. Man kannte die Mechanismen, die diesen Typ von Gewalt hervorbrachten. Man kannte sie und kämpfte gegen sie an. *(laut und scharf)* Es hat einen erbitterten Kampf gegeben, um die militaristischen Gruppen aus der Bewegung auszuschließen, und wir hätten das auch geschafft, wäre da nicht von außen diese Variante des organisierten Terrorismus dazugekommen. Einerseits gab es diese große, unreife Bewegung, die aber sozial tief verwurzelt war. Darin operierte ein politisches Gehirn, das eine politische Verwandlung und Reifung der Bewegung anstrebte. Auf der anderen Seite existierte eine terroristische Richtung, die von außen kam und mithilfe der Bewegung den Angriff zum Herzen des Staates ständig vorantreiben wollte. Da ist die Geschichte der italienischen Bewegung: Die politische Linie hätte sich wahrscheinlich durchgesetzt, wenn da nicht die Repressionen dazwischengekommen wären. (...)

Möchtest du die Zeit seit 1968 noch einmal erleben?
Darauf zu antworten, ist sehr schwer. In vieler Hinsicht ist das wirklich eine einzigartige Erfahrung gewesen. Etwas, was sich nur in Italien so ereignet hat, und ich meine damit nicht nur '68. Das dauert seit 20 Jahren an: '68 hat sich auf der Grundlage der vorangegangenen Arbeiterkämpfe entwickelt. Die Studentenbewegung hat sich innerhalb der Bewegung in den Fabriken entwickelt, und das ist so geblieben bis zur Interpretation des neuen Arbeitertypus, des neuen Proletariers. Diese Erfahrungen sind mein Leben. Das ist kein Scherz.

Würdest du auch die Folgen auf dich nehmen?
Ich weiß nicht, ich kann die Frage nicht verstehen. *(Lacht nervös)* Sicher ist, *(grimmig)* wenn ich wüsste, wie das endet, würde ich alles anders machen. *(lacht)* Aber wenn du mich fragst, ob ich bereit wäre, genauso viel zu riskieren, würde ich dir mit Ja antworten.

Ich frage dich das auch, weil viele deiner ehemaligen Mitstreiter heute behaupten, dass sie den Prototyp einer gescheiterten Generation abgeben.
Das tut mir leid für die. Ich fühle mich nicht so.

April 1984, *TransAtlantik*

Negri wurde am Ende mehrerer Gerichtsverfahren schließlich in Abwesenheit zu zwölf Jahren Haft verurteilt, wegen der moralischen Mitschuld an der Tötung eines Polizisten. Als er 1997 freiwillig aus seinem Exil nach Italien zurückkehrte, wurde er wieder inhaftiert; seit 2003 ist Toni Negri ein freier Mann.

»Der Gedanke, dass unsere Filme nur einen winzigen Teil dessen provoziert haben, was dann die Gewalt in der Welt wurde, lässt mich erzittern«

Sergio Corbucci

Den Beruf des Journalisten entdeckte ich für mich 1979, kurz vor dem Abitur, während eines Schülerpraktikums bei der *Hannoverschen Neuen Presse*. Mein Einfallstor war das Ressort »Kultur, Fernsehen, Unterhaltung«. Von allen drei Gebieten verstand ich nichts. Am sichersten fühlte ich mich noch, wenn ich Interviews führte. Und so waren auch meine ersten beiden Versuche, größere Artikel außerhalb Hannovers zu veröffentlichen, Gespräche mit italienischen Filmregisseuren. Sie fanden am Telefon statt, abends nach sechs, wenn die Gebühren niedriger waren. Das eine Interview, mit Franco Zeffirelli, dessen Nummer in Hollywood ich seiner Florentiner Haushälterin abgeschwatzt hatte, verkaufte ich zu Ostern 1981 an die *Münchner Abendzeitung*. Das andere führte ich mit Sergio Corbucci, der gemeinsam mit Sergio Leone ein ganzes Filmgenre geprägt hatte, den Italo-Western. Von ihm stammte auch der Film »Leichen pflastern seinen Weg« aus dem Jahr 1968. Es war der erste Western der Geschichte, der in einer Schneelandschaft spielte und wo am Ende das Böse siegte – in der Gestalt des widerwärtigen Kopfgeldjägers Loco, gespielt von Klaus Kinski. »Ein bitterer Film, der einen frösteln macht«, schrieb der *ZEIT*-Kritiker Ulrich Greiner, als der Film im Sommer 1980 erneut in die deutschen Kinos kam.

Sergio Corbucci (links) und der Schauspieler Ugo Tognazzi bei Dreharbeiten in Mailand, 1988

Für ein Interview mit dem großen Corbucci war die Wiederaufführung Anlass genug. Als die Abschrift fertig war, bot ich sie einem ehemaligen *stern*-Journalisten an, der inzwischen in New York lebte: Niels Kummer war nicht nur Journalist, sondern auch ein begnadeter Darsteller des Jetsets, von dem er geliebt wurde, dazu einer der letzten Dandys unseres Berufsstands. An ihn wandte ich mich, weil ich gehört hatte, dass eine deutsche Ausgabe von Andy Warhols legendärem *Interview*-Magazin erscheinen sollte und er an der Sache beteiligt sei.

Kummer sagte zu meiner großen Freude zu, allerdings plante er da schon die Veröffentlichung eines eigenen Magazins namens *cult,* von dem später tatsächlich vier Ausgaben erscheinen sollten. Es gab da nur »ein kleines Problem«, wie er sich ausdrückte: Sowohl die Leser von *Interview* als auch jene, die er für *cult* vor Augen habe, wünschten sich ein bisschen mehr »Atmo«. Leider hatte ich ihm nicht gestanden, dass ich das Interview am Telefon und nicht in Corbuccis Wohnung in Rom geführt hatte. Trotzdem versprach ich Kummer spontan, in grenzenlosem Leichtsinn etwas, das sich kein Journalist leisten darf und das ich selbst heute natürlich ahnden würde: den Vorspann atmosphärisch etwas aufzumotzen.

Dass Corbuccis Apartment zur einen Hälfte sein Büro und zur anderen seine Privatwohnung war, habe ich mir damals möglicherweise noch von kundigen italienischen Freunden erzählen lassen. Aber dass ich den Filmregisseur erwischte, als er »nach einem vollen Drehtag gerade sein Abendbrot in der Küche zusammensuchte«, und dass er mich nach dem langen Gespräch »mächtig schwitzend« entließ – diese beiden Beschreibungen in dem knappen Vorspann habe ich mir ganz offensichtlich aus den Fingern gesaugt.

Allerdings erwies sich Corbucci, der 1990 im Alter von 62 Jahren starb, auch fernmündlich als überaus dankbarer Gesprächspartner: Es war allein sein Verdienst, dass es eine sehr offene Abrechnung mit dem Genre wurde, das er mitgeprägt hatte. An meiner Fragetechnik fällt mir heute auf, dass ich ihn mit aller Macht zu bestimmten Aussagen zu drängen versuchte, die er aber partout nicht machen wollte. Woran man sieht: Gute Fragen sollten dem Gesprächspartner etwas entlocken - und nicht in erster Linie die Gesinnung des Interviewers widerspiegeln.

Signor Corbucci, wissen Sie, dass Ihr Film »Il grande silenzio« (»Leichen pflastern seinen Weg«) in Deutschland wieder aufgeführt wird?
Nein ... Wie laufen denn die Einnahmen?

Gut. Sind Sie überrascht?
Ja, denn ich dachte, dass der Western in Deutschland wie in der ganzen Welt ein Genre sei, das ausgelaugt ist. Aber ich bin glücklich darüber.

Wahrscheinlich gehören diese Wiederaufführungen schon wieder zu einer neuen Nostalgiewelle ...
Wenn ich von mir sprechen soll, ganz sicher! *(lacht)* Weil zehn Jahre in einer Karriere wie meiner viel zählen. Vielleicht aber ist auch beim Publikum Nostalgie im Spiel, das nämlich auf einmal mit einem Genre konfrontiert wird, das in letzter Zeit nicht gerade viele Erfolgserlebnisse hatte. Auch gute amerikanische Western haben in den letzten Jahren kein großes Echo bekommen.

Aber die Werbung in Deutschland baut stark auf Klaus Kinski. Wahrscheinlich ist er heute der Anreiz, sich »Leichen pflastern seinen Weg« anzuschauen.
Na ja, ich glaube, dass Klaus' Anwesenheit im Film ein zusätzlicher Anreiz ist. Weil Kinski inzwischen ein Star von Weltruhm ist. Aber ich muss sagen, dass sein großer Aufstieg gerade mit diesem Film begann. Er selber hat mir das gesagt, als wir uns vor Kurzem in Miami getroffen haben.

Auf jeden Fall war »Il grande silenzio« ein Generationenfilm. Viele Leute, die ihn damals nicht sehen konnten, weil er vielleicht zu brutal war, werden ihn heute sehen wollen. Schließlich sind - glaub ich - acht Jahre vergangen ... Oder zehn? Wenn ein Western gut gemacht ist - erlauben Sie mir etwas zu sagen, was man eigentlich nicht sagen sollte, wenn man den Film selber gedreht hat -, dann muss er nicht unter dem Alter leiden. Im Gegenteil: Ich glaube, dass der Film viele Ereignisse im Voraus zeigte, da er aufgrund von Emotionen entstand, die die Welt politisch bewegt hatten. Ich meine den Tod von Kennedy, Che Guevara, Martin Luther King, denen der Film ja gewidmet war. Also, das müsste schon eine gewisse filmhistorische Neugier wecken.

Wenn Ihre alten Western heute wieder Erfolg haben sollten, glauben Sie, aus denselben Gründen wie etwa 1968?
Ich kann da nur Hypothesen wagen: Als »Il grande silenzio« vor zehn Jahren in die Kinos kam, ahnte er auf tragische Weise Ereignisse voraus, die sich dann in allen Teilen der Welt ereignet haben. Denn diese blinde, politisierte Gewalt, die überall in der Welt explodierte, war das Hauptthema meines Filmes. Also kann da gerade beim jungen Publikum jetzt die Neugier bestehen, zu sehen, was einst ihren Vätern gefiel.

Dann ist Ihr Film aber ein typisches Produkt seiner Zeit gewesen?
Was mich angeht, ganz bestimmt! Damals war der Film das Ergebnis vieler verschiedener Erfahrungen. Ich hatte vor »Il grande silenzio« einen anderen Film gedreht, der in Deutschland viel Erfolg hatte: »Django«. Wenn der heute wieder in die Kinos käme, könnte eine ganz schöne Überraschung dabei herauskommen. Heute würde ich wahrscheinlich nicht mehr solche Western drehen. Ich habe andere Interessen.

Wie würden Sie denn heute einen Western machen?
Wissen Sie, nach »Il grande silenzio« habe ich viele andere Western gedreht: »Il Mercenario« und so weiter. Schon diese Filme zeigten, dass ich aufgehört hatte zu glauben, dass das Spektakel von Gewalt ein interessantes Spektakel sei. Ich habe die Gewalt immer mehr ironisiert. Und dann habe ich mich mit dem Gedanken angefreundet, Fröhlichkeit und nicht Trübsal zu schaffen. Das war für mich der Punkt – nach so vielen Jahren, wo ich schon Filme machte, wollte ich plötzlich Fröhlichkeit und nicht Entsetzen auslösen. Also würde

ich heute einen fröhlicheren Film drehen, optimistischer, nicht so schwarz.

Auch auf die Gefahr hin, dass viele glauben würden, dass Sie parallel zu einer restaurativen Phase in der Gesellschaft angefangen haben, apolitisches Kino zu machen?
Was soll ich dazu sagen? Ich glaube, dass eine solche Form der Darstellung nicht apolitisch ist, sondern einfach *nicht* politisch. Das ist ein Unterschied. Die ganz großen Regisseure wie René Claire, Billy Wilder oder andere haben Filme aller Art gemacht. Also, »Manche mögen's heiß« kann manchem auch politisch erscheinen, auch wenn es ein lustiger Film war. *(lacht)* Amüsantes Kino muss nicht losgelöst sein von dem, was einen umgibt.

Es war also nicht eine opportunistische Wahl von Ihnen?
Nein, es war eine natürliche Wahl. Ich habe an die 70 Filme bis heute gedreht. Man kann nicht immer dieselben Pedale treten. Bevor ich meine Western drehte, habe ich viele komische Filme gemacht. Ich bin kein Regisseur für ein bestimmtes Genre.

Zufällig aber kam Ihre Entscheidung, das Filmgenre zu wechseln, just in dem Augenblick, als der Italo-Western insgesamt niederging ...
... ich habe ungefähr 15 Western gemacht. Ich weiß gar nicht wie viele, sechs oder sieben davon waren auf einem einigermaßen engagierten Level. Zum Western gehört leider ein bestimmter Typ von Geschichte, und der wiederholt sich immer, da kann man nicht viel variieren. Als wir dann begannen, unsere eigenen Filme auf den Arm zu nehmen, da haben wir das Ende dieses Genres zelebriert, da kann man schlecht wieder zurück.

Aber es gibt doch sicherlich mehr Gründe für den Niedergang des Italo-Western als den der Selbstironisierung.
Ja, der riesige Erfolg hat eine Inflation verursacht. Da gab es plötzlich viele Italo-Western zweiter und dritter Klasse. Die haben das Genre

sehr geschwächt. Es ist dasselbe passiert wie mit den Kung-Fu-Filmen, die ja aus dem Italo-Western geboren wurden. Die haben mit den Händen das gemacht, was wir mit den Pistolen machten. (...)

Früher haben ja Ihre Filme gerade den Intellektuellen so gut gefallen.
Das stimmt! Ich habe damals wunderschöne Kritiken und Laudationes von Alexander Kluge und anderen bekommen. Helma Sanders zum Beispiel, die ich sehr liebe, weil sie eine ehrliche und begabte Künstlerin ist, die war noch vor Kurzem so lieb, auf einem Festival zu sagen, dass sie durch mich praktisch angefangen hat, Filme zu drehen. Ich würde sagen, heute ist sie eine der besten Regisseurinnen der Welt geworden. Vielleicht aber haben die Intellektuellen heute ein anderes Spielzeug gefunden.

Wie war das eigentlich in Italien?
Ah, in Italien hat der Film den Intellektuellen überhaupt nicht gefallen. Nachdem dann die Intellektuellen in Frankreich gesagt haben, dass Italo-Western schön sind, da haben auch unsere Interesse gezeigt, wie das immer so bei uns geschieht. Trintignant zum Beispiel hat gesagt, dass »Il grande silenzio« der beste Film war, den er je in seinem Leben gedreht hat. *(Jean-Louis Trintignant ist einer der bekanntesten französischen Schauspieler der zweiten Hälfte des 20. Jahrhunderts.)* Auch ich glaube, dass es ein außergewöhnlich guter Film war, nicht, weil ich ihn gemacht habe. Es war ein Film, der spontan zum richtigen Augenblick entstand, vielleicht zu einem unwiederholbaren.

Ist denn da von den Intellektuellen nicht viel hineininterpretiert worden, was Sie eigentlich gar nicht sagen wollten?
Wahrscheinlich! Wenn ein Regisseur einen Film macht, denkt er nicht immer an das, was andere dann entdecken. Das ist nicht nur mir passiert, sondern ... Chaplin. Oder Hitchcock ... *(lacht)*

Wobei Sie dann in ganz besonderem Maße missverstanden worden sind.
Die politischen Aussagen, die in meinen Filmen enthalten waren, sind meiner Meinung nach offenkundig. Dass dann das, was ich sagen wollte, auch entdeckt wurde, war daher keine so große Überraschung.

Ich kann mich an so manches Interview erinnern, wo Sie die politischen Aspekte verleugneten.
Das stimmt nicht! Ich verleugne die politische Bedeutung nicht. Ich sage nur: Jeder findet sie auf seine Art. Dieselbe Szene von links oder von rechts gesehen hat eine andere Bedeutung. Das will ich sagen.

Ist diese politische Bedeutung dann nicht bloßes Zufallsprodukt gewesen bei einer Sache, mit der Sie eigentlich nur unterhalten wollten?
Dazu im Nachhinein etwas zu sagen, wäre ein bisschen vermessen. Natürlich wollte ich die Leute auch unterhalten, gleichzeitig war »Il grande silenzio« aber auch Che Guevara gewidmet.

Warum haben Sie denn diese Widmung gemacht?
Sehen Sie, in meinem Film sterben Unschuldige. So wurde er zu einem der wenigen Western in der Geschichte, vielleicht der einzige, wo das Böse siegt. Der Feind siegt. Der Film kehrte also das Konzept um, dass der Held am Schluss eines Filmes immer siegreich sein musste. In meinem Film siegt die Ungerechtigkeit. Und weil ich es - wie alle - so ungerecht fand, dass Martin Luther King umgebracht wurde und dann Kennedy und dann Che Guevara, dachte ich, dass es ein emotionaler Beitrag sein könnte, ihnen einen Film zu widmen, der geboren war, um die Ungerechtigkeit der Ungerechtigkeit zu feiern.

Geben Sie doch eine Antwort: Verherrlichen Filme wie »Il grande silenzio« nicht gerade faschistisches Verhalten?
Das hoffe ich nun wirklich nicht! Ich hoffe, dass jeder darin die Verurteilung von Gewalt und Ungerechtigkeit findet.

Glauben Sie, dass das Phänomen des Terrorismus in Italien oder in der Bundesrepublik durch »Il grande silenzio« bereits vorausgesagt wurde?
Nein, nein, ich bezog mich damals auf die schrecklichen Ereignisse in Amerika oder Südamerika. Ich hätte nie gedacht, dass ähnliche Dinge auch in Europa passieren könnten. (...)

Wenn Sie heute »Leichen pflastern seinen Weg« jemandem widmen würden, wem?
Ich glaube nicht, dass ich heute diesen Film noch mal machen würde.

Haben Sie nach Kennedy, Luther King und Che Guevara keine Idole mehr gehabt?
Ich glaube nicht. Ein Jugendlicher hat andere Idole als ein Erwachsener. Ich mache inzwischen andere Sachen. Vor Kurzem habe ich eine Komödie abgedreht mit Marcello Mastroianni und Ornella Muti. Ich weiß nicht ... wenn ich auf meine letzten Filme zurückschaue, dann könnte ich sie höchstens Jerry Lewis oder Buster Keaton widmen.

Ist das nicht eine billige Rechtfertigung, um weiter nur kommerzielle Filme zu drehen?
Hören Sie, ich will das Recht haben, morgen das zu widerrufen, was ich heute gesagt habe. Ich bin ein Liberaler. In Bezug auf die künstlerische Meinungsfreiheit ein Radikaler.

Wenn Sie heute in einem Film eine Parallele zur Gewalt ziehen müssten, würde dann ein Italo-Western reichen?
Das ist eine Frage, die sich alle Regisseure der Welt stellen. Ich weiß es nicht. Ich will nicht mehr Gewalt zelebrieren. Ich möchte auch keine Gewalt mehr darstellen, nur um zu sagen, dass man nicht gewalttätig sein soll. Unsere Western waren ja damals Märchen. Und nicht immer muss ein Märchenerzähler prophetisch sein. Der Gedanke, dass unsere Filme nur einen winzigen Teil dessen provoziert haben, was dann die Gewalt in der Welt wurde, lässt mich erzittern.

Aber als Sie Ihre Italo-Western drehten, gab es doch schon Vietnam.
Das weiß ich, aber wir wussten von vielen Dingen noch nicht. Ich will Ihnen freiwillig noch etwas zu meinen Italo-Western sagen: Den Film, den ich nach »Il grande silenzio« drehte, hieß »Il Mercenario«. Für mich ein absolut revolutionärer Film. Zum ersten Mal wurde gezeigt, wie sich weiße Söldner in die revolutionären Probleme von Völkern der Dritten Welt einmischten.

Kann man denn einen revolutionären Film drehen, ohne dabei die Art des Filmmachens zu verändern?
Bei mir war nur die Thematik revolutionär. Nicht die Art, wie ich Filme gedreht habe. Da sind vielleicht deutsche Regisseure wie Fassbinder, Helma Sanders oder Werner Herzog revolutionär.

Herr Corbucci, viele in Deutschland glauben, Sie seien verschollen.
(Lacht) In den letzten sechs Jahren war ich der italienische Regisseur, der die größten Kassenerfolge erzielte. Pro Film waren das so sechs oder sieben Millionen Dollar. Hat Ihnen das niemand erzählt?

Doch, aber ich musste mich erst erkundigen. So auf Anhieb weiß das in Deutschland keiner.
Das liegt vielleicht daran, dass viele meiner Arbeiten an sehr italienische Dialoge gebunden sind. Vor allem die ersten Filme, die ich nach meinem Western drehte, waren sehr italienisch in ihrer Art. Einer davon - »Bluff« mit Anthony Quinn und wie heißt er ... Adriano Celentano - gehörte sogar in Frankreich und in Russland zu den Kinohits. Dann habe ich mit Terence Hill, Bud Spencer, Monica Vitti und Laura Antonelli gedreht. »Der Supercop« zum Beispiel mit Terence Hill war doch gerade in Deutschland ein Erfolg.

Wird es noch mal Kinski als Hauptdarsteller in einem Corbucci-Film geben?
Ich werde Ihnen sogar sagen, dass sie mir gerade vor einiger Zeit einen neuen Film mit Kinski angeboten haben. Das sollte ein Remake eines alten italienischen Filmes werden, »La cena delle beffe«, den

Alessandro Blasetti in den Dreißigerjahren drehte. Ich habe leider wegen anderer Verpflichtungen abgesagt. Aber ich habe gerne mit Klaus gearbeitet. Ich habe seinen Ruf als »acteur terrible« nie verstanden. Intelligente Schauspieler werden von mittelmäßigen Regisseuren immer als gefährlich angesehen. Mit mir war Kinski immer sanft und ruhig.

Dann gibt es ja die Hoffnung, dass Sie eines Tages in Deutschland wieder ähnliche Beachtung finden wie in Ihren goldenen Sechzigerjahren.
Ich glaube, das Problem liegt darin, dass nur noch wenige Filme aus Italien in Deutschland einen Verleih finden. Das sind dann hauptsächlich solche, die besonders intellektuell wirken. Und ich mache keine intellektuellen Filme mehr. Auch deswegen nicht, weil ich mich nicht als Intellektueller sehe. Vielleicht wollen sich deswegen viele Intellektuelle an mir rächen, weil sie sich verlassen fühlen.

Können Sie sich denn überhaupt nicht mehr vorstellen, einen intellektuellen Film zu drehen?
Wenn Sie mir erklären, was intellektuell heißt?

Sagen wir engagierter, politischer ...
Ich glaube nicht. Es ist eine Form der Anmaßung, von Autorenfilmen und Nicht-Autorenfilmen zu reden. Das sind Dinge, die veraltet sind. In Italien hat das Kino seine intellektuelle Funktion ohnehin verloren. Heute sind die Kinokarten teuer. Die Leute gehen mehr ins Kino, um sich zu amüsieren. Und ich will die Leute amüsieren. Es gibt genug ernste Gesichter.

Gibt es einen italienischen Regisseur, der Ihnen gefällt?
Ah ... mir gefällt immer noch sehr Corbucci! *(lacht)* Und dann vielleicht Alessandro Blasetti, der jüngst 80 Jahre alt geworden ist, seine Karriere würde ich gerne erreichen.

Was wollen Sie in Zukunft machen?
Ich mache einen Film in Hollywood, aber ich weiß noch nicht, was ich danach machen werde; vielleicht werde ich wieder etwas auf dem Schnee drehen. Dieses Mal aber mit einem religiösen Thema. Etwas Neues also: Mir gefällt es, zu wechseln.

Gibt es noch Träume, die Sie sich nicht erfüllt haben?
Ich hab nie die Zeit gehabt, sie zu leben. Ich musste immer Filme drehen.

1981, Cult

Helmut Schmidt/Giovanni di Lorenzo.
Auf eine Zigarette mit Helmut Schmidt.
Taschenbuch. Verfügbar auch als eBook

Helmut Schmidt/Giovanni di Lorenzo.
Verstehen Sie das, Herr Schmidt?
Taschenbuch. Verfügbar auch als eBook

Politik, Privates und erlebte Geschichte – die schönsten »Zeit«-Gespräche mit dem berühmtesten Raucher der Republik.

»Der Schmidt-Sound tritt einem hier in höchster Reduziertheit, also besonders klar und lapidar entgegen.« *FAZ*

Die Fortsetzung der klugen, unterhaltsamen und kurzweiligen Gespräche zwischen Giovanni di Lorenzo und Helmut Schmidt, in denen es um die große Weltpolitik, das Versagen der deregulierten Finanzmärkte oder den Zustand der SPD geht, aber auch um sehr persönliche Erinnerungen und Einsichten.

Leseproben und mehr unter www.kiwi-verlag.de